JN142133

トム・ニコルズ

専門知は、もういらないのか

無知礼賛と民主主義

高里ひろ 訳

みすず書房

THE DEATH OF EXPERTISE

The Campaign against Established Knowledge and Why it Matters

by

Tom Nichols

First published by Oxford University Press, 2017
Copyright © Oxford University Press, 2017
Japanese translation rights arranged with Oxford University Press
Oxford University Press shall have no liability for any errors,
omissions or inaccuracies or ambiguities in such translation
or for any losses caused by reliance thereon.

専門知は、もういらないのか　目次

リン・マリー・ニコルズと、ホープ・ヴァージニア・ニコルズに捧げる

——頼りになる妻《エキスパート・ワイフ》と比類なき娘《ピアレス・ドーター》

はしがき

専門知は、もういらない——いかにも尊大でおおげさに響く。そんな言葉がタイトルに入っていれば、多くの人は本を開く前に読む気が失せるか、何か間違いを見つけて著者の高慢の鼻をへし折ってやろうと思うだろう。その気持ちはよくわかる。なぜならわたし自身、そんな十把ひとからげの物言いについては同じように感じるからだ。恥、常識、男らしさ、女らしさ、子供時代、品のよさ、リテラシー、オックスフォードコンマ等、我々の文化的・文学的生活から時期尚早に葬り去られたものはたくさんある。まだ終わっていないとわかっているものを哀惜する本に用はない。

たしかに専門知は、いらなくなったわけではないが、窮地に陥っている。ひどくまずいことになっている。アメリカ合衆国はいまや、みずからの無知を礼賛する国になってしまった。それはわたしたちが科学や政治や地理についてよく知らないということではない。いや、たしかに知らないが、それは昔からだ。そして実際、それは問題にすらならない。我々が住む社会は分業、つまり全員が何もかも知らなくても問題ない仕組みで動いているのだから。パイロットは飛行機を飛ばし、弁護士は訴訟を起こし、医師は薬を処方する。我々の誰も、朝にモナ・リザを描いて夜にはヘリコプターの設計をしたダ・ヴィンチではない。それでいいのだ。

問題なのは、わたしたちがものを知らないのを誇らしく思っていることだ。アメリカ人は、無知であること、とりわけ公共政策に関する無知を、まさに美徳だと考えるところまで来ている。専門家の助言を拒否することが自主性の主張になり、そうすることで、おのれの間違いについて指摘を受けることを避け、ますます脆弱化する自我を守ろうとしている。言うなれば新たな独立宣言であり、「我々は、かくかくしかじかの事実を自明のことと信じる」のではなく、我々は、あらゆる事実を――事実でないものも含めて――自明のことと信じるという主張だ。あらゆることを知るのは可能であり、どのようなことに関するどのような意見も、すべて等しく価値がある。

これはアメリカという国の伝統である、知識人嫌いと同じではない。大学教授であるわたしは、その嫌悪についてはよく知っている。たいていの人は大学教授が好きではない。三〇年近く前、教職の仕事に就いたころ、わたしは地元からそれほど遠くない大学で教えていたので、ときどき兄が経営する小さな食堂に顔を出していた。ある夜、わたしが帰ったあとで、ある客が兄にこう言ったそうだ。「大学教授だって？　それにしてはいいやつに見えるじゃないか」。わたしの職業では、そんなことはよくある。

だがわたしがこの本を書いたのは、それが理由ではない。知識人は役に立たないという皮肉に腹を立てる知識人は、他の仕事を探すべきだ。わたしは教師、政治顧問、政府または私企業のＳＭＥ（ある分野に特化した知識や経験がある専門家）、さまざまなメディアのコメンテイターとして仕事をしてきた。人々がわたしと異なる意見をもつことには慣れている。実際、それを勧めているほどだ。筋の通った、たしかな情報に基づく議論は、民主主義の知的健全性と活力の表れである。

わたしがこの本を書いたのは、心配しているからだ。この国には、筋の通った、たしかな情報に基づく議論はもはや存在しない。平均的アメリカ人の基本的な知識のレベルはあまりにも低下し、「知識が足りない」の床を突きやぶり、「誤った知識をもつ」を通り越して、さらに下の「積極的に間違っている」まで落ちている。人々は馬鹿げたことを信じているだけではなく、その間違いを手放さないどころか、積極的にこれ以上学ぶまいとしている。わたしは中世には生きていなかったから、これが先例のないことだと断言することはできないが、記憶にあるかぎり、今までこんなことはなかった。

わたしがこの問題について考えたのはこれが初めてというわけではない。一九八〇年代後半、ワシントンDCで働いていたときに気づいたのだが、気軽な会話でも、人々はさまざまな分野、とくにわたしの専門である軍縮や外交政策の分野に関して、何をする必要があるか、躊躇なくこちらに指示してくる(「彼ら〔政府〕がすべきなのは……」というように、例によってそれは「彼ら〔政府〕がすべきことだった)。当時のわたしはまだ若く、専門家としての経験も浅かったが、それでも、そうした問題について初歩知識もない人々が、ソ連とアメリカを和解させるにはどうしたらいいのか、その方法を自信満々に教えてくることに驚いたものだ。

しかしある程度は、それも当然のことだった。政治は議論を誘う。まして冷戦中、地球壊滅のおそれもあるなかで、人々は自分の意見を聞いてもらいたがっていた。これは公共政策業界で働く経費のひとつだろうと、わたしは受けとめた。やがて、さまざまな政策に関わる他の専門家たちも同じ経験をしているとわかった。専門家ではない一般の人々、つまり素人が、専門家に対して、税金、予算、移民、環境などあまたのテーマについて、不十分な情報に基づく持論を披露する。政策の専門家にとって、そういうことは仕事につきものなのだ。
しかしその後、わたしは医師からも同じ話を聞くようになった。弁護士からも。教師からも。さらに、普通は簡単にその助言が否定されることのない多くの専門家たちも、同じ経験をしていることがわかった。こうした話にわたしは驚愕した。患者やクライアントが分別ある質問をするという話ではない。患者やクライアントが専門家に対して、なぜその助言が間違っているのか、積極的に主張するという話なのだ。どのケースでも、専門家は自分のしていることをわかっているという前提は、あっさりと却下される。

さらにまずいことに、近頃非常に気懸りなのは、人々が専門知を却下することそのものではなく、人々があまりにも頻繁に、あまりに多くのことについて、あまりにも怒りをこめてそうしていることだ。たしかに、専門知に対する攻撃が目につきやすくなったのは、インターネットが普及したこと、ソーシャルメディアにおける対話は節度を欠きがちなこと、二四時間のニュースサイクルではそうした論調が求められることが原因かもしれない。だが、昨今の専門知の拒絶は、独善性と激しい怒りを帯びており、少なくともわたしには、これはたんに、専門家への不信や疑問や別の選択肢の追求ではなく、自己愛が専門知への侮蔑と合わさって、一種の自己実現行動になっているのではないかと思える。

そのため、専門家がそれに対して、健全な考えを取り戻すようにと人々に訴えることが、ますます困難になっている。どんな話題でも、議論は常に激怒した自我というドブに流れていってしまい、人々の考えは変わらず、仕事上の人間関係または友情が損なわれる結果になることがままある。今日の専門家たちは、異を唱えるのではなく、そうした齟齬を、最悪の場合、害意のない意見の相違として受け入れるべきだとされている。「合意しないということで合意する」べきだと。最近この言葉は、論争の消火器のようなものとして、やたらと使われている。そしてもしわたしたち専門家が、何もかも意見の違いで済ますことはできない、正しいこともあれば間違ったこともあると言い張ると……ただの嫌なやつだということになるらしい。

あるいは、わたしがたんに、世代交代のはざまにいるということかもしれない。わたしが育った一九六〇年代と一九七〇年代は、おそらく専門家に過大な敬意が払われていた時代だった。それはアメリカが、科学の分野だけでなく国際的リーダーシップの面でも世界の先頭に立つ、高揚した時代だった。わたしの両親は聡明だが無学な人たちで、多くのアメリカ人と同様に、月に人間を送った人々なら、他の重要なこともきちんとやってくれるはずだと考えていた。わたしは権威に絶対服従するように育てられたわけではなかったが、おおむねうちの家族は、専門的な分野で仕事をしている人々は、足の治療でも政治でも、自分のやっていることをわかっているはずだと信用していた。

しかし、当時わたしたちが信用していた、ニール・アームストロングを静かの海に着陸させた人々は、それほど有名ではないアメリカ人兵士たちをヴェトナムのケサンやドラン渓谷に着陸させた人々でもあった。それは、専門知に批判的な人々が指摘するとおりである。専門家および政治指導者に寄せられた人々の信頼は間違っていたし、悪用されていた。

だが今、我々はまったく違う方向に来てしまった。人々は専門知について健全な疑いをもつのではなく、積極的にそれに憤慨し、多くの人々は、専門家が専門家であるという理由だけで、間違っていると見なす。人々は「エッグヘッド」――最近また流行り始めた知識人を揶揄する蔑称――には黙っていろと唸り、医師には自分に必要な薬を指示し、教師には子供がテストで書いた間違った答えを正解だと言い張る。誰もがみんな平等に頭がよく、今のアメリカ人は過去最高に賢いと思っている。

とんでもない間違いだ。

この本の執筆を助けてくれた多くの人々に感謝する。またそれ以外の、本書の考えや結論には責任のないさらに多くの人々にも、お礼を言いたい。

わたしが最初に「専門知は、もういらないのか」〔原題はThe Death of Expertise〕という記事を書いたのは、二〇一三年当時、「ウォールーム」という名前をつけていたわたし個人のブログに載せるためだった。ウェブマガジン『ザ・フェデラリスト』のショーン・デイヴィスがその記事に目を留め、加筆して記事にしてみないかと連絡してきた。掲載してくれたショーンと『ザ・フェデラリスト』のおかげで、わたしの記事はやがて世界中で一〇〇万人を軽く超える人々に読まれることになった。オックスフォード大学出版局のデイヴィッド・マクブライドがその記事を読み、連絡をくれて、その論旨を一冊の本にしないかと言ってくれた。彼の編集上の指導と助言によって、テーマにしっかりと肉付けができ、彼とオックスフォード大学出版局、企画書を読んでくれた無名の査読者のおかげで、本書が実現した。

幸運なことにわたしはアメリカ海軍大学校に勤務しており、同僚たち、とりわけデイヴィッド・バーバック、デイヴィッド・クーパー、スティーヴ・ノット、デレク・レヴェロン、ポール・スミスは助言と資料を提供してくれた。だが本書の意見と結論は、すべてわたしに責任があり、何らかの組織および政府機関の見解を示すものではない。

さまざまな職業に従事する友人や手紙をやりとりした人々は、親切にも原稿を読み、意見を述べ、わたしの専門分野以外のさまざまな疑問について答えてくれた。アンドルー・ファチーニ、ロン・グラニエリ、トム・ヘンジヴェルド、ダン・カスゼータ、ケヴィン・クルース、ロブ・ミッキー、リンダ・ニコルズ、ブレンダン・ナイハン、ウィル・サレタン、ラリー・サンガー、ジョン・シンドラー、ジョッシュ・シーハン、ロバート・トロビチ、マイケル・ワイス、セリーナ・ジート、そしてとりわけ、ダン・マーフィーとジョエル・エンゲル。数回の改稿のたびに原稿を読んでくれたデイヴィッド・ベッカー、ニック・ヴォスデフ、ポール・ミデューラに感謝する。

ハーヴァード・エクステンション・スクールにも心から礼を述べたい。プログラムで教える機会を与えてくれたこと、そして多くの優秀な学生を研究助手として使わせてくれたことに。ケイト・アーラインはこのプロジェクトの貴重な助手だった。きわめて奇妙な疑問も冷静にさばいてくれた（一九五九年以来、アメリカ国内でファストフード店が何軒開店したか？　ケイトなら答えを見つけられる）。しかし本書に事実誤認や誤解があったら、それはわたし一人の責任である。

本を執筆することは、著者本人にとってはすばらしく夢中になれる経験だが、まわりの人々にとってはそうでもない。妻のリンと娘のホープは、わたしが本書に取り組んでいるあいだ、いつものようにわたしに寛容に接してくれた。執筆中のわたしを我慢してくれた二人には、大きな借りができた。本書を二人に捧げる。愛をこめて。

最後に、本書を書くわたしを支えてくれたが、明白な理由で、匿名でいることを望む人々にも礼を述べたい。医療専門家、ジャーナリスト、弁護士、教育者、政策アナリスト、科学者、学者、軍事専門家、その他、自身の体験をわかちあって、本書に自分の話を提供してくれた人に深く感謝する。彼らがいなければ、本書を書くことはできなかった。

本書がいくらかでも、彼らやその他の専門家たちの役に立ってくれることを願っている。だが最終的には、あらゆる専門職のクライアントは彼らの住む社会の人々である。だからわたしは、本書によって同胞の市民たちが、誰もが頼りにする専門家をよりよく理解し、利用できるようになることを願っている。何よりも、この本が、専門家とそうでない人々のあいだに走る亀裂に橋をかけることを願っている。そうした不和は、長期的には、多数のアメリカ人の福祉だけでなく、我々の民主的実験の存続さえおびやかすものだからだ。

序論

専門知の死――もういらない、ということ

合衆国には無知崇拝が存在するし、これまでもずっと存在していた。反知性主義の系統は、民主主義とは「わたしの無知にはあなたの知識と同じ価値がある」という意味だという誤った認識を栄養にして、わが国の政治的文化的生活の中を蛇行しながら連綿と続いてきた。

アイザック・アシモフ

一九九〇年代前半、カリフォルニア大学のピーター・デュースバーグ教授を含む少数の「エイズ否認主義者」のグループが、ヒト免疫不全ウイルス（ＨＩＶ）が後天性免疫不全症候群（エイズ）の原因であるという、事実上、全医学界の一致した意見に反論した。そうした反直観的な挑戦は科学の発展に寄与するものだが、デュースバーグの考えを裏付ける証拠は存在せず、根拠は何もなかった。研究者がＨＩＶを発見すると、医師や公衆衛生担当者はその感染を予防することによって数え切れないほどの命を

救った。

デュースバーグの一件は、研究によって否定された珍説として終わってもおかしくなかった。科学の歴史にはそうした袋小路がいくつもある。だがこのケースでは、間違っているとされた考えが一国の指導者の関心を引き、多くの犠牲者を出す結果となった。当時、南アフリカ共和国のタボ・ムベキ大統領は、エイズはウイルスが原因ではなく、栄養不足や不健康が原因だとする考えに飛びつき、南アフリカでのＨＩＶ感染拡大をくいとめる薬その他の支援の申し出を断った。二〇〇〇年代半ばに、政府はようやく姿勢を軟化させたが、ハーヴァード大学公衆衛生学部の医師による推定によれば、ムベキのエイズ否認主義によって三〇万人以上が死亡し、感染が予防できたはずの三万五〇〇〇人の赤ん坊がＨＩＶ陽性で生まれた。(1) ムベキは今でも、自分が正しいことをしたと考えている。

多くのアメリカ人はこういった無知をあざ笑うだろう。だが自分の能力を過信するべきではない。二〇一四年、『ワシントン・ポスト』紙は、ロシアがウクライナに侵攻したことを受け、合衆国が軍事介入するべきか、アメリカ人を対象に世論調査を行った。アメリカとロシアは冷戦時代の敵国どうしで、どちらも大量の長距離核兵器を保有している。ヨーロッパの中央、ロシアと国境を接するウクライナでの軍事衝突は、第三次世界大戦を勃発させ、大惨事を引き起こすリスクをともなう。それなのに、ウクライナの場所を地図上で正しく示すことができたのは、六人に一人――大卒の人間では四人に一人未満――しかいなかった。ウクライナはヨーロッパ最大の国だが、回答者の中央値を取っても、三〇〇〇キロメートル近くはずれていた。

地図テストではずれるのはよくある。それよりも気になるのは、そうした知識の欠如にもかかわらず、回答者がこの問題についてかなり強硬な意見を述べていることだ。じつはそれは控え目な表現で、回答者はたんに強硬な意見を述べていただけではなく、ウクライナについての知識の欠如と正比例するかたちで、同国への軍事介入を支持する割合が高くなった。言い換えれば、ウクライナが南アメリカやオーストラリアにあると思っている人々が、軍事力の行使にもっとも積極的だった。(2)

今は危険な時代だ。これほど多くの人々が、これほど大量の知識へのアクセスをもち、それなのに何も学ぼうとしない時代はかつてなかった。アメリカをはじめとする先進国では、他のことでは理性的な人々が知的活動の成果を軽視し、専門家の助言を聞く耳をもたなくなっている。ますます多くの一般の人々が基本的知識を欠き、そのうえ証拠に基づくという根本的な原則を拒否し、論理的議論の方法を学ぼうとしない。そうすることで彼らは、何世紀にもわたって集積された知識を投げ捨て、新しい知識を生みだす営みと習わしを弱らせるリスクをおかしている。

これはあってあたりまえの懐疑的な態度とは違う。現在、目の前で起きているのは、専門知という理想そのものの死ではないかというのが、わたしの懸念だ。グーグルに煽られ、ウィキペディア頼りになり、ブログにどっぷり漬かった社会で、専門家と素人、教師と生徒、知識がある者と好奇心がある者——要するに、ある分野において何かしらの業績がある人間とまったくない人間——のあいだの垣根が崩れつつある。

確立した知識に対する攻撃と、その後に出てくる一般大衆の貧弱な情報が愉快に思えることもある。ときには笑えるほどに。深夜番組のコメディアンたちは、人々に質問することで、彼らが固く信じているものごとについて無知だということ、流行にかぶれていること、時事問題についてまるで知らないのを認めたがらないことなどを暴露し、笑いのネタにしている。たいていの場合それは、たとえばグルテンをなるべく摂らないようにしていると言いながら、グルテンとは何かをまったくわかっていないとか、そういう害のないことだ。それに正直に認めれば、「マーガレット・サッチャーがコーチェラヴァリーにいなかったことが、北朝鮮の核兵器発射の決定に寄与したかどうか」といった馬鹿馬鹿しいシナリオについて、人々が自信満々に適当な意見を述べるところは、いつ見てもおもしろい。

しかし生死に関わることは、おもしろがってはいられない。俳優のジム・キャリーやジェニー・マッカーシーといった反ワクチン十字軍の面々の滑稽なふるまいは、間違いなくテレビ番組やツイッターのすばらしく楽しいネタになる。しかし彼らのように無知なセレブや有名人が、ワクチンは危険だという誤った情報や作り話に飛びつく場合、大勢の人々が、はしかや百日咳のような予防可能な病気に罹る危険が生じる。

情報化時代のまっただなかでこうした種類の頑固な無知が増えていることは、たんなるひどい無知のせいだと片付けられない。確立した知識に対して反対運動を起こす人々の多くは、日常生活の他のことはたくみにこなし、上手くやっている。ある意味では、無知よりよっぽど悪い。つまりそれは、根拠のない傲慢であり、いかなる種類のものであれ少しでも不平等を感じさせるものは我慢がならないという、ますます強まる自己愛文化の行為なのだ。

わたしは「専門知の死」という言葉で、実際の専門家の能力、つまりさまざまな分野において、ある人々をその他の人々と区別する特定のものごとについての知識まで死んだと言うつもりはない。今後も、医師、外交官、弁護士、エンジニア、その他さまざまな分野の多くの専門家は存在しつづける。日常的には、専門家がいなかったら世の中は回らない。骨折したら医師、逮捕されたら弁護士の助けが必要になる。わたしたちは旅行に行けば、パイロットは当然、飛行機の飛ばし方を心得ているはずだと思っているし、外国で問題が起きたら、領事館の職員に電話する。どう対処すべきか、彼らは知っているはずだと思うからだ。

しかしこれでは、専門家を技術者として頼っているだけだ。専門家と一般の人々の対話ではなく、確立された知識を、必要なときに、自分の欲しい分だけ、手軽かつ便利に使っているにすぎない。「脚の傷を縫ってくれ。でも食生活についての説教はごめんだ」(アメリカ人の三分の二以上が太りすぎだ)。「この税金の問題を解決するのを手伝ってほしい。だが遺言書の必要性については言ってくれるな」(子供をもつアメリカ人の約半数が遺言書をつくっていない)。「わが国の安全を守ってくれ、だが国家安全保障の費用や計算などわけのわからない話はしないでくれ」(アメリカ人のほとんどは政府がいったいどれくらい国防費を使っているのか、まるで見当もつかない)。

栄養的に優れた食事から国防費まで、そういったあらゆる選択には、人々と専門家の対話が必要になる。ところがどうやら人々は、以前にも増してその対話をしたがらなくなっている。彼らとしては、十分な情報を集めたから、そうした決定は自分で行いたい。もちろん、そうしたことを自分で決定したいと思う場合に限る。

一方の専門家たち、とくに学者は、一般の人々と対話するという義務を放棄してしまった。彼らは専門用語と今日的な意義をもたない議論の陰に引きこもり、仲間うちのつきあいだけをしたがっている。その二者の中間にいる、いわゆる「パブリック・インテレクチュアル」(公益増進に貢献する知識人)と呼ばれる——わたしもその一人でありたいと思っている——人々は、自分たち以外の社会と同様にいらだちを募らせ、二極化している。

専門知の死は、既存の知を拒絶するということだけではない。その本質は、現代文明の土台である科学と公平な合理性の拒絶だ。かつて美術評論家ロバート・ヒューズが二〇世紀後半のアメリカを評して言ったように、それは「上品ぶってセラピーに夢中になり、公式な政治には不信をいだき」、常に「権威を疑い」、「迷信の餌食となる」ことなのだ。時代は前近代から一周してもとの位置に戻った。近代以前の時代には、人間の知識の避けがたい隙間を、民衆の知恵が埋めていた。そこから特殊化と専門知に基づく急激な発展の時代をくぐり、今や誰もが自分はあらゆることの専門家だと考える、脱工業化・情報化の時代になった。

だが実際の専門家が専門知を主張すると、アメリカ国民の一部を激怒させることになる。その人たちはすかさず、そんな主張は誤った「権威のアピール」であり、忌むべき「エリート主義」の明らかな証拠であり、学歴や経歴を利用して「本物の」民主主義に不可欠の対話を封じるものだと言うはずだ。今のアメリカ人の考えでは、政治制度において平等な権利をもつということは、どんなことについても、ある人の意見が他の人の意見と平等に認められることだということになる。どう考えても馬鹿げているが、これを信じているアメリカ人がかなりいる。このような一律の平等の主張は常に不合理で、ときにおもしろく、たいていは危険だ。本書は専門知について書かれている。より正確には、民主社会における専門家と一般の人々の関係について、その関係が壊れつつある理由、専門家でもそうでなくても、わたしたち全員がそれについて何ができるかが書かれている。

専門知の死に直面した人々の最初の反応は、インターネットのせいにすることだ。自分のほうがよくわかっていると考えている客の相手をしたことがある専門職の人はとくに、インターネットのせいだと考えがちだ。これから見ていくように、その答えは間違いというわけではないが、単純化しすぎている。確立された知識への攻撃には長い伝統があり、インターネットはたんに、くり返し現れる問題のもっとも新しいツールでしかなく、これまでもテレビ、ラジオ、印刷機などのイノヴェーションが同様に槍玉にあげられてきた。

では何が問題なのか? 何が劇的に変わり、わたしがこの本を書いてあなたが読むことになったのか? 専門知はほんとうに死んだ、いらなくなったのだろうか、それとも、知識人にありがちな、自分では誰よりも賢いと思っているのに誰も話を聞いてくれないという不満にすぎないのだろうか? もしかしたらこれは、社会的・技術的変化が一巡するたびに、専門職が一般大衆について感じる不安なのかもしれない。さもなければ、わたしのような頭でっかちのエリート主義者の虚栄心の噴出なのだろう。

いやむしろ、専門知の死は進歩のしるしなのかもしれない。なにしろ、教育を受けた専門職が知識を独占支配していた時代は終わった。かつて生命の秘密は、大理石の霊廟、つまりそこに入れる少数の人間も萎縮させるような広間をもつ世界中の巨大な図書館に隠されていた。そうした時代には、専門家と一般の人々のあいだに存在する軋轢は少なかったが、それはただ、人々がしかるべき方法で専門家に異を唱えることが不可能だったからだ。さらに、マス・コミュニケーション以前の時代には、専門家に異議を申し立てる方法は今よりも少なかった。

二〇世紀の初めまで、政治、知的活動、科学への参加は厳しく制限されていた。科学、哲学、公共政策についての議論は、少数の学識者の男性が独占していた。「古き良き時代」というわけでもなく、それほど古い昔のことでもない。たいていの人間は高校も卒業せず、ごく少数が大学に進学し、人口のほんの一部が専門職に就いたという時代は、多くのアメリカ人の記憶のなかにまだ残っている。

過去半世紀のあいだに起きた社会変化によって、ようやく、人種、階級、性別の壁が破られた。その変化は一般のアメリカ人どうしに限らず、とくに無学の人々とエリートの専門家のあいだで大きかった。議論に参加する人間の範囲が広がれば、知識は増えるが、社会的な摩擦も増える。普通教育、女性とマイノリティの地位向上、中流階級の拡大、社会的流動性の増大によって、二世紀近くのあいだほとんど交流のなかった少数の専門家と多数の人々とが、直接接触するようになった。

にもかかわらず、その結果として知識への敬意が増すことはなく、誰もがみんなと同じように頭がいいという、おかしな確信がアメリカ人のあいだに広まった。これは教育の正反対だ。教育の目的は、誰でも、どれほど頭がよく成功しているとしても、一生学びつづける姿勢を養うことだから。それなのにわたしたちの住む社会では、わずかな学びが、教育の始まりではなく終点だということになってしまっている。これは危険なことだ。

本書では

次章以下では、この問題の原因をいくつか示していく。その一部は人間の本質に根差し、一部はアメリカに独特のもので、一部は現代社会と豊かさの避けられない結果だ。

第1章では、「専門家」の概念と、専門家と一般の人々の対立が新しいものなのかどうかについて見ていこう。専門家であるというのはどんなことなのか？　自分の経歴や経験外の問題について厳しい選択に直面した場合、誰に助言を求めるのだろうか？（もしもあなたが、誰の助言も必要ないと考えるなら、たぶんあなたは、わたしがこの本を書くきっかけになった人間の一人だ）

第2章では、なぜアメリカにおける会話が、専門家と一般の人々との対話だけでなく、誰と話したときでもひどく疲れるものになってしまったのかを考える。正直に言えば、わたしたちは誰でも、自分にとって重要なこと、とくに強く執着している信念や考えについて話すときには、聞かされる者にとってはうっとうしい、腹立たしい人間になってしまうものだ。専門家とそのサービスを受ける人々との仕事上の関係が上手くいかない原因の多くは、人間の基本的な弱点に原因がある。この章ではよりよい理解をさまたげる自然の壁を考えてから、二一世紀初めに特有の問題について詳しく見ていく。

たとえば、わたしたちは誰でも「確証バイアス」のような問題をかかえている。確証バイアスとは、自分の考えを裏付ける情報だけを受け入れる心的傾向だ。誰でも、そのせいで専門家の助言を受け入れづらくなるような個人的な経験、偏見、不安、ことによっては恐怖症をかかえている。わたしたちがある数字は幸運の数字だと思えば、数学者が何を言ってもそれを変えることはできない。同様に、わたしたちが空を飛ぶのは危険だと思えば、宇宙飛行士や戦闘機のパイロットがいくら安全だと言っても、不安をなくすことは不可能だ。そしてこんなことを言うのは不作法だが、わたしたちの一部は、けっして悪気はないにしても、知能が低く、自分が間違っていることに気がつかない。誰もが音程をはずさずに歌をうたったり、まっすぐな線を引けたりするわけではないように、多くの人々は、自分の知識の不足に気がつくことも、自分には論理的な議論を組みたてる能力がないと理解することもできない。

教育は人々に確証バイアスのような問題を自覚させ、知識の不足を埋めてよりよい人間にするはずだった。ところが、現代のアメリカの大学、そして大学をありふれた商品として見る学生とその親の考え方が問題の一部になっている。第3章では、大学教育が広く利用可能になり――逆説的だが――多くの人々が、実際には値打ちの疑わしい学位によって知性を身につけたような幻想をいだいているだけにもかかわらず、自分が賢くなったと考えるようになった原因を論じる。学生は学習者ではなく大事なお客さまになり、おおいに自尊心を高められたが、知識はほとんど学んでいない。それどころか彼らは、クリティカルシンキング（批判的思考）の習慣を身につけることもない。それがなければ、学びつづけることも、市民としてよく考えて投票するために複雑な問題について判断を下すこともできない。

テクノロジーとコミュニケーションの時代は、知識を大きく躍進させているが、一方で、我々人間の欠点に力を与え、強めてもいる。インターネットが、専門知の死の原因のすべてだとすることはできないが、かなり多くのことがそれで説明できるし、少なくとも二一世紀のことは説明可能だ。第4章では、グーテンベルクがインクで指をよごして以来、人類史上最大の知識源になったインターネットが、どのようにして確立された知識に対する攻撃の場になり、それに対する防御になったのかを考える。インターネットはすばらしい知識の保管場所だが、誤った情報の源でもあり、その拡散を可能にするものでもある。インターネットはわたしたちの多くを愚かに、また意地悪にしている。人々は一人キーボードの前に座り、意見を交わすのではなく意見を戦わせ、耳を傾けることなく罵り合っている。

自由社会においては、ジャーナリストが、無知と学識のもみ合いの重要な仲裁人であり、またそうあるべきだ。だが、人々が知識を得ることより、おもしろい見世物を求めたら、どうなるだろう？　そうした気になる問題については第5章に書いた。

わたしたちは、メディアが情報を提供し、事実とつくり話を区別し、せわしない世の中で起きるあらゆることを追いかける時間も力もない人々のために、複雑なものごとを理解しやすくしてくれるはずだと頼りにしている。しかしながら専門職のジャーナリストたちは、この情報化時代に新たな課題に直面している。半世紀前と比較しても、ニュースに使われる放送時間と紙面がほぼ無制限に増大しただけでなく、消費者はそのスペースがすぐに埋められ、常にアップデートされることを期待している。

このような、非常に競争の激しいメディア環境では、編集者にもプロデューサーにも、ジャーナリストに専門性を身につけさせたり、あることについて知識を深めたりさせるだけの忍耐——あるいは経済的な余裕——はない。ニュースの消費者がそんなものを求めているという証拠もない。専門家は、たとえ意見を求められたとしても、短いコメントや「印象的な言葉の抜粋」に要約されるのがふつうだ。ニュース業界の関係者なら誰でも知っていることだが、ニュースが十分美談だったり、十分ひどかったり、十分おもしろくなければ、気まぐれな視聴者はマウスをクリックしたり、テレビのリモコンのボタンを押したりして、すぐにもっと面白いものを探す。

専門家も絶対に正しいわけではない。ひどい間違いをおかし、重大な結果を招くこともある。現代のアメリカにおける専門家の役割を弁護しようとすれば、そうした惨事や誤りの例が反論としていくつもあげられるだろう。サリドマイド、ヴェトナム戦争、チャレンジャー号、卵を食べる危険など（食べても大丈夫。卵は健康に有害な食べ物リストからはずされた）。当然のことだが専門家たちは、これは数え切れないほどの飛行機が安全に飛行していることを無視して一件の墜落事故をとりあげるようなものだと反論する。それはそうかもしれないが、飛行機は実際に墜落するし、その墜落が専門家による失敗のせいという場合もある。

第6章では、専門家が間違うとどうなるのかについて論考する。専門家はいろいろな間違いをおかす。明らかな詐欺もあれば、善意だが自分の能力を過信してのミスもある。そしてときには、他の人たちと同じく、ただ間違う。しかし一般の人々が、専門家がなぜ、どのように間違うのかをわかっておくことは大事なことだ。それによって、人々は専門家の助言の賢い消費者となれるし、専門家は、自分と自分の仕事をどのように正しく保とうとしているかを人々にわかってもらえる。さもないと、専門家の間違いは、事実に基づかない議論のネタとなり、専門家は自分の仕事に対する攻撃に腹を立て、一般の人々は専門家が自分の仕事をちゃんとわかっていないのではないかとおびえることになる。

最後に結論として、専門知の死のもっとも危険な面、それがどのようにアメリカの民主主義を蝕んでいるかをとりあげる。アメリカ合衆国は共和国であり、人々は、指名した人物に自分たちの代表としてものごとを決めさせる。選挙で選ばれた代表者があらゆることに精通するのは不可能であり、彼らには専門家や専門職の助けが必要だ。一般に考えられているのとは異なり、専門家と政策立案者は別の人間であり、アメリカ人がよくするように、この二者を混同することによって、専門家、一般の人々、政治指導者のあいだの信頼が蝕まれる。

専門家は助言する。選挙で選ばれた指導者たちが決定する。一般の人々は、専門家の働きを評価するため、また議員たちの判断や決定を評価するために、当面の問題について知っておく必要がある。全員が政策について本格的に研究しなければならないということではないが、人々が自分たちの生活に関わる問題について基本的なリテラシーも身につけようとしないのならば、否応なしに、それらの問題に対するコントロールを放棄することになる。有権者がそうした重要なことについてのコントロールを失うということは、無知なデマゴーグに民主主義を乗っ取られたり、わが国の民主主義的な制度が、ひっそりと、漸進的に、権威主義的なテクノクラシーに堕落したりといった危険をおかすということだ。

専門家も、民主主義において重要な責任を負っている。ここ数十年間、専門家たちはその責任から逃れてきた。パブリック・インテレクチュアルたちが（しばしばジャーナリストらと協力して）、重要な問題を一般の人々に理解できるようなかたちで伝えようと努力しているときに、学識のあるエリートたちはますます仲間うちの議論に閉じこもっている。一般の人々の、質問するのではなく食ってかかる――大きな違いだ――態度が、専門家をますます寡黙にしている。だからといって専門家たちは、社会に役立ち、同胞を迷惑がるのではなく自分たちのサービスの受け手として向き合う義務から解放されるわけではない。

専門家には人々を教育する責任がある。有権者には学ぶ責任がある。最終的には、どれだけ専門職が助言したかにかかわらず、国の直面する重要な政策選択の方向を決めるのは国民だ。有権者だけが、自分の家族と自分の国に影響する選択を行い、その決定の最終的な責任を負うことができる。

だが専門家には力を貸す義務がある。だからわたしは本書を執筆した。

第1章　専門家と市民

ワシントンDC——何年間にもわたって自分たちの助言が誤解され、曲解され、あるいはたんに無視されつづけたことを不服として、あらゆる分野におけるアメリカ最高峰の専門家たちが、月曜日、集団で辞表を提出した。

ジ・オニオン〔米国の風刺報道機関〕

説明したがり屋《エクスプレイナー》の国

誰でも会ったことがあるはずだ。職場の同僚だったり、友人だったり、親戚だったり。若かったり、年寄りだったり、金持ちだったり、貧しかったり。教育を受けた者もいれば、ノートパソコンと図書館貸出カードだけで独学した者もいる。だが、説明したがり屋にはひとつ共通点がある。普通の人なのに自分では情報の宝庫だと思っているということだ。自分が専門家より博識で、大学教授より広い知識をもち、だまされやすい大衆より見識があると思っている説明したがり屋は、帝国主義の歴史からワクチンの危険性まで、あらゆることについてよろこんで教えてくれる。

わたしたちがそういう人々を受け入れ、我慢しているのは、彼らが心の底ではよかれと思ってやっているとわかっているからだ。一種の親しみさえ覚える。たとえば一九八〇年代のシチュエーション・コメディードラマ『チアーズ』に登場していた、ボストン出身の郵便配達夫でバーの常連客のクリフ・クラヴィンも、ありとあらゆることに関する専門家だった。クリフは、現実の説明したがり屋と同様に、何か言うときにはかならず、「研究によれば」とか「これは周知の事実だが」といった前置きから始めた。視聴者がクリフを好きになったのは、誰にも彼に似た知り合いがいたからだ。たとえば親戚が集まる祝日の夕食で会う気難し屋のおじさんや、大学一年生の厳しい生活から里帰りしてきた学生。

そういう人たちをほほえましいと思えるのは、彼らが、専門家の見解を尊重し信頼している国の中では例外的な変わり者だからだ。しかしここ二、三〇年のあいだに事情が変わった。公共の場で、知識不足な人々によるゆるやかな集まりがますます存在感を増している。そうした人々の多くは学校教育を軽蔑し、経験を軽視する独習者だ。「大統領に経験が必要なら、最高の専門家に一時間教えを受けてマスターできない政治トピックをひとつあげてくれ」。漫画家のスコット・アダムズは、二〇一六年の大統領選の最中にそうツイートした。まるで専門家との話し合いが、コンピュータのドライブから別のドライブに情報をコピーするのと同じだと言わんばかりの発言だ。知の領域におけるある種の「グレシャムの法則」が勢いを増している。グレシャムの法則は「悪貨は良貨を駆逐する」ということだったが、我々が生きている今の時代では、誤った情報が知識を押しのけている。

これは由々しき事態だ。現代社会は社会的分業と専門家・プロ・知識人への信用なしには成り立たない（本書ではさしあたり、この三者をほとんど同じ意味で用いる）。すべての分野に通じた専門家はいない。そうなりたいという願望はあっても、わたしたちはみな、時間の制約と否定しがたい才能の限界という制約を受けている。わたしたちの社会が栄えているのは、人々が専門に分かれ、そうした専門分野間で互いに信頼し合えるような公式・非公式両方のメカニズムをつくったおかげなのだ。

一九七〇年代初め、ＳＦ作家のロバート・ハインラインは「専門分化は昆虫のすることだ」という、以来よく引用されている格言を発表した。彼によれば、真に有能な人間は、オムツ替えから軍艦の指揮まで、ほぼ何でもできてしかるべきだということだ。これは人間の適応力と順応性を称える気高い考えだが、間違っている。かつて誰でも自分で木を切りだして家を建てた時代もあったが、それは非能率的だし、粗末な家しかできない。

わたしたちがもうそういうやり方をしないのには、理由がある。高層ビルを建てる場合で言えば、大梁の材料を決める人、建物の設計をする建築家、窓をとりつけるガラス工はそれぞれ別の専門家だ。だからこそ、地上一〇〇階から都市を眺めることができる。専門家は、知識が一部重なっていたとしても、他の専門家のプロとしての能力を尊重し、自分がいちばんよく知っていることをするのに集中する。そうした信頼と協力が、一人一人がつくるものをしのぐ最終生産物に結実する。

実際にわたしたちの社会は、各人が自分の知識の限界を認めて、他の人々の専門知を信頼することによってしか機能できない。ときにこの結論に抵抗する人がいるのは、独立と自立の感覚をひそかに傷つけられるからだ。誰でも自分はどんな判断でもできると思いたいし、誤りを正したり、指摘したり、自分がよく知らないことを指示してくる人間には腹が立つ。こうした個人の人間としての自然な反応が社会全体の共有する特性となったときに、それは危険なものになる。

これは新しいことだろうか？

今の時代は、五〇年前や一〇〇年前とくらべて、知識はより危険な状態にあり、会話や議論がより困難になっているのだろうか？　いつの時代も知識人は一般の人々の愚鈍さに文句を言い、人々はインテリや専門家を疑っている。それではわたしたちは、この問題がどれほど新しく、どれほど深刻なものだと考えればいいのだろうか？

公共分野におけるこの軋轢の一部は予想の範囲の雑音で、最近はインターネットとソーシャルメディアによって増幅されている。インターネットはファクトイド〔公にされたため根拠なしに事実として受け入れられている情報〕やいいかげんな考えを集め、そうした悪い情報や拙い推論を電子世界全体に広げている（一九二〇年代に小さな町に住む変わり者が全員、自分のラジオ局をもっていたらどうだったか、想像してみてほしい）。もしかしたら一〇〇年前とくらべて、人々の頭が悪くなったわけでもなければ、専門家の話を聞かなくなっているわけでもないのかもしれない。ただ、変わり者の声が大きく聞こえるようになったというだけで。

それに、あることを知っている人と別のことを知っている人のあいだで、ある程度の摩擦は避けられない。たぶん最初の狩猟採集社会でも、夕食に何を食べるかで言い争いがあったはずだ。人間の営為のさまざまな分野が専門家の領域になれば、意見の違いはより大きく、より際立つようになる。専門家とその他の人々の分化が進めば、両者のあいだの社会的隔たりや不信も大きくなる。社会というものは、どれほど進んだ社会でも、底深いところに教育を受けたエリートに対する怒りを秘めている。民間伝承や都市伝説への根強い愛着や、その他の、現代社会の複雑さや混乱に対して人々が示す非合理的だが正常な反応もそこから生まれる。

民主主義社会は、あれこれ意見の出る公共空間があり、常に既成の知識に挑戦しようとする傾向がある。実際、既成のものなら何でも疑ってかかる傾向がある。それこそが民主主義社会を「民主的」にしている特徴なのだ。古代より民主主義社会は変化と進歩を賛美してきた。たとえばトゥキュディデスは、紀元前五世紀の民主主義国家アテナイ市民のことを、「変革中毒の」落ち着きのない人々だと書いているし、その数百年後の聖パウロも、アテナイ市民は「最新の思想について話したり、話を聞いたりすること以外、何もせずに時間をついやしている」と看破した。そのように、正統性にたえず疑義を呈するということが、民主的な文化においては歓迎され、守られている。

アメリカ合衆国は、とりわけ個人の自由に重点を置いているということもあり、他の民主主義国家にくらべて知的権威に対する抵抗をより大事にしている。言うまでもなく、「アメリカ人はどのように考えるのか」についての議論では、フランス人歴史家のアレクシ・ド・トクヴィルを参照しないわけにはいかない。トクヴィルは一八三五年、新しいアメリカ合衆国の居住者は、専門家とその知性にかならずしも敬服していないと観察した。「アメリカ人は、その心の活動の大部分において、自分で理解しようという個人の努力に心引かれる」。この権威に対する不信は、アメリカの民主主義の性質に根差していると、トクヴィルは論じた。「市民が、平等な立場に置かれ、互いを注意深く観察すれば、自身の理性がもっとも自明かつ真実に近い情報源であると思うのが常だ。ここでは誰それの人間に対する信用だけではなく、誰の権威に対する信頼も損なわれている」〔トクヴィル『アメリカのデモクラシー第二巻（上）』松本礼二訳、岩波文庫、一八、一九頁〕。

そうしたことは、建国当初のアメリカ合衆国に限ったことではない。ソクラテスがドクニンジンからつくった毒薬を飲まされた昔から、教師や専門家やプロといった「知る人間」は、社会からの尊敬の欠如を愚痴りつづけている。より近い例では、スペイン人思想家のオルテガ・イ・ガセットは一九三〇年代に、「大衆の反逆」とその特徴である根拠なき知的傲慢を次のように非難している。

かくして、その本質そのものから特殊な能力が要求され、それが前提となっているはずの知的分野においてさえ、資格のない、資格の与えようのない、また本人の資質からいって当然無資格なえせ知識人がしだいに優勢になりつつあるのである。［中略］ひょっとしたらこういうわたしがまちがっているのかもしれない。しかし、今日の著述家は、自分が長年にわたって研究してきたテーマについて論文を書こうとしてペンをとる時には、そうした問題に一度も関心を持ったことのない凡庸な読者がもしその論文を読むとすれば、それは論文から何かを学ぼうという目的からではなく、実はまったくその逆に、自分がもっている平俗な知識と一致しない場合にその論文を断罪せんがために読むのだということを銘記すべきである。(1)

オルテガ・イ・ガセットは今でも時代遅れではない言葉で、より力を増し、より無知になった人民の台頭は、物質的豊かさ、繁栄、科学の進歩などさまざまな要因が原因だと論じている。

トクヴィルが描写したアメリカ人の知的自立への執着は、一世紀近くも生きのびた末に、内外からの攻撃によって倒れた。テクノロジー、中等教育の普遍化、専門知識の拡大、二〇世紀半ばにアメリカが大国として台頭したことなど、そのすべてが、普通のアメリカ人は日常の課題に対処したり国家を適切に運営したりする能力を有しているという考え――より正確に言えば、根拠のない通念――を、時代遅れなものにしてしまった。

半世紀前、リチャード・ホーフスタッターは「現代生活の複雑さのため、ふつうの市民が独自の知能と理解力でできることはつぎつぎに少なくなった」と書いた。

アメリカ人が元来もっていた夢では、ふつうの人間が万事をこなすのは当たり前であり、避けられないことだった。特別な教育をさほど受けていなくても、ふつうの人間なら専門の仕事に従事し、政府を運営できると信じられていた。だが今日では、朝食すらなんらかの装置を使わずには食べられない。それはなにやら得体が知れないが、専門家が自由に扱えるようにしてくれたものなのだ。さらに朝食の席に座って朝刊を見ると、生なましく複雑な諸問題が目に入ってくる。そこで自分に正直な人は、そのほとんどの問題を判断する能力が自分にはないと認めるのである。(2)

そうした圧倒的な世の中の複雑化によって、人々は自分たちがますます利口なエリートのいいようにされるしかないと知り、無力感と怒りを覚えているとホーフスタッターは書いたが、それは一九六三年のことだった。「かつては、知性や正式の教育は滑稽だと嘲笑されていたが、いまでは知識人は、専門家として悪意を込めた怒りを買うようになっている」と、ホーフスタッターは警告した。「かつて知識人は、必要とされなかったためにやんわりと嘲弄された。今日では、過剰に必要とされているためにひどく恨まれている」。

五〇年後、法学者のイリヤ・ソミンは、状況がほとんど変化していないことを手厳しく指摘している。ソミンは二〇一五年に、「政府の大きさと複雑さ」によって「限られた知識しかもたない有権者が政府の多岐にわたる活動を監視・評価することがますます難しくなっている。その結果、人々が責任をもって主権を行使することがほとんどできない政治形態になっている」と書いた。さらに気になるのは、アメリカ国民がその間の数十年間、自分自身の知識と先進民主主義に参加するために求められる情報レベルとのギャップを埋めようとする努力を、ほとんどしなかったことだ。「アメリカの有権者の政治知識の低水準は、社会科学において今なお、もっとも確立された事実のひとつだ」。ソミンはいみじくもそう述べている。(3)

つまり目新しいことではない。それでも問題なのだろうか?

あることを専門にしている人々は、他の人々も自分と同じくらいそのことに関心があるだろうと思い込みがちだ。だが本当に、人はこんなことすべてを知る必要があるのだろうか? 国際問題の専門家の大多数が、自分の専門地域以外の地理テストで合格するのは難しいということを考えれば、普通の人がカザフスタンの正確な場所を指し示せなくて、何が問題なのだろう? 一九九四年にルワンダ虐殺が起きたとき、ウォーレン・クリストファー国務長官はルワンダの場所を教えてもらわなければならなかった。つまり、我々一般人がそうした細かい知識を記憶していなければならない理由はない。

そんなに多くの情報を頭に入れておける人間は誰もいない。できるだけ憶えておいて、何か知らなければならないときには、最善の情報源にあたる。わたしは高校の化学教師（何でも知っていると思っていた）に、ある元素の原子番号を尋ねたことがある。それくらい答えられるだろうという気持ちもあったが、じつは自分で調べるのが面倒だったからだ。だが教師は眉を吊りあげ、知らないと答えた。そして背後の壁に張られた元素表を指差すと、「だから科学者は表を使うんだ」と言った。

専門家の、一般の人々に対する文句の一部が不公平なのは間違いない。どんなに子育てに熱心な親でも、どれほど情報通の買い物客でも、いかに公共心に富んだ有権者でも、幼児期の栄養や製品の安全性や貿易政策に関する大量の最新情報についていくのは不可能だ。普通の人がそうした情報すべてを吸収できたら、そもそも専門家は必要ない。

しかし専門知の死は、一般の人々のもつ情報が低水準だという歴史的事実とは別の話だ。問題は、確立された知識に対する人々の無関心ではなく、そうした知識に対する積極的な憎悪の出現である。アメリカ文化において初めて、専門家の考えや確立された知識はとくに重要ではなく、あらゆることについてのどんな意見も、他の意見と同じ価値があるという主張が台頭している。これはわが国の公共の言説に起きつつある驚くべき変化を示している。

この変化は前例がないだけでなく、危険だ。専門家への不信と、それに伴うより一般的な反知性的態度は解消すべき問題なのに、むしろ深刻化している。ソミン教授らが、人々の無知の水準は半世紀前と変わらないと指摘したこと自体、パニックを起こすとは言わないまでも、危機感をもつ理由になる。現状維持では不十分だ。実際、現状維持さえできていないのかもしれない。専門知の死によって、人々が自分を実際よりも博識だと考えるようになり、これまでに何年もかけて獲得されてきた知識が失われるおそれがある。これは民主主義国家の市民の福祉にとっての危機だ。

確立された知識への不信を、疑り深く無学な田舎者が大都市の謎めいたインテリを拒否しているだけだと片付けるのはたやすい。だが現実ははるかに気懸かりだ。確立された知識に対する反対運動を率いているのは、もっと分別があってしかるべき人々なのだから。

たとえばワクチン接種のケースを見てみよう。子供を対象とするワクチンの低接種率が問題になるのは、小さな町に住む、教育をあまり受けていない母親たちではない。そういう親たちは、子供を公立学校に通わせる条件として否応なく予防接種を受け入れている。子供の予防接種にもっとも強硬に反対しているのは、サンフランシスコのマリン郡〔高所得者が多い自治体〕の郊外居住者たちだ。そうした親たちは博士ではないものの、自分たちには確立された医学に異を唱えるだけの学歴があると信じるだけの教育は受けている。このように、教育を受けた親があまり教育を受けていない親よりもまずい判断をして、子供たちを危険にさらしているという、直観に反した皮肉なことになっている。

まったくのところ、無知はヒップとなり、専門家による助言を拒絶することを文化的洗練のしるしのように自慢しているアメリカ人もいる。たとえば、生乳（未殺菌乳）製品を摂取する権利を主張するグルメのあいだで一時的に流行した、生乳運動を考えてみよう。二〇一二年、雑誌『ニューヨーカー』はこの流行について、「未殺菌の牛乳は美食家の快楽主義を特別なやり方でかきまぜた」と報じた。

（生乳は）殺菌も均質化もされず、放牧された牛から搾られたままなので、濃厚で甘く、牧場の香り——通からは「牛の尻」と呼ばれるかすかな風味——がとどめられていることもある。「殺菌は幾重もの複雑さや芳香を牛乳からはぎとってしまう」。サンフランシスコでミシュランふたつ星レストラン「コイ」を経営し、カスタードと卵不使用のアイスクリームの材料に未殺菌牛乳を使用しているダニエル・パターソンは言った。(4)

シェフであるパターソンは料理の専門家であり、彼の、いや誰のでも、その味覚を否定することはできない。だが殺菌によって牛乳の味が影響されると同時に、人間を殺す力をもつ病原体も殺されるのだ。生乳運動は、一握りの変わり者のシェフが推す命がけの体験というわけではない。未殺菌牛乳に固執する人々は、殺菌されていない乳製品は風味がいいだけでなく、より健康的で人間の体にもいいと主張している。生野菜が体にいいんだから、生なら何でもいいはずだろう？　自然のままのものを摂取して、より純粋でシンプルな時代に戻ろう、というわけだ。

それはたしかにシンプルだったかもしれないが、人々が食品に起因する病気でよく死んでいたような時代だ。それでも、アメリカは自由な国であり、十分な情報を知らされた大人の美食家が自分のコーヒーに牛の尻の香りを加えるために病院行きのリスクをとろうというなら、それは本人の選ぶことだ。わたしはそのことを厳しく裁くつもりはない。自分の好きな食べ物に、生の貝やタルタルステーキが入っているからだ。それらのメニューに書かれた注意書きを読むと、いつも自分が禁制品を注文しているような気になる。たしかに生の貝や生肉にはリスクがあるが、食生活におけるおもな食品ではないし、子供に食べさせるものでもない。一方、生乳を子供に与えるのは完全に危険だ。

米国疾病管理予防センター（CDC）の医師らはただちに介入しようとしたが、上手くいかなかった。

疾病管理予防センターが二〇一二年に発行した報告書には、生乳製品は殺菌された牛乳とくらべて、食品に起因する病気を引き起こす危険が一五〇倍も大きいと書かれている。米国食品医薬品局（FDA）のある専門家は、生乳製品の摂取はロシアンルーレットのようなものだとずばり述べている。にもかかわらず人々は、殺菌されていない生乳を飲みつづけ、自分では選べないうえにこの論争を理解する力もない消費者、つまり子供たちに与えつづけている。

なぜ生乳について医師の言うことを聞かなければいけないんだ？　医師なんてこれまでいくらでも間違っていたじゃないか。食べ物について例をあげるなら、アメリカ人は何十年間ものあいだ、卵やある種の脂肪の摂取を制限したほうがいいと言われてきた。政府の専門家たちは国民に、赤身肉の食べすぎを抑え、食生活における穀物の割合を増やし、大雑把に言えばおいしいものは何でも遠ざけるように（最後のこれは、わたしの解釈だと断っておく）と呼びかけてきた。それが何年も経ってから、卵は無害であるだけでなく、体によかったかもしれないとわかった。バターよりもマーガリンのほうが体に悪い。そして毎日ワインを二、三杯飲むのは、酒を一滴も飲まないよりいい。

言ったとおりだろう。医師は間違っていた。ベーコンチーズバーガーをつくってマティーニをグラスに注ごう。

残念ながら、そうとは言い切れない。卵をめぐる論争はまだ終わっていないし、アメリカ人の食生活のある部分にだけ注目するのは的外れだ。医師たちは卵による影響については間違っていたかもしれないが、アメリカ人の食生活にファストフードが多く、大量に砂糖の入った炭酸飲料やビールでそれを胃に流し込むのは健康によくないというのは間違ってはいない。一部の人々は卵についてのニュースに飛びつき（それ以前に広まった、チョコレートは健康的な菓子だという作り話に飛びついたのと同じだ）、医師の話は何ひとつ聞く必要がないと自分を正当化した。平均的に太りすぎの彼らより医師たちのほうが、人々を健康的な食生活で長生きさせることに実績があるにもかかわらず。

こうしたことすべての根底には、専門家がある問題について間違えることと、専門家があらゆる問題について常に間違っていること、その違いを一般の人々が理解できていないという事実がある。実際のところ、専門家は間違っていることより正しいことのほうが多い。とくに本質的な事実についてはそうだ。だが人々は専門家の知識に穴がないかと探すことをやめない。見つかれば、自分の気に入らない専門家の助言をすべて無視できるからだ。

ひとつには――以下で述べるように――何にでも穴を探すのが人間の本質だから、ということだろう。だがそれと同じくらい重要なのは、専門家やプロが間違うと、その影響は甚大だからということもある。たとえば医学上の助言についてとりあげようとすると、かならず誰かが「サリドマイド」という言葉を口にする。まるでそのひと言だけで説明は要らないと言わんばかりに。サリドマイドは数十年前に新薬として導入された薬で、かつては鎮静剤として妊婦に投与しても安全だと思われていた。当時は誰も、サリドマイドが恐ろしい出生異常の原因になるとは思っていなかった。手足がなかったり、奇形だったりする子供たちの姿は、その後長いあいだ世間の記憶にとどまった。今でもその薬の名前は、専門家による間違いの同義語となっている。

しかし、専門家はぜったいに間違えてはならないとは、誰も言っていない（このことについては、本書でもとりあげる）。重要なのは、専門家は非専門家よりも間違うことが少ないという点だ。過去のサリドマイド禍について熱心に指摘する人が、アスピリンから抗ヒスタミン剤まで、さまざまな薬を平気で服用している。そうした薬は、専門家による治験やテストによって安全性が確認されたたくさんの薬の一部なのだ。懐疑論者たちは、ひどい間違いの陰には無数の成功があり、そのおかげで自分が長生きできているとは考えない。

プロの仕事についてあれこれ勘ぐることが妄執となり、悲劇的な結果につながることもある。二〇一五年、マサチューセッツ州在住の会計士スティーヴン・パセリの母親は、心臓血管疾病によって七八歳で亡くなった。故パセリ夫人は長年、肺気腫をはじめとする心臓疾患をかかえ、心臓弁修復手術を受けた直後に亡くなった。パセリは亡き母の担当医の一人であったマイケル・デイヴィッドソン――ボストンのトップ病院およびハーヴァードメディカルスクールの心臓血管外科部長――が、母親に投与されていたある薬についての警告を見過ごしたと考えた。文字どおり専門知の死に至ったこの事件で、パセリは病院に現れ、デイヴィッドソン医師を射殺した。パセリは自殺し、問題の薬についての「研究」を保存したUSBドライブがあとに遺された。

たぶんスティーヴン・パセリは精神不安定なところがあり、母親の死が耐え難かったのだろう。だがどの分野でも、専門家と数分間話せば、それほど劇的ではないものの似たような話が出てくる。医師なら、薬のことで患者と取っ組み合いになるのは日常茶飯事だと言うだろう。弁護士なら、助言を聞かなかった依頼人が金を、ときには自由を失うことになったと話すだろう。教師なら、自分の子供がテストに書いた答えが明らかに間違っているにもかかわらず、正解だと言い張る親の話を教えてくれるだろう。不動産業者は、その経験に基づく助言を無視して家を買い、修繕費ばかりかかる家に悩まされることになった客の話をするだろう。

アメリカ人の生活のあらゆる分野で、専門知の死が起きている。アメリカ国民の科学および数学能力の低下が、肥満から小児疾患までさまざまな健康危機につながっている。一方、政治と公共政策といった——情報に基づいた議論を行うのに、少なくともある程度の歴史・公民・地理の知識が必要な——分野では、確立された知識に対する攻撃がおそるべき域に達している。

情報不足な有権者の台頭

政治的論争や公共政策の立案は科学ではない。その根っこには衝突があり、互いに敬意を払った論争となる場合もあるが、たいていはレフェリーなしで観客の乱入も大歓迎のアイスホッケー試合のようになる。現代のアメリカでは政策論議はますます、間違った人ばかりを集めた情報不足なグループどうしによる喧嘩の様相を呈している。なんとか市民より高い知力を保っている政治指導者ら（最近その数は減っている）は、危険を覚悟のうえでそうした大乱闘に加わり、有権者の意見に反駁している。

評論家やアナリストがやんわりと「情報不足な有権者」と呼ぶ人々による騒々しい口論は、そこらじゅうで起きている。しかし議題が科学であれ政策であれ、そうした口論にはひとつ気懸かりな共通点が存在する。それは、どの意見も真実として扱われるべきだとする、批判を受けつけない独りよがりな態度だ。アメリカ人は今や、「あなたは間違っている」という言葉と「あなたは馬鹿だ」という言葉の区別がつかなくなっている。異を唱えることは無礼、相手の間違いを正すことは侮辱ということだ。あらゆる意見は、それがどれほどとっぴだったり馬鹿馬鹿しかったりしても、すべて検討に値すると認めないのは狭量だということになる。

公共政策論における無知の蔓延は、アメリカ国民一人ひとりの生活の質と福祉に実質的な影響を及ぼしている。たとえば二〇〇九年の医療保険制度改革法（ACA）をめぐる議論では、少なくとも国民の半分が、この法律に含まれる「死の判定団」が人の生きる価値を測り、お役所的判断で誰に医療をほどこすかを決めるという、共和党の副大統領候補者だったサラ・ペイリンのような反対派が主張した説を信じ込んでいた（その四年後、外科医のほぼ三分の一が依然としてこれを信じていた）。[5] さらにアメリカ国民の半数近くが、ACAで政府による一定の医療保険が確立されたと考えていた。好きか嫌いかは別として、ACAはそのいずれとも違う。法案が議会で可決されて二年が過ぎたが、いまだにアメリカ国民の四〇パーセントは、法律が施行されているのかどうかさえよくわかっていない。

法律制定は複雑だ。代議士たちでさえよくわかっていないらしい法案の詳細を、国民に理解しろと求めるのは、ひょっとしたら無理な要求かもしれない。当時の下院議長ナンシー・ペロシは二〇一一年、完璧に正当な質問攻めにあって弱っていたが、明らかに彼女もACAが何なのかわかっておらず、うっかり「この法案のメリットを知るためにも、法案を可決する必要がある」と口を滑らせ、その発言をさかんに引用されることになった。その他の複雑な法案が提出されたときにも、似たような混乱が引き起こされた。

税も、人々の無知が国民的議論に影響を与えている好例だ。誰でも税金は嫌いだし、不満をいだいている。毎年春、アメリカのとんでもなく複雑な税法が、正直な市民にかなりの不安を引き起こしている。

人々は税金を納めるのに、正しい答えを推測するしかなくなるからだ。

しかし悲しいことに、平均的なアメリカ人は自分たちの税金がどのように使われているのかをまったくわかっていない。調査のたびに、アメリカ国民は政府が金を使いすぎていて、税金も高すぎると思っているが、誰がどのくらい税金を納めて、その金が何に使われているのかについては正しく知らないという結果になる。アメリカ政府の予算についての情報は、かつて政府が希望者に対して軽量コンクリートブロックほどの量の書類を送っていた時代とくらべて、はるかにアクセスしやすくなっているのに、このありさまだ。

対外援助を考えてみてほしい。アメリカ人の一部は対外援助を金の無駄だと馬鹿にしており、この問題は激論を招きやすい。人々は、平均すると、国家予算の二五パーセントが対外援助の形で大盤振る舞いされていると考えている。実際には、この推測はただ間違っているだけではなく、大幅に間違っている。対外援助は予算のほんのわずかで、アメリカ合衆国の総支出の一パーセントの四分の三にすぎない。

それを知っているのはアメリカ国民のたった五パーセントだ。アメリカ人の一〇人に一人は、国家予算の半分以上——数兆ドル——が毎年、他国に与えられていると考えている。(6) たいていの人は、援助は金額にかかわらず、現金と同等の価値をもつ小切手として渡されていると思っている。それも間違いだ。実際、対外援助は雇用対策だと言ってもいいかもしれない。なぜなら対外援助の大部分は、食糧から軍用機まで現物給与であり、政府がアメリカ国内で購入して外国に送られているのだから。

対外援助は金の無駄だという主張は、わかりやすい政治的立場だ。わたしも他の専門家も、そのようなひとくくりの否定は賢明ではないと言うかもしれないが、少なくともそれは、事実誤認ではなく主義に基づいた態度だ。しかし、対外援助が予算の四分の一を占めているからという誤解に基づいて反対しているのなら、それだけで良識ある議論は不可能になる。

このレベルの無知はかなり高くつくこともある。たとえばアメリカ国民は、核攻撃に対する本土ミサイル防衛を支持する傾向がある。理由のひとつは、アメリカがすでにそのシステムを備えていると思っている人間が多いからだ（人々のこの誤解は、現在アラスカで実戦配備されている少数の迎撃ミサイルをアメリカが配備する以前の、数十年前までさかのぼる）。そういったシステムが有効なのか、またそうしたシステムをつくるべきなのかは、ほとんどどうでもいい問題になっている。冷戦の一九八〇年代、ソ連に対して始まった計画が、今では人々の想像の世界で崇められ、共和党、民主党の両方の支持で数十億ドルがそれにつぎこまれている。

この本でとりあげる大きな問題は、ワクチンの副反応の危険について純粋に心配している人々や、核攻撃に対して防衛システムをつくるべきかどうか葛藤する人々ではない。合理的な疑いは、科学だけでなく健全な民主主義にも必要なものだ。むしろ専門知の死は、国全体に広がる短気の発作や、あらゆる権威に対する子供っぽい拒絶と一体となった、強く信じられている意見は事実と変わらないという考えとなって現れる。

専門家には、このような混乱を正すこと、それが無理でも、混乱した問題のもつれのなかを導いて切りぬけさせることが期待される。だが本物の「専門家」とはいったい誰なのか？　確立された知識に対する反対運動の源をたどり、人々が昔より多くの情報を知らされ、政治参加しているべきこの時代になぜこのような事態に陥っているのかを考察する前に、「専門家」や「知識人」を他の人々とどのように区別するのかを考える必要がある。

言うまでもなく、「専門家」は使いふるされたレッテルだ。どんな商売でも、「庭造りの専門家」や「カーペットクリーニングの専門家」などと宣伝する。そうした宣伝に多少は意味があるかもしれないが、外科医とカーペットクリーニング業者の専門性は同じではありえない。アメリカでは従来以上に、「知識人」や「学者」といった言葉が嘲笑されている。先に進む前に、そのもつれの一部を紐解いてみよう。

専門家と市民

専門家とは何者だろう？　何が「専門家」を専門家たらしめているのだろうか？

専門家や知識人を自称する人間は多いし、その一部はたしかに本物だ。だが、そうではない人間が自分は専門家だと思い込むことは、場合によっては、専門家だと人を誤解させるよりも悪い。そういう人々は、自分はキスが上手いと思っている人々と同程度にしか自分のことをわかっていない。

この件に関して、辞書は役に立たない。ほとんどの辞書は「専門家」を「「広範」かつ「信頼できる」知識を有する人」と定義しているが、これは言い換えれば、「信用できる情報を人々に提供する人」であり（その情報が信用できるのかどうか、どうやって判断するかというと、それは専門家がそう言うから、ということになり）、堂々巡りの説明になっている。ポッター・スチュワート最高裁判事がポルノについて述べたように、専門性は、「定義するのは難しいが、見ればそれとわかる」ものだ。

世の中には多くの専門家がいる。わかりやすい例をあげると、医師、技師、飛行機のパイロット、それに映画監督やコンサートピアニストも専門家だ。運動選手とコーチも。また配管工、警察官、大工も専門家だ。さらに言えば、あなたの地元の郵便配達人も、少なくともその分野においては専門家だ。血液検査の結果を知りたかったら、医師か看護師に質問するだろう。だが、どうやってブラジルに住む友人からミシガン州に住む自分のところに手紙が届くのかを知りたければ、何十年間もその仕事の責任を果たしてきた人間に訊く。

専門知はあらゆる職業につきものであり、本書では、「プロ」「知識人」「専門家」を、特定の技術や知識体系を習得し、その技術を実践したり知識を用いたりすることをおもな仕事としている人という意味で、互換可能に使っている。そうすることで、「プロのパイロット」と週末に飛行機を飛ばすパイロット、さらに「プロのギャンブラー」と、ときどきカジノに金を貢ぐついてないカモとの区別をつけられる。

言い換えれば、専門家とは、ある分野について一般の人々よりはるかに深い知識をもち、人々がその分野における助言や教育や解決策を必要とするとき、頼りにする人間だということになる。ここで留意すべきは、専門家はあることについて何もかも知っているわけではないということだ。むしろ、任意の分野における専門家というのは、本質的に、その見解が他の誰の見解よりも「権威がある」——すなわち正しく的確である——可能性の高い少数者のことである。

専門家のなかにも専門家が存在する。たとえば、医師免許を取得したばかりの医師は、素人よりはずっと病気の診断と治療を行う資質があるが、よくわからないケースに遭遇すると、専門医に意見を訊く。

開業弁護士と最高裁判事はどちらも法律家だが、憲法に関わる問題の専門家は、小さな町で遺言や離婚を扱っている前者より、首都で黒い法衣を着ている後者だろう。もちろん、経験も大事だ。二〇〇九年、ニューヨーク市でUSエアウェイズの飛行機が離陸直後に鳥の群れによって飛行不能となったとき、コックピットには二名のパイロットがいたが、飛行時間も長く経験豊富な機長は、飛行機を「わたしの機」と呼び、ハドソン川に不時着水させた。乗客乗員全員が無事救出された。

民主主義社会において自分は専門家だという主張が人々をいらだたせるのは、専門家であることは必然的に排他的であるからだ。長年ある学問分野を研究したり、ある職業に従事したりするということは、他の分野や職業をあきらめることであり、また他の人々も自分と同様にそれぞれの分野や職業を、きちんとわかってやっていると信用することでもある。飛行機のエンジンが火を噴いたら、コックピットに行ってパイロットに役立つアドヴァイスをしたくなっても、自分よりも彼らのほうが上手く問題に対処できると考えるのが現実的だ――また、そう考えるしかない。さもなければ、高度に進化した我々の社会は、互いに信用し合う代わりに、乏しい知識で当て推量することに時間を費やすような、支離滅裂な孤立集団に分かれるだろう。

ではどうやって専門家とそうでない人を区別したり、専門家を見つけたりすればいいのだろう？　他の人々に信頼されるような真の専門知は、教育、才能、経験、同業者（ピア）による評価、そうしたすべて無形の、だが見ればそれとわかる組み合わせだ。それぞれの要素は専門知の目安になり、たいていの人は、ある分野や職業においてそれらがどのように組み合わさっているかを正しく見極め、誰の助言を信用するべきかを判断する。

正規の教育や訓練は、専門家であることのもっともわかりやすいしるしであり、また確認するのも簡単だが、それは始まりにすぎない。多くの専門職において、その職に就くためには資格が必要だ。教師、看護師、配管工は、何らかの技術の証明書を保有していなければならない。証明書は、彼らの能力が同業者によって精査され、力量が基本的な水準に達しているというお墨付きだ。確立された知識に断固として反対する人々のなかには、これをただの「証明書偏重主義」だとけなす人もいるが、学位や免許は、努力と成果の目に見える証拠であり、その人が趣味人（専門家を詐称する人）か本物の専門家かを見分ける重要な目印になる。

たしかに、こうした基準の一部は新設されたものだったり、あまり意味のないものだったりすることもある。州や地方自治体が発行する証明書もあれば、一度だけテストに合格した技術を証明するものもある。アメリカの今の弁護士は、州の法曹界に入る資格を得る前に法律の学位を取得するが、昔は「法律を学ぶ」だけでよかった。以前のゆるいシステムはエイブラハム・リンカーンのような偉大な人物——誰に訊いても、優秀な弁護士ではなかった——を世に出したが、プレッシー対ファーガソン裁判で「分離すれど平等」とする多数意見を書いた最高裁判事ヘンリー・ビリングズ・ブラウンのような劣った人物も送り出した（ブラウンはハーヴァード大学とイェール大学両方で法学の授業を受けたが、そのいずれも卒業していない）。

それでも証明書は出発点だ。それを授けた機関の承認を意味する、品質のしるしでもある。消費者ブランドが、自社の製品の品質を宣伝する（そして品質を保つ）のと同じだ。実際の大学の学位をよく観察し、何が書かれているか調べてみるといい。そこには、「学部の審査に合格したので学位を授与する」

と書かれており、その学位は当該地域の教育委員会または特定の職業を代表する団体によって裏書きされる。つまり学修課程の水準を認定した学部および団体は、特定の学科の卒業生の知識を保証している。学位を授与した学校や団体は、少なくとも最初に能力を認定した者として、学位取得者自身と同様に、責任を負う。

いい大学が常識のかけらもない人間をたくさん卒業させているのは否定できない事実だ。それより劣った大学が天才を送りだしているということも。だがよく言われるように、競走はかならず足の速い者が勝つわけではないとはいえ、その確率は高い。たいしたことのない大学や独学の発明家より、マサチューセッツ工科大学（ＭＩＴ）やジョージア工科大学のほうが、天才を生みだす確率が高い。一方で、マサチューセッツ工科大学を卒業しても、小切手帳の帳尻を合わせることもできず、優秀な技術者でもない人間はいる。いったい何が、ある専門分野において優れた指導者になるような専門家と、同じ証明書をもつその他大勢を分けているのだろう?

ひとつは素質、つまり生まれつきの才能だ。専門家に才能はぜったいに必要だ（ヘミングウェイはあるとき、小説を書くことについて「本物の真剣さは、絶対に必要なものふたつのうちのひとつだ。もうひとつは、あいにく、才能だよ」と言った）。大学でチョーサーを学んだ人間は英文学に関して、事実ということでは他の人々よりよく知っているだろう。だが中世文学研究に本物の才能をもつ学者は、もっとよく知っているだけでなく、理路整然と説明することもできるし、ともすればそのテーマについて新たな知識を生みだせるかもしれない。

つまり才能の有無が、証明書を授与されただけの人と、専門分野により深い感覚をもち、よりよく理解する人を分けている。どの分野にも、成績はとても優秀だが、仕事はあまりできないという人間がいる。才気縦横だが、陪審員の前では固まってしまう法学部の学生がいる。警察官試験で高得点をとったはいいが、世故に暗く、けっして世慣れしない人間もいる。トップの大学で博士号を取得した人々のうちかなりの割合が、苦労して書きあげた博士論文のあとは、何ひとつ重要なものを書かずに一生を終わる。そうした人々は、専門職への入口のくぐり戸を通ることはできたが、その専門にあまり長けているわけではなく、彼らの専門知はその能力の生まれつきの限界を超えることはたぶんない。

次に経験によって、証明書を授与された人と能力が劣った人が区別される。ときには市場自体が、才能がなかったり技術不足だったりする専門家志望者を選り分ける。たとえばプロの株式仲買人はミスもおかすが、ほとんどはそれで食べていける。一方で素人のトレーダーが儲けることはほとんどない。経済情報サイト「ビジネス・インサイダー」の最高経営責任者（ＣＥＯ）でありウォールストリート分析家でもあるヘンリー・ブロジェットは、素人トレーダーは「存在する職業のなかでもっとも愚かな仕事」だとして、そんなことをしている人間は「バーガーキングで働いたほうが儲かる」と言っていた。[7] いずれ元手がなくなる。同様に、だめな教師はいずれ悪い評判が立ち、お粗末な弁護士は依頼人を失い、才能のない運動選手はプロにはなれない。

どの専門分野にも厳しい試練があり、全員が生き残れるわけではない。だからこそある分野における経験や年月が専門知の妥当な判断材料になる。じつは、「経験」を問うことは、「最近は何をしましたか?」という昔ながらの質問をすることでもある。専門家はその専門分野に関わりつづけ、常にスキルを磨き、ミスから学んで、目に見える業績を積んでいる。そのキャリア全般にわたって、能力を伸ばすか、そうでなければ高い能力レベルを維持し、それを――目に見えない形で――長年の経験による知恵と組み合わせる。

専門知において、経験の役割を示す例はたくさんある。経験豊かな法執行機関職員は、若手が見落としたトラブルを見つける勘が鋭い。それを説明しようとしても、「なんとなくしっくりしない」と言うしかない直観だ。手術室やコックピットで何度も危機を乗り越えてきた医師やパイロットは、逆境に追い込まれても、新人のようにパニックに陥ることは少ない。ベテラン教師は、反抗的だったり扱いが難しかったりする生徒に対して怖気づくことはあまりない。巡業で数多くの公演を行ってきたスタンダップ・コメディアン（独演お笑い芸人）は、困った野次馬を恐れることはなく、逆に彼らを笑いのネタにする方法も心得ている。

それらはかならずしも数字で測れる技術ではない。ここでわたし自身の教育と研究分野から例を引こう。

わたしは大学卒業後、さらにソ連の政治を研究するため、コロンビア大学ハリマン研究所に入った。これはわたしの教育者としての信用証明の一部だった。わたしはソ連について教え、仕事をしたいと思っており、コロンビア大学は当時その分野で指折りの学校だった。研究所の所長であるマーシャル・シャルマン教授は、カーター大統領の政権でソ連についての顧問を務めた著名なソ連政治研究者だった。ソ連政治研究者は誰でもそうだったが、シャルマンもソ連の出版物をきわめて注意深く読み、クレムリンの政治的立場を示すものを探した。この作業は、ほとんどタルムード〔ユダヤの律法とその解説の集大成〕的に細かく厳密なテキスト分析であり、やったことのない者には謎だった。しかし我々学生はこんな質問をした。先生はソ連の新聞の誇張した文章を理解できるのですか？　それとも本能で大げさな文章の意味を見抜くのですか？　どうしたら、集団農場におけるお定まりの英雄譚から、世界でもっとも閉鎖的な政治制度の秘密を明らかにできるんですか？　シャルマンは肩をすくめて言った。「言葉では説明できない。『プラウダ』紙を読んでいると鼻がひくひくするのだよ」。

そのときわたしは、こんな馬鹿な話は聞いたことがないと思った。より高度な教育を受けるための人生の選択を誤ったのではないかとさえ思い始めた。しかしながらシャルマンが言っていたのは、何年間もソ連の定期刊行物を読んできたおかげで彼らのコミュニケーションのやり方への感性が研ぎ澄まされ、訓練を積んだ経験豊かな目によって変化や不規則性をとらえることができるということだった。

わたしは半信半疑だったが、在学中からキャリアの初期にかけて同じことを続けてみた。ほぼ毎日ソ連の資料を読み、以前の自分には見えなかったパターンを読みとろうとした。やがてわたしは、シャルマンが言わんとしていたことを理解した。鼻がひくひくしたり耳がぴくぴくしたりといったことはなかったが、外国語で書かれた外国の文章を読むのは特殊な専門知だということはわかった。講義やテストにまとめることは不可能だ。そのスキルを身につけるのに近道はない。時間、反復練習、同じ分野の経験豊富な専門家からの助言が必要だ。

専門知のもうひとつの目印は、他の専門家からの評価と訂正を受け入れることだ。どんなプロの集団にも、どの専門家のコミュニティーにも、そのメンバーが専門の水準に合った行動をするように、また自分たちの専門技術を実際に習得した人だけがそれを実践するように取り締まるお目付け役、専門委員会、認可団体、証明書発行機関がある。

そうした自己規制は、プロという概念の中心であり、人々が専門家を見分けるひとつの方法でもある。専門化されたあらゆる集団はその職業への参入に対して障壁をつくる。その合理性や公正性にはバラツキもあるが、たいていの障壁は、参入者の能力不足や詐欺によってその専門職の名前の価値が下がらないようにする必要に根差している。たとえばわたしが五、六人の同僚を集めて、自宅の外壁に「トム・ニコルズ高エネルギー物理研究所」という看板をかけることは可能だが、実際のところ、わたしは高エネルギー物理について何ひとつ知らない。わたしの研究所が本物の物理学者たちに認められることはけっしてない。彼らが親切に偽物の学位を印刷してくれるはずはないし、「物理学者」という言葉の意味を守るために、すぐにわたしの研究所を閉鎖に追い込もうとするだろう。

専門家のコミュニティーはそうした同業者（ピア）が運営する機関によって水準を維持し社会的信用を高めている。査読（ピア・レビュー）や専門委員会による認定、職能団体、その他の組織や専門職といった仕組みはサービスの品質を守り、専門家のクライアントである社会に対して、専門家の能力をそのまま受けとめて大丈夫だと請け合うのに役立っている。高層ビルの最上階までエレベーターで昇るとき、エレベーター内に掲示してある証明書には、「幸運を祈る」とは書いていない。そこでは市当局が、他の技術者に教育され審査を受けた技術者がエレベーターを点検しているので、できる限りの確信をもってこのエレベーターは安全だと述べている。

経験とプロによる確認は大事だが、中国には、「一年の経験を二〇回しただけなのに二〇年の経験があるという職人に気をつけろ」という古い教えがあり、まさに名言だ。歯学部を卒業するときに抜歯が下手で、引退するときになってもまったく上手くならないというひどい歯科医もいる。例年、授業初日に生徒たちにナルコレプシー（睡眠発作）を起こさせる教師もいる。しかし専門家に関して、忘れてはならない重要なことがふたつある。それはその分野でもっとも優れている専門家にも当てはまる。

第一に、その不器用な歯科医は町でもっとも抜歯が上手いとは言えないが、それでも素人のあなたよりはましだということだ。歯冠や単純な虫歯治療をするのに、歯学部の学部長である必要はない。もしかしたらあなたは運よく自分で歯を抜いたことがあるかもしれないが、教育も経験もないあなたが自分で歯を抜くのには大きなリスクが伴う。ほとんどの人は自分で散髪さえしない（美容師は各種の化学薬品や鋭利な刃物を扱う専門職であり、訓練と免許取得が必要だ）。危険を承知で自分や家族の歯を抜こうと思う人はほとんどいない。

第二に、これは第一の相対的なスキルの話と関係しているが、専門家もミスはするが、素人とくらべればその危険ははるかに少ない。これは専門家とその他の人々の決定的な違いだ。専門家は自分の職業の落とし穴をよくわかっている。著名な物理学者ヴェルナー・ハイゼンベルクはかつてこう言った。専門家とは、「自分の専門における最悪のミスとその避け方を知っている人間だ」（同時代の物理学者ニールス・ボーアは異なる見方をしている。「専門家とは非常に狭い分野でありとあらゆるミスを経験した人間だ」）。

この二点はいずれも、「誰でも専門家になれる」という有害な考えがなぜきわめて危険なのか、その理由を理解するのに役立つ。たしかに相対的な意味では、一定の技能をもつ人はほとんど誰でも特殊な知識を蓄えることが可能で、他の人々はたいていの場合、そうした知識に敬意を示す。しかし、何かについて少し知っている人を、人々が「専門家」だと見なし始めると、厄介なことになる。『ジェーン海軍年鑑』を読んで戦艦についていろいろと知った人と、世界の海軍船艇の能力に関する専門家とを分けるのは細い線だが、線はたしかに引かれている。

ものごとを知ることと、理解することは違う。理解は分析と同じではない。専門知はファクトイドをもてあそぶ言葉遊びではない。

独学の専門家も存在するが、彼らはめずらしい例外だ。それよりもよくいるタイプは、複雑な分野に気軽に入りたがるが、自分の努力がどれほど不足しているかをまったくわかっていない。カラオケではそこそこ上手く歌えて、アイドルオーディション番組「アメリカン・アイドル」の次の優勝者になれるかもしれないと思っている人や、スクラッチゴルファー（どこのゴルフ場でもハンディキャップゼロで回れる実力を有する）で、プロゴルファーになってみようかと思う人と似ている。何かを上手くできることと、助言や教育の与え手として信頼されることとは違う（おもしろいことに、自分は歌手になれるかもしれないと考える人で、ボイストレーナーになれると考える人はいない）。

こうした自己認識の欠如と限られた認識のせいで、専門家と一般の人々のやりとりが気まずいものになることがある。一例をあげると、数年前、ある紳士がわたしに電話をかけてきて、海軍大学校の教育課程に有益だと思われる重要な研究があると主張した。わたしが別の学校で教えた元生徒からわたしの名前を知ったというその紳士は、中東に関する重要な論文をどうしてもわたしに読んでほしいと言った。わたしは、その著者は誰かと尋ねた。それは自分だと紳士は答えた。自分はビジネスマンで、「かなりの読書家だ」と。わたしは彼に、そのテーマについて何らかの教育を受けたことがあるのか、中東を訪れたことがあるのか、中東の言葉のどれかで読み書きができるのかを尋ねた。彼はそうした経歴はないと認めて、こう言った。「しかしそうは言っても、月に一冊本を読んでいれば、専門家になれるでしょう?」

そんなことはありません。

アメリカの文化は、このような、平凡な人間の知恵や独学の天才の世智に関する夢のような考えを煽る傾向がある。そうしたイメージは、普通の人々が根性と創意だけで、堅苦しい大学教授やガリ勉の科学者を出し抜くといった、ある種の痛快な社会的幻想に力を与える。

アメリカのポップカルチャーには、この例がたくさん見られる。とくに映画では、ものすごく頭のいい若者が、企業や大学、ときには政府にもひと泡吹かせる話が描かれている。

たとえば一九九七年公開の、ベン・アフレックとマット・デイモンが脚本を共同執筆した映画『グッド・ウィル・ハンティング/旅立ち』は、じつは天才だった清掃員の物語だ。いまや有名になったバーのシーンで、マット・デイモンはボストンの労働者訛りでまくしたて、髪をポニーテールに結んだ、なよなよしたアイヴィーリーグの大学院生を言い負かした。

あんた大学院一年目だろ。さしずめマルクス主義の歴史学者ピート・ギャリソンの本でも読んだところか。だがその意見は、来月ジェイムズ・レモンを読むまでだろう。お次は「一七四〇年代のヴァージニアとペンシルヴァニアの経済は起業家精神にあふれ、資本主義的だった」と言いだす。

だがそれも来年までだ。そのころになったら、またこの店で意味も理解してないゴードン・ウッドをくり返し、独立戦争以前のユートピアと軍隊の動員が資本を形成したと語る……［中略］……それはヴィッカーズの『農夫と漁師』の九八頁からのパクりだろ? そうだよ、おれもあの本は読んだ。おいおい、一冊丸ごと本の受け売りをするつもりだったのか？　このテーマについて少しでも自分の考えってものがあるのか？　つまりあんたは、公共図書館の延滞の罰金一ドル半で手に入る教育に、一五万ドルも無駄遣いしているんだよ。

このあと、デイモン演じる若者はセラピストとハワード・ジンやノーム・チョムスキーについて議論を戦わせる。誇張だし馬鹿げているが、こうした場面が当時の観客の心に響いた。マット・デイモンとベン・アフレックはアカデミー賞脚本賞を受賞した。一部の観客はこの映画を観て、本をたくさん読めば学校に通うのとほぼ同じだと思ったに違いない。

結局のところ、専門知を定義するのは難しく、専門家と生かじりの素人との区別がつかないこともある。それでも、あることについてほんの少しかじっただけの人と、決定的な知識を有する人とを見分けられるようになる必要がある。完璧な知識をもった人間はいない。そして専門家は誰よりもそれをよく知っている。しかし教育、訓練、練習、経験、同じ分野の他の人たちによる承認が、専門家とそれ以外の人を分ける大まかな目安になってくれるはずだ。

専門家と一般の人々がいつも相手にいらだつ基本的理由のひとつは、どちらも人間だからだ。つまり、みんな情報を吸収し解釈するうえで同じ欠点をかかえている。最高の教育を受けた人々でも理論で初歩的なミスをおかすことがあり、知力で劣る人々は自分の能力の限界を見過ごすことがある。専門家でも素人でも、人間の脳は同じように働く（あるいは働かない）。人は聞きたいことを聞き、気に入らないことは聞かない。その問題については次章で扱う。

第2章　なぜ会話は、こんなに疲れるようになったのか

二、三世紀前……人間はまだ、あることが証明されているときと、いないときをはっきり区別しており、証明されていれば本気で信じた。

C・S・ルイス『悪魔の手紙』

そうかい、なあ、それはあくまであんたの意見だろ。

〝デュード〟映画『ビッグ・リボウスキ』

口論をひとつ、頼む

二一世紀の会話は疲れるし、頭にくることも多い。それは専門家と一般の人々のあいだの会話だけでなく、誰と誰が話しても同じだ。昔は専門家に過大な敬意が払われていたとすれば、現在は誰に対しても敬意が欠けている。一般の人々の日常生活におけるやりとりでも、意見の相違や議論は、矛盾、ファ

クトイド、会話に参加している人々の誰も理解していない怪しい情報源の応酬というひどいものになってしまった。よりよい教育、データへのアクセス向上、ソーシャルメディアの急発展、公の舞台への参加障壁の低下によって、人々がものごとをよく考えて決断する力が向上するはずだった。ところが実際には、そうした進化によって、事態はよくなるどころか悪化している。

公の場における議論は、ほとんど何の議題でも、相手が間違っていると証明するのが最大の目標である塹壕戦と化す。意見の相違を認め合うという分別が劣化して高校生の下手なディベートのようになり、勝つことを最大の目的に、チェッカーゲームで駒を置くように——どの議論もチェスのレベルに達することはない——相手の主張を打ち負かすために主張をくりだす。モンティ・パイソンの伝説的な「討論教室」の寸劇では、相手が言ったことをそのまま否定する（「こんなの議論じゃない」怒った客がプロの議論家に言う。「いや、議論です」。「違う、議論じゃない！　これはただの反駁だ！」「いえ、違います！」）。

ここでは、わかりやすい普遍的な問題から話を始める必要がある。あなたとわたし。より正確に言えば、あなたとわたしの考え方だ。生物学から心理学まで、我々は相互に理解し合うために苦労している。人間にはもともと、自分の信じていることと一致する証拠を探すという生来の傾向がある。我々の脳は実際にそう働くようにできていて、だからこそ議論すべきでないときでも議論してしまう。そして、もし自分が社会的または個人的におびやかされていると感じれば、顔が蒼白になるまで（インターネットの時代には、「指先がしびれるまで」）論を戦わせる。専門家も例外ではない。他の人々と同じく、我々専門家も、自分の信じたいことが正しいと信じたい。

私生活では、我々はもう少し寛容になる。なぜなら人間は社会的動物であり、身近な人々の受容と愛情を求めているからだ。親しい社会的な輪のなかでは、我々は自分が優秀で信頼に足る人間だと考え、他の人からもそう見られたいと思っている。重視され、尊敬されたいのだ。実際には、誰にも馬鹿者だと思われないように、ほんとうの自分よりも頭がいいふりをする。やがて自分でもそれを信じるようになる。

もちろん、一部の人々はあまり聡明ではないという基本的な問題がある。後で述べるが、自分はぜったいに正しいと信じている人ほど、そのような自信をもつ根拠のない人であることが多い。だが現代の議論の腹立たしさを人々の愚かさのせいだと片付けてしまうのは、あまりにも単純すぎる（それが正しい場合もあるということを否定するわけではない）。大部分の人々は、識字率や高校卒業といった基本的指標から判断すれば、それほど知的に恵まれていないわけではないのだから。

実のところ、議論や討論の落とし穴は、もっとも知的に恵まれていない人々による間違いだけとは限らない。人間は誰でも、問題や疑問を解決するときに、自分や友人の気分をよくしようとすることなど、そうした一連の悪癖から逃げられない。高等教育、メディア、インターネットなど、専門知の死に影響を及ぼす多くのものは、すべてそうした人間の基本的な習性のスイッチを入れる。専門家と人々のコミュニケーションを向上させるうえでのそれらの問題はすべて、教育、厳しさ、正直さによって克服できる。ただし、そもそもそれらの問題がいかに我々を苦しめているかを理解する必要がある。

もしかしたら我々はみな、頭が悪いのかもしれない

最初にもっとも不快な可能性に向き合うことにしよう。ひょっとしたら、専門家と一般の人々のあいだで話が通じないのは、たんに一般の人々の頭が悪いせいなのかもしれない、という可能性だ。教育を受けたエリートと大衆のあいだの知的ギャップがあまりにも大きくなったせいで、両者は互いに軽蔑し合う以外の話ができなくなっているのではないか。会話や議論が上手くいかないのは、ともすれば片方――もしくは双方――が馬鹿だからなのではないか。

これは売り言葉だ。「馬鹿」と評されてうれしい人間はいない。「馬鹿」は一方的な厳しい言葉で、知性が欠けているだけではなく、道徳的失敗と言われても仕方がないほど故意に無知なままでいるという意味がある（わたしはこれまで必要以上に使ってきたし、たぶんあなたもそうだろう）。意見の異なる人々を、「間違った情報を教えられた人」「誤解している人」「間違っている人」、他に何と呼んでもいい。だが、「馬鹿」と呼んではいけない。

さいわいなことに、「馬鹿」という言葉の使用は無礼なだけでなく、だいたいにおいて不正確だ。どのような尺度で見ても、アメリカ人はこの数十年間で賢くなっている。少なくとも知的に劣化してはいない。とはいえ二〇世紀前半は文化や教育面で、ペリクレス時代のアテナイのような全盛期でもなかった。一九四三年、大学の新入生たち――そのうち独立一三州を正しく答えられたのはたった六パーセントだった――はエイブラハム・リンカーンを、初代大統領にして「奴隷を衰弱させた［emaciated 原文ママ］」〔emancipated＝解放した の間違い〕人物だと答えた。『ニューヨーク・タイムズ』紙はこの結果に、第二次世界大戦の

報道を一休みして、アメリカの若者の「あきれるほどの無知」を嘆いた。(1)
二一世紀の人々が、自分が受けた教育と世界の変化の速さのギャップについていけるかどうかは、また別の問題だ。一九一〇年と二〇一〇年の小学生はどちらも三角形の二辺の計算方法を学ぶが、現在の小学生はその知識を使って国際宇宙ステーションの存在を理解しなければならない。彼らの高祖父母たちは、たぶん一度も自動車を見たことはなく、飛行機はなおさらだった。そしていつの時代も、故意の無関心を防ぐことはできない。いくら教育しても、本人に学ぼうという気がなければ、議員の名前を憶えさせることもできない。

とはいうものの、実際にはあまり優秀ではないのに、自分は優秀だと思い込んでいる人間がいるという問題は残る。誰でも経験があるはずだが、パーティーや会食の場で、いちばんものごとを知らない人物が座の中心になり、おのれの知性に絶対の自信をもって、自信満々に次から次へと間違いと誤解を述べたてるということがある。それは思い過ごしではない。人々が自分のほとんど知らないテーマについて、まったく根拠のない自信をもって滔々と述べることは実際に起きていて、ようやく科学によってその現象が解明された。

この現象は、一九九九年の画期的な研究においてそれを特定したコーネル大学のデイヴィッド・ダニングとジャスティン・クルーガーにちなんで、「ダニング゠クルーガー効果」と呼ばれている。ダニング゠クルーガー効果は、要するに、聡明でない人ほど、自分は聡明だという自信を強くもっているということだ。ダニエルとクルーガーはそうした人々を「未熟練な人」や「無能力な人」と遠回しな言い方をしたが。だがそれでも、彼らの最重要な発見は変わらない。「彼らは間違った結論に至ったりよくない選択をしたりするだけではなく、無能力のせいでそのことを理解することもできない[2]」。「未熟練な人」に対して公正を期せば、我々はみんな、自分の能力を過大評価している。誰かに、自分のさまざまな能力について点数をつけてくれと頼んでみれば、「人並み以上現象」を目撃することになる。人は誰でも自分は「人並み以上」だと思っているという現象だ。ダニングとクルーガーが冷淡に述べているように、この現象は「記述統計学の論理に反している」。だがいかにもありそうな人間の弱点であり、作家のギャリソン・キーラーは自身のラジオ番組「ア・プレーリー・ホーム・コンパニオン」で、この現象に特化した架空の町、「レイク・ウォビゴン」を創造した。そこでは「子供は全員、平均以上」なのだ。

ダニングによれば、人は誰でも自分を過大評価するものだが、能力の劣る人間ほどその傾向が強い。

わたしが手がけたものを含む一連の研究によって確認されたのは、認知、技術、社会的な一連のスキルについてあまりよく知らない人々は、文法であれ、心の知能指数であれ、論理的推論であれ、銃の手入れと安全であれ、ディベートであれ、家計の知識であれ、何でも自分の能力と功績についてひどく過大評価するということだ。大学のテストでDやFの成績をつけられる学生たちは、自分の努力はそれよりはるかに高い成績をつけられるべきだと考える傾向がある。戦績不振のチェスプレーヤー、ブリッジプレーヤー、医学生、運転免許更新を申請する高齢者も、同様に自分の能力を多分に過大評価している[3]。

つまりテスト勉強をする学生、独立を維持しようとする高齢者、キャリアを築いていこうとする医学生たちは、自分を過小評価ではなく、過大評価する。運動競技のように、能力がないことが一目瞭然で否定しようのない場合を除き、人々は普通、自分の能力が劣っていることを認めようとはしないものだ。

だが、なぜ技能がなかったり能力が劣ったりする人間は、他の人々より自分の能力を過大評価する傾向があるのだろう。その理由は、彼らには「メタ認知能力」が欠けているからだと判明した。メタ認知能力とは、自分が何かを上手くできていないと気づく能力だ。やっていることから一歩離れて、客観的に観察し、どこが間違っているのかを理解する。いい歌手は自分が音程をはずせば気がつくし、優秀なマーケティング担当者は広告キャンペーンが失敗しそうなときはわかる。一方、彼らより能力の劣る人間は、そう気づく能力がない。自分がすばらしい仕事をしていると思っている。

そうした人々と専門家を会わせると、予想どおり悲惨な結果となる。メタ認知能力の欠落による悪循環が引き起こされるからだ。まず、あることについてよく知らない人々は、そのことについて専門家と話す際、自分の能力を超えてしまっても、それに気づかない。それで口論になるが、論理的議論のやり方を知らない人は、自分が論理的議論をできていないことに気づかない。間もなく専門家はいらだち、素人を侮辱する。どちらも腹を立てて別れる。

困ったことに、自信がないときに話をでっちあげる人々を教育したり、知識を授けたりすることは不可能だ。ダニングはコーネル大学で行った研究を、「ジミー・キンメルがやっていることの地味バージョン」だと表現していた。研究では、キンメルの主張どおり、人々は自分がまったく知らないことでも、それについて平気で話すということが証明された〔ジミー・キンメルはコメディアン。結論の章を参照のこと〕。

我々の研究では、インタビューに答えてくれた人々に、物理学や生物学や政治学や地学の専門的概念について知っているかどうか質問しました。かなりの人々が、求心力や光子といった概念を知っていると答えました。しかし興味深いことに、同じ人々が、視差プレートや超脂質やコラリンといった、まったくのでっちあげの概念も知っていると答えたのです。ある調査では約九〇パーセントの人々が、でっちあげられた概念九つのうち少なくともひとつは知っていると答えました。

さらに由々しきことに、「あるトピックについて自分は精通していると思っている回答者ほど、それに関連した無意味な言葉を知っていると答える傾向があった」。これでは、「能力の劣る人」と議論することは難しい。なぜなら彼らは、専門家とくらべて、「能力を目のあたりにしてもそれに気がつかない」からだ。

つまり、「もっとも能力の劣る人」は自分が間違っていることにも、他の人々が正しいことにも気がつかず、いちばん知ったかぶりをして、何かを学ぶ能力がいちばん低い。

ダニングとクルーガーは、この問題についていくつかの説明を提示している。一般的に、人は相手の気持ちを傷つけたくないから、職場によっては、同僚どころか上司まで、能力の劣る人の間違いを正したがらないこともある。また、たとえば書くことや話すことのような活動では、ただちにフィードバックを得る手段がない。野球で何度か空振りすれば、自分がたいしたバッターではないとわかるが、毎日むちゃくちゃな文法や構文を使っていても、自分がどれだけ文章や話が下手かには気がつかない。

「もっとも能力の劣る人」の問題は、専門家と一般の人々の議論にとって差し迫った難問だが、人間の基本的特徴について我々にできることは限られている。だが、誰もが能力が劣るわけではないし、あらゆることにおいて能力が劣る人もいない。では、知的な、明敏な頭脳をもった人々は、複雑な問題を理解しようとして、どのような間違いをおかすのだろうか？　当然のことながら、一般の人々も、専門家と同じ落とし穴や偏見に陥る。

確証バイアス——なぜならすでに知っているから

確証バイアスは、建設的な会話の障害としてもっともよくある——そしてたぶんもっともいらだたしい——ものだ。それも専門家と一般の人々とのあいだだけに限らない。確証バイアスは、自分の考えを裏付ける情報を探したり、自分が好む説明を強化する事実だけを選択したり、すでに自分が真実だと思っていることに反するデータを黙殺したりする傾向を指す。誰にでもあり、あなたもわたしも、誰かと何か議論したことのある人間は一人残らず、そういうことをして相手を怒らせたことがあるはずだ。

たとえば、わたしたちが左利きの人間は邪悪だと思っていたとすると（ちなみに英語の sinister は「左手の」という意味のラテン語から来ている）、左利きの殺人犯はその正しさを証明することになる。ニュースでは、左利きの殺人犯をたびたび目にする。なぜならわたしたちがそれを選んで憶えているからだ。死刑囚監房には右利きの殺人犯が大勢いるというデータも、わたしたちの意見を変えることはできない。左利きの殺人犯は証明だが、右利きの殺人犯は例外だからだ。同じように、ボストンの運転者たちは乱暴だという噂を聞いて、次にボストンに行くと、クラクションを鳴らしたり割り込んだりした運転者だけを憶えていることになる。列に入れてくれたり、お礼に手を振ってくれたりした運転者のことは、すぐに忘れてしまう（二〇一四年、ロードサイド・サービス会社オートヴァンテージの評価によれば、運転者がもっとも乱暴な都市はヒューストンだった。ボストンは五位）。

一九八八年の映画『レインマン』に登場する自閉症のレイ（レイモンド）は、確証バイアスの、いささか極端だが完璧な例だ。レイはサヴァン症候群で、コンピュータのような頭脳をもっている。あっという間に複雑な計算をすることができ、頭のなかには無関係な事実が大量に保存されている。しかしレイは、その病気のせいで、事実を筋の通った文脈に並べることができない。レイの頭脳が記憶していることは、世界のその他の事実よりも重要になる。

そのため、レイは弟と一緒にオハイオからカリフォルニアに飛行機で移動することになったとき、パニックを起こした。アメリカの航空会社はいずれも、過去のどこかでひどい事故を起こしており、レイはそのすべての事故の日付と死者数を憶えていた。レイはそうした例外的な事故のことを考えて恐怖し、どのフライトにも搭乗するのを拒否する。困った弟がレイに、信用する航空会社を尋ねると、「カンタス航空」と彼は答える。「カンタスは墜落したことがない」。もちろん、カンタス航空にアメリカの国内便はない。そこでレイと弟は車で国を横断することになる。それは飛行機よりもずっと危険な旅だった。しかしレイの頭のなかには、恐ろしい自動車事故のデータはなかったので、彼はよろこんで車に乗り込んだ。

わたしたちは誰でも、少しレイに似たところがある。自分の恐怖を裏付けたり、希望を膨らませたりするデータに注目する。強い印象を受けたことを記憶し、あまり劇的ではない現実は顧みない。そして議論するときや、専門家に助言を求めるときに、そうした記憶にとらわれるのは非合理的だとわかってはいても、それを手放すのは難しい。

一方で、これは一般的な知性ではなく教育の問題だという見方も可能だ。人々は数字、リスク、確率を理解することができず、専門家と一般の人々の議論が上手くいかない大きな原因のひとつが、数学者ジョン・アレン・パウロスがじつに憶えやすく命名した「数字オンチ」だ。飛行機が危険だと信じている人には、安全に目的地に到着したフライトが何便あったとしても、一便の飛行機事故の恐怖を上回ることはない。「大きな数と、それに対応する低い確率を突きつけられると、数字オンチの人は不合理な推論を盾に反論しようとする。「それはそうかもしれないけど、自分がその一人になったらどうするんですか」。そして、鋭い洞察力で相手をやりこめでもしたかのように、したり顔でうなずくのである」と、パウロスは二〇〇一年に書いている。(4)

人間は、「それはそうかもしれないけれど、自分がその不幸な一人だったらどうする」という説に、かなり創意を発揮する。一九七〇年代、わたしはギリシャの田舎に住んでいた伯父を訪ねた。伯父はタフで強健な男だったが、ひどく飛行機をこわがっており、そのためロンドンの病院で深刻な疾患を治療することができなかった。わたしの父親は伯父に、誰でもいずれは死ぬが、まだ伯父の番ではないという運命論的な話で説得しようとしたが、伯父は、飛行機恐怖症の人間がよく使う説で反論した。「たとえそうだとしても、パイロットの番だったらどうする」。

人は誰も完璧に合理的ではないし、ほとんどの人間は自分がコントロールできない状況を恐れている。わたしの伯父は二〇世紀初めにギリシャの村で生まれ、ろくに教育を受けたこともなかった。わたしは教育を受けた二一世紀の人間で、統計や歴史を十分に理解している——それなのに、夜にプロヴィデンスに着陸するジェット飛行機のシートベルトを締め、着陸直前にひどく揺れたときには、伯父とあまり変わらないありさまだった。そういうときわたしは、世界中で着陸しようとしているたくさんの飛行機のこと、自分の乗っている飛行機が事故を起こす確率は信じられないほど低いということを考えようとする。だがたいていはまったく上手くいかない。バンクーバーからヨハネスブルクまで、あちこちで無事着陸している飛行機がどれだけあっても、わたしには関係がないことで、飛行機がロードアイランドの家々をかすめるように降下していくあいだ、わたしはシートのひじ掛けをぎゅっとつかむことになる。

SF作家でもあった医師マイケル・クライトンは、一九八〇年代初めにエイズが広まり始めたころのあるできごとを例に、人々が自分ははずれクジを引くと思い込む傾向があると示している。当時、エイズのことがまだほとんどわかってない状況で、心配した友人がクライトンに電話をかけてきた。彼女はクライトンに心配を解消してもらえるどころか、合理的に考えるようにと諭されて、腹を立てた。

わたしはリスクについて説明しようとしました。自分が直面するリスクを理解していない人が多すぎると気づいたからです。自宅に銃を置いたり、シートベルトを締めずに車を運転したり、血管を詰まらせるようなフランス料理を食べたり、煙草を吸ったり。人々がそういうことを心配することはありません。それなのに、エイズのことは心配する。どうかしています。

「エレン、きみは自動車事故で死ぬのを心配したことがあるかい?」

「いいえ、ないわ」

「殺されるかもしれないとは?」

「それもないわ」

「でも、自動車事故で死んだり、知らない人間に殺されたりする可能性のほうが、エイズで死ぬ可能性よりも高いんだよ」

「ありがとう」エレンは言った。怒った声だった。「あなたに電話してよかった。ものすごく安心したわ、マイケル」[5]

一〇年後、エイズへの理解は深まり、人々のパニックはおさまった。しかし後年、エボラ出血熱やSARSなど、珍しい新たな健康リスクが、人々に同様の非合理的反応を引き起こした。数字オンチのアメリカ人が、地元の飲み屋で一杯やってから車で帰宅中、スマホを操作しながら運転する危険より、まれに見る奇病を心配したからだ。

おもしろいことに、このバイアスが反対方向に働くことはほとんどない。つまりほとんどの人間は、自分が例外的に幸運だとは考えない。わたしたちは宝くじを買って、当選したらどうしようかと一瞬考えて、ポケットにしまい、忘れてしまう。明日が当選発表の宝くじをもって自動車販売店や不動産屋に行く人間はいない。

人が非合理的な期待よりも非合理的恐怖にとらわれるのは、確証バイアスが一種の生存メカニズムだからだ。いいことは一時だが、死んだら取り返しがつかない。あなたの脳にとっては、飛行機のフライトでも一夜限りの関係でも、それを生き延びた他の人々のことなど、どうでもいいのだ。彼らは自分ではないのだから。あなたの頭脳は、限られた、もしくは間違った情報に基づき、あなたの生命へのリスクはどんなに小さなものでも、なくそうとしている。つまり確証バイアスと戦うのは、人間の脳の基本機能——バグではなく仕様——を正そうとすることなのだ。

命に関わる危険でも、日常生活でよくあるジレンマでも、人々は自分がすでに知っていることを頼りにしなければならないので、確証バイアスが働く。あらゆることに対して、まっさらな心で臨むなどということは不可能だ。記憶はそのようには働かないし、毎朝、あらゆることを一から理解するのは効果的な戦略ではない。

科学者や研究者も、職業病としての確証バイアスと格闘している。実験を計画したり難問を解明したりするには、とりあえず仮定する必要があり、そうすることでリサーチにバイアスをもちこむことになる。彼らも我々一般人と同じく、推測や直感に頼っている。新しいリサーチプログラムを始めるたびに、その日以前には何もわかっていなかったし何も起きていなかったという前提で始めるのは時間の無駄だからだ。[6] どんなリサーチ計画を立てる場合でも、「理論の前に行動」が問題になる。結局のところ、すでに見つかっているものでなければ、自分が何を探しているのかわかるはずがない。[7]

研究者は新米のうちにこのジレンマを学ぶが、必ずしもそれを克服できるとは限らない。確証バイアスはもっとも経験豊かな研究者を迷わせることもある。たとえば医師は、特定の診断に固執し、それなら患者に見られるはずだと考える症状を探し、他の病気や障害のしるしを見逃すことがある（テレビドラマの架空の診断医ドクター・ハウスは医学生たちにいつも、「これは狼瘡《ろうそう》じゃない」と言っていたが、当然ある回で実際に狼瘡の患者が登場し、世界一傲慢な医師であるハウスは失敗を認めることになった）。研究者は全員、「否定的な結果も結果だ」とわかってはいるが、誰も自分の当初の前提がはかなく消えるのは見たくないものだ。

二〇一四年に行われた同性婚に関する意識調査がひどい失敗に終わったのは、それが原因だった。ある大学院生が、同性婚に反対する人が実際の同性愛者とその問題について話をすると意見を変える可能性が高まるということを、統計学的に議論の余地なく立証したと主張した。この研究結果は、コロンビア大学の上級教員の一人によって承認され、その人物は研究の共同執筆者として署名した。その研究結果は、説得によって理性的な人々の同性愛恐怖をやめさせることが可能だとする、注目に値する発見だった。

唯一問題だったのは、若くて野心家の研究者がデータを捏造していたことだ。彼が分析したという討論は実際には行われていなかった。部外者が研究を検討して警告を発し、コロンビア大学の教授は論文を撤回した。プリンストン大学の教員として輝かしい未来を始めようとしていた大学院生は、失業した。

なぜ大学院生を監督すべきだった教授や査読者が初めに詐欺行為を見抜けなかったのか？　確証バイアスのせいだ。ジャーナリストのマリア・コニコヴァが雑誌『ニューヨーカー』に書いた記事によれば、大学院生の指導教官は、研究結果を信じたかったと認めた。彼も他の学者も結果が真実であってほしかった、だから望みの結果を生みだした調査方法に疑問を抱きにくかった。「要するに、確証バイアスが――それは社会問題を考えるときにとりわけ強いものだ――研究のあやしさに目をつぶらせた可能性がある」。コニコヴァはこの一件についての考察でそう述べている[8]。実際、「問題の研究に対する関心の高さが暴露につながった」。つまり、その結果に立脚して研究を進めたいと考えた他の学者が、自分の望む結果を出したはずの研究の詳細を掘りさげて調べたことで、詐欺が発覚したのだ。

　だからこそ科学者は可能な限り実験をくり返し、「査読（ピア・レビュー）」と呼ばれるプロセスで他の人々に研究内容を吟味される。このプロセスは——上手く働くときには——専門家仲間《ピア》が、善意の、だが厳しい反対意見を述べる者となる。通常こうした査読は、個人的また組織的なバイアスの影響を防ぐため、論文の著者は査読者が誰かわからず、査読者も著者が誰かわからない「ダブル・ブラインド」で行われる。

　このプロセスは非常に重要だ。正直で自覚のある学者や研究者でも、プロジェクトの結果に労力を注ぎ込んでいない第三者に真偽確認をしてもらう必要がある（あなたが今読んでいるこの本の企画書も査読を受けた。それは査読した学者が内容に賛同したということではなく、彼らは議論を検討したうえで反対意見や助言があれば提示するよう求められたということだ）。経験豊富な専門家が査読者になることが多いのは、ある仮説に疑問を投げかけたり反証したりする証拠を見分ける能力は、かなりの年月をかけないと身につかないからだ。学者や研究者は、コアスキルのひとつとしてその能力を習得するため、キャリアのかなりの部分を費やしている。

　そうした査読や修正は、最終的な結果が公表される前に行われるので、一般の人々の目には触れない。人々がこのプロセスについて知るのは、何か問題が起きたときだけだ——そして査読に問題があると、きわめてまずいことになる。査読のプロセスそのものが、専門家による品質の保証どころか、いんちき、おべっか、意趣返し、えこひいき、その他人間がやりがちなありとあらゆる卑劣な行動になり果てる。同性婚に関する研究のケースでは、最初の出版には間に合わなかったが、詐欺は発見され、システムはきちんと働いた。

しかし学問の外の世界では、議論や討論が第三者によって検証されることはない。人はその場その場で自分に都合のいいように事実を取りあげる。確証バイアスは反証不可能な議論や理論を生みだすので、理路整然とした議論をしようという試みは極度に疲れるものとなる。自説と相いれない証拠はすべて無意味だと切り捨てるのは確証バイアス自体の性質であり、自分の証拠は常に正しく、相手の証拠は常に間違いか例外として片付けられる。こうした理論では、自分はけっして間違っていることにはならないから、反論するのは不可能だ。

さらに困ったことに、大部分の一般の人々は「科学的方法」の基本を教わったことがないか、教わってても忘れてしまっている。科学的方法とは、疑問から仮説を立て、実験し、分析するという一連の手順のことだ。人々は「証拠」という言葉をよく使うが、その使い方は厳密ではなく、会話での「証拠」という言葉は「わたしが真実だと思うこと」という意味で、「決められたルールに従って客観的にその真実性を確かめられたこと」という意味ではない。

この段階で、一般の人々は、こうしたことすべてがたんなるインテリのたわごとだと反論するかもしれない。平均的な人間が、そんな学者のような自己認識をもつ必要があるのか？　常識というものがあるだろう。なぜそれではいけないんだ？

ほとんどの場合、一般の人々にはこうした学者の道具は必要ない。日常的なことは常識で間に合うし、必要以上に複雑な理論より役に立つ。たとえばわたしたちは、暴風雨のなかで車がどれほどスピードを出せばタイヤがスリップし始めるかを、知る必要はない。どこかにきっと、その答えをきわめて正確に導きだす数式があるはずだが、悪天候のときにはスピードを控えるのが常識で、それで十分だ。

しかしもっと複雑な問題を解くときには、常識では足りない。原因と結果、証拠の本質、統計上の頻度は、常識で処理するには複雑すぎる。多くの複雑な研究課題の答えは反直観的なものであり、その性質上わたしたちの常識に反する（何しろ昔の人々は単純な観察によって、太陽が地球の周りを回っていると考えたが、実際にはその逆が正しい）。常識という単純な道具はわたしたちを裏切り、大小の間違いを起こさせるおそれがあり、おそらくそれが、一般の人々と専門家は迷信や民衆の知恵といった比較的ささいな問題でも意見が食い違う原因なのだろう。

おばあちゃんの知恵、迷信、陰謀論

「おばあちゃんの知恵」やその他の迷信は、確証バイアスと反証不可能な議論の典型例だ。迷信の多くには何かしら経験による根拠がある。「梯子の下を歩くのは不吉」というのは迷信だが、梯子の下を歩くのは危険だというのもほんとうだ。ペンキ職人を怒らせたら一日中不運に見舞われるかどうかはまた別問題だが、梯子の下を歩くのはどう考えても馬鹿げている。

迷信は確証バイアスの影響を強く受ける。迷信が生き残っているのは、常識と確証バイアスはときに強化し合うものだからだ。黒猫は不吉だろうか？　猫は黒猫でも他の色でも、人の足元にやってくる性質があるが、人は黒猫のことしか憶えていないのかもしれない。そう言えばわたしは、カーラという名前のかわいらしい黒猫と同居しており、階段を上るときに、ときどき猫につまずきそうになる。迷信深い人はここで訳知り顔にうなずくだろう。うちには猫はカーラしかいない事実も、他の猫の飼い主はトラ猫にもつまずいているという事実も、彼らにはまったく関係ない。

確証バイアスのもっとも強力なケースは、おばあちゃんの知恵や無知から来る迷信ではなく、教養のある知的な人々による陰謀論に見られる。単純な迷信とは違い、陰謀論はおそろしく複雑だ。実際、陰謀論は高度に複雑な理論なので、おもしろい陰謀論を組み立てるのにはかなりの頭脳が必要になる。陰謀論はそれを信じる人間にとっても、それを反証しようとする人間にも、能力の試される知的エクササイズだ。迷信はたいてい簡単に反証できる。統計学者なら誰でも、わたしの黒猫が階段で他の猫より危険ではないということを証明できる。そしてわたしたちも、心の奥底ではわかっているのだ。だからこそ迷信は無害な習わしで済んでいる。

一方、陰謀論は、まさに複雑だからという理由で、そうすっきりとはいかない。陰謀論に対する返答や反駁は何であれ、より複雑な陰謀論を生みだすだけだ。陰謀論の作者は、あらゆる明白な証拠を自分の理論に巧みに合わせ、それどころか、証拠の欠如をより強力な確証として提示する。何と言っても、陰謀が存在するという痕跡さえまったく存在しないのは、真に効果的な陰謀のしるしではないのか？事実、事実の欠如、矛盾する事実、そのすべてが証拠になる。何物も根本的な信念を変えることはできない。

こうした必要以上に複雑な理論は、有名な「オッカムの剃刀」の考えに反している。「オッカムの剃刀」とは中世の神学者オッカムが主張した、何であれもっとも単純な理論から始めるべきだという単純明快な考えだ。必要に応じて複雑な理論を用いればいい。これは「倹約の法則」とも呼ばれている。論理の飛躍や当てにならない仮説がもっとも少ない理論が、もっとも正しい可能性が高いということだ。たとえば、隣の部屋から物音と、それにつづいて誰かが大きな声で罵っている声が聞こえてきたとする。隣の部屋に行ってみると、顔をしかめた男が片足をかかえて跳びはねていた。床には空の木箱と割れたビール瓶が散乱している。何があったのだろうか?

ほとんどの人は、男が木箱を床に落としたとき、足に怪我をして、罵り声をあげたという単純な推理をするだろう。物音を聞いたし、人々が痛いときに罵るのをこれまでも見たことがあるからだ。わたしたちは怪我をした人がどうなるかもよく知っているし、この男は明らかに痛がっている。合理的な説明を考えるのに、それほど多くの前提は必要ない。完璧な説明ではないかもしれないが、手に入る証拠を考えれば、合理的な最初の推理だ。

だがちょっと待て。もしかしたらこの男はアルコール依存症で、木箱を落としたせいでビールがだめになってしまったから、罵っているのかもしれない。または、彼は禁酒主義者で、わざと木箱を床に叩きつけ、酒という邪悪な存在を罵っているのかもしれない。またひょっとしたら彼は、カナダの北極圏にある珍しい文化をもつ地方の出身なのかもしれない。そこでは人々は、いつも毛皮製のパーカーで顔を覆っているので、悲しみ（さらに言えば喜び、怒りも）を表現するのに、足をかかえて跳びはねる。それとも彼は外国人で、アングロサクソン語の罵り言葉が、「助けてくれ、ビールの入った木箱を足に落とした」という意味だと誤解しているのかもしれない。

ここで倹約の法則の出番だ。こうした変わった、ほとんどありそうにない推測が真実だという可能性はあるが、もっとまっすぐで実用的な推測が目の前にあるのに、ひどく複雑な推理に飛びつくのは馬鹿げたことだ。男が禁酒主義者なのかアルコール依存症なのか、カナダ出身なのかクリーヴランド出身なのか、英語を話すのか話さないのか、まったくわからないのだから。そういうことが当たっているのかどうか、最終的には調査で確かめることもできるが、それらを前提にするのは、論理にも人間の経験にも反する。

陰謀論が複雑で馬鹿げたものだとしたら、なぜ多くの社会でこれほどまでに人々の心をつかんでいるのだろうか？　本当のことだ。陰謀論は数百年前からずっと、とても人気がある。現代アメリカも例外ではない。たとえば一九七〇年代、作家ロバート・ラドラムはそうした陰謀をつくりだすのが得意で、大変なベストセラーになった彼のシリーズのひとつに、フランクリン・ローズヴェルト大統領を暗殺した政治的暗殺者集団が登場する（ここで、ＦＤＲ大統領は暗殺されてないじゃないか、という声があがるだろう。まさにそのとおりだ）。ラドラムの本は何百万部も売れたし、彼がつくりだしたスーパー暗殺者ジェイソン・ボーンを主人公にした映画が二一世紀に入って次々とつくられ、ドル箱シリーズになっている。一九六〇年代の『影なき狙撃者』から三〇年後の『Ｘ－ファイル』まで、似たような本、映画、テレビ番組は数えきれないファンを獲得している。

現代アメリカ政治でも、陰謀論は大流行りだ。オバマ大統領は実はアフリカ生まれのイスラム教徒であるとか、ブッシュ大統領は9・11でアメリカを攻撃した計画に関わっていたとか、イギリス女王は麻薬密売人であるとか、アメリカ政府はジェット機の排気口から人々の心を操作できる化学物質を大気中に撒いているとか、ユダヤ人が世界のすべてを支配しているとか――ユダヤ人の代わりにサウジアラビアやスイスの銀行のこともある。

わたしたちが良質な陰謀スリラーが大好きなのは、それが人間の英雄を好む心情に訴えかけるからだ。勇敢な個人が大規模な陰謀に立ち向かい、普通の人に害を及ぼす勢力と戦うというのは、英雄伝説の時代からくり返し使われてきた筋立てだ。アメリカの文化はとくに、才能あるアマチュアが（専門家やエリートの対極の存在として）政府——もしくはそれよりも大きな組織——を敵に回して勝つ、という考えに魅力を感じている。ジェームズ・ボンドがスペクターという悪の陰謀と戦うことになったのは、原作者のイギリス人作家イアン・フレミングが、アメリカ人観客向けのハリウッド映画にするには、共産主義よりも大きな敵が必要だと気づいたからだ。

しかし専門知の死にとってより重要かつ関連性が高いのは、陰謀論には、複雑な世界を理解するのが難しい人々やあまり劇的ではない理論を好まない人々に深く訴える力があるという点だ。陰謀論は自己愛の強い傾向のある人々にアピールする。そうした人々は、問題が彼らの知的能力を超えていたり、また彼ら自身に欠点があったりするために状況が理解できないという事実を認めるより、複雑な馬鹿げた説を選びたがる。

陰謀論はまた、人々が恐怖を感じるできごとに文脈と意味を与える方法でもある。なぜ何の罪もない人々にひどいことが起きるのかについて筋道だった説明がなければ、人々はそうしたできごとを、無慈悲な世界や理解しがたい神による無作為な残酷さとして受け入れなければならなくなる。それは恐ろしいことであり、そんなことを考えるだけで、一九世紀の古典『カラマーゾフの兄弟』に登場する人物のように実存的絶望に駆られることになる。その登場人物は悲劇について「もし子供たちの苦しみが、真理を買うのに必要な苦痛の総額の足し前にされたのだとしたら、俺はあらかじめ断っておくけど、どんな真理だってそんなべらぼうな値段はしないよ」〔ドストエフスキー『カラマーゾフの兄弟』原卓也訳、新潮文庫（上）六一七頁〕と語った。

　このジレンマを解消する唯一の方法は、自分たちの苦しみは、そうした苦しみを回避する力をもつ有力者のせいだと考えることだ。そうした世界では、愛する人の不治の病は自然なできごとではない。産業や政府の不正行為の結果なのだ。有名人のひどいふるまいが暴露されるのも、自分たちが称賛してきた人間が悪いやつだったという証拠ではなく、人々に愛される人間の評判を落とそうとする企みだということになる。自分の応援するスポーツチームの敗戦さえ、八百長ということになる（一九九六年の『X－ファイル』のある回では、敵役が「スーパーボウルでバッファロービルズが勝つところは見たくない。わたしが生きているかぎり、そんなことは起きない」と語っている）。何であれ、誰かのせいに違いない。そうでなければ、神か、偶然か、自分自身を責めるしかなくなるのだから、というわけだ。

　悲しみに暮れて混乱した個人が存在しないかもしれない理由を探すのと同じように、社会も、集団としてひどい国家的経験をすると、とんでもない理論に引き寄せられる。カナダ人作家ジョナサン・ケイが書いているように、陰謀論とその背後にある間違った推理は、「集団として大きなトラウマを受けた社会では」とくに強く人を引きつける。そうしたできごとの後では、多くの人々が、なぜ善良な人々に悪いことが起きるのかという古い問いへの答えを探すものだ。[9] 第一次世界大戦、ロシア革命、ジョン・F・ケネディの暗殺、二〇〇一年のテロ攻撃といった歴史的事件の後で陰謀論を信じる人々が増えたのは、それが理由だった。

　今日の陰謀論は、戦後急速な産業化の進んだ一九二〇年代や一九三〇年代と同様に、グローバリゼーションによる経済的および社会的混乱への反応がおもになっている。これは専門家と一般市民との関わりにおいてささいな問題ではない。たとえば、アメリカ人の三〇パーセントは「グローバリズムを推進しようとしている限られたエリートは最終的に世界支配を企んでいる」と信じており、一五パーセントは、メディアまたは政府がテレビ放送に「人々をマインドコントロールする」技術を使っていると考えている（別の一五パーセントはテレビの件についてはよくわかっていない）。回答者の半数近くが、イギリスのダイアナ妃は何らかの陰謀で殺された可能性があると考えていると答えた。「このような割合を見れば、陰謀論は些末な現象ではないし、市民圏や文化価値に与えるその影響は無視できるほど小さいとも言えない」と、いみじくもケイは指摘した。

陰謀論は無害ではない。最悪の場合、道徳的パニックを引き起こし、罪のない人々が傷つくことになる。例をあげると、一九八〇年代、アメリカ合衆国で、保育所内で悪魔教のセックス・カルトが活動していると人々が信じるというヒステリー現象が広まった。偽の「専門家」が、幼児の混乱した言葉を奇妙な性的虐待の証拠だと解釈して、パニックを煽った。言うまでもなく児童虐待は存在していたが、誇大な推論――おそらく他の何よりも働く親たちの恐怖と罪悪感が反映されたものだった――がアメリカ人の心理に根をおろし、大勢の人々の人生を永遠に損ない、現実にあったはるかに少数のケースについてよりよい対策がとられるのを一時的に妨げた。[10]

確証バイアスを避けるのが困難だとすれば、陰謀論に対処するのは不可能だ。海藻で走る車の発売を石油会社が禁じていると信じている人は、あなたのプリウスやシボレー・ボルトに感心することはない（「それは業界の実力者が人々に所有を許した燃費のいい車だ」というわけだ）。エリア51に宇宙人の死体が保管されていると信じる人は、基地内を見学しても考えを変えることはない（「宇宙人研究所は当然、地下にあるのだろう」ということで)。

陰謀論者と長々と議論を戦わせるのは無益なだけでなく、ときに危険でもあるので、わたしはお勧めしない。無意味な議論のランニングマシーンのようなもので、もっとも忍耐強い教師でも疲れ果ててしまう。そうした陰謀論は専門知に対する究極の防波堤なのだ。なぜなら、陰謀論に反対する専門家は全員、その事実によって陰謀論の一部だと見なされるからだ。作家ジェフ・ラウナーはこのように書いている。

憶えておくべきは、陰謀論を本気で信じているような人間はすでに、自分にとってもっとも大事な生活領域で、巨大で強力な勢力が同盟して自分に敵対していると考えているということだ。それを否定することは、脅威が野放しになっているということで、脅威をより強大にすることになる。(11)

そんな会話は、誰もしたいと思わない。

幸いなことに、そこまで大規模な不合理はきわめてまれだ。それより平凡でありふれた、専門家の助言を受けたがらないという傾向は、一般人よりも頭がよく教養があると見られる人々へのポピュリズム的不信感に根差している。そのダメージは陰謀論ほど劇的ではないかもしれないが、同じくらいたしかに存在し、ときに大きな損害をもたらす。

ステレオタイプと一般論

「そんな一般論はだめだ！」それほど紛糾していない議論でさえ、こういう発言は非常によく出てくる。人々は一般論――たとえば、男の子はこういうものだとか、女の子はこういうものだという議論――に反発する。なぜなら自分はユニークな存在で、そんなふうに簡単に分類するのは不可能だと思いたいからだ。

もっとも、「一般論」に反発する人々がほんとうに反対しているのは、一般論ではなくステレオタイプであり、そのふたつは別物である。軽い会話の問題は、人々は一般論とステレオタイプの違いを理解していないことが多いという点で、そのために会話、とくに専門家と一般の人々のあいだの会話が、困難で骨の折れるものになってしまう（もちろん、わたし自身がここで一般論を書いているのは自覚しているが、勘弁してほしい）。

この二者の違いは重要だ。ステレオタイプは不快な社会的習慣だが、一般論はあらゆる種類の科学の根底となっている。一般論は、観察できる事実に基づいて確率的に述べた意見である。だがそれは、それ自体では説明にはならない――これもステレオタイプとは重要な違いだ。一般論は測定可能かつ立証可能でもある。ときには一般論から仮定の因果関係が導かれることもある。また十分な観察によって、一定の状況において常に正しい理論や法則を展開することもできるかもしれない。

たとえば、「中国の人々はたいていアメリカの人々より背が低い」というのは正しいにしろ間違っているにしろ、一般論だ。これをステレオタイプだと勘違いする人々はすぐに例外を探し、議論はあっという間に脱線することになる。「そんな一般論はだめだろ！　中国生まれのバスケットボール選手ヤオ・ミン（姚明）は身長が二二九センチあるんだぞ！」

とびぬけて長身の中国人のバスケットボール選手の存在は、何も証明しない。この問題に決着をつけるためにアメリカと中国で人々の身長を測定すれば、我々の臆測はかなり正しいとわかる。中国の人々はアメリカの人々より概して背が低いとなったら、我々は事実として正しいことを十分な回数確かめたので、それを一般的だが絶対正しい法則だと言っても間違いではないということだ。

説明という大変な仕事は一般論の後に来る。なぜアメリカ人は中国人より背が高いのか？　それは遺伝のせいなのか？　食生活の違いのせいなのか？　環境的要因も関係しているのだろうか？　この質問への答えはどこかに存在するはずだが、その答えがどんなものであれ、アメリカ人は概して中国人より背が高いというのは間違っていない。それはスラムダンクを決める例外が何人いても変わらない。

だが、中国人はみんな背が低いというのはステレオタイプだ。ステレオタイプは事実の検証を受けつけない。ステレオタイプは現実のうるさい干渉に影響されることなく、確証バイアスを上手く利用してすべての例外を関係ないとしりぞける（人種差別主義者はこの論法の名人だ。「ルーマニア人は、わたしの同僚の女性以外、全員泥棒だ。彼女は違う」）。ステレオタイプは予測ではなく、結論ありきなのだ。だからこそそれは、「偏見（Prejudice）」とも呼ばれる。先行する（pre）判断（judge）に基づいている。

問題になるのは、我々が否定的な一般論や、議論の余地のある基準に基づいた一般論を展開するときだ。身長に関する一般論に異議を唱えてもしかたがない。身長は我々全員が認める方法で簡単に測れる。それに我々は、道徳的または政治的な特徴と身長を関連付けて考えない。「背が高いのね？」というのは、一九三九年発表の小説『大いなる眠り』のなかでファム・ファタルが私立探偵フィリップ・マーロウに言った言葉だが、マーロウはそれに対して、「僕のせいじゃない」と応えている。その返事がウィットに富んでいるのは、身長は自分で決められるものではないし、謝らなければいけないものでもないと我々は知っているからだ。

しかし否定的な一般論は、議論の余地のある定義に基づいている場合にはとりわけ、人を怒らせる。たとえば、「ロシア人はノルウェー人より腐敗している」という一般論は、「腐敗」の共通した定義を採用した場合にかぎり正しいと言える。西側の定義では、ロシアでは汚職が横行しているが、一方で、ある文化の「腐敗」が別の文化では「特別扱い」だという反論も完全に理にかなっている。だからこそ一般論は、それを将来の研究の叩き台としようとするなら、極力慎重に組み立てる必要がある。「公職についているロシア人は、同等の公職についているノルウェー人よりも、政府の仕事をするときに既定のルールを破る傾向が強い」というのは、おおざっぱに「ロシア人はノルウェー人より腐敗している」というのとは明らかに違う。

こうした定義を狭めるフィルターを応用すれば、敵意をかきたてることの少ない、ある程度正しい意見を述べられるようになる。しかし、この例でもやはり、なぜその一般論が概して正しいのかはわからない。我々にわかるのは、同じ基準を当てはめれば——具体的には、ロシア人とノルウェー人が同じ仕事の処理をくり返すのを十分な回数観察することで——たいていは正しい何かを確定できるということだけだ。もしかしたらそれは、ロシアの法律が時代遅れで、清廉な役人でも守るのが難しいということかもしれない(これは少し無理があるが、真実も含まれており、実際にロシア人がこう主張することもよくある）。そこでさらなる研究が必要になる。「何」が事実かが確認された後で、「なぜ」を確定する。

もちろん、日常の会話では、こんなことはまったく問題にならない。こうしたことは狭義に限定された意味では正しいが、文脈もなく敵意をかきたてるような意見を聞きたい人がいるだろうか？　一般の人々どうしでも、専門家と一般の人のあいだでも、会話には人間の感情が絡んでくるので難しくなる。一般的には正しいが、いつでもそれが当てはまるわけではないことについての議論はとくにそうだ。

だからこそ専門家のいちばん大切な資質は、感情に左右されないということだ。もっとも物議をかもす問題についてもそれを貫く。専門家なら、がんから核戦争まであらゆることを、解決すべき問題として私心なく客観的に扱わなければならない。対象から距離を置くことで、開かれた議論や代替案の検討が可能になり、偏見につながる恐怖など感情的な誘惑を断つことができる。これはたやすいことではないが、そうしなければ会話が困難になるだけではなく、ときに一触即発になってしまう。

わたしはオーケー、あなたもオーケー——ある程度は

他にも、我々の意見交換の能力を損なう社会的また心理的な現実がある。たとえば、確証バイアスやダニング＝クルーガー効果にひどく苦しめられても、我々は自分の知人や大事な人に彼らが間違っているとは（少なくとも面と向かっては）言うのをはばかる。そして全体的に見て、我々は自分の政治的または社会的意見の元になる情報を、その真偽にかかわらず、自己イメージや自分はどんな人間であるかという考えと切り離すことに困難を覚える。

二〇一四年、ある国際的な研究が驚くべき結論に達した。人々は、会話に参加している全員が自分たちの能力にかなりの差があるとわかっていても、各自の言い分を公平に聞き、あらゆる意見を平等に検討するための苦労を惜しまない。この論文の著者たち（中国、イラン、デンマークの研究者がいた）はこれを、集団の一員として認められたいという人間の要求に基づいて我々に組み込まれている「平等バイアス」だとした。二人の人間が議論と意思決定にくり返し取り組むと――この研究では参加者のあいだに絆が結ばれることが重要だった――能力の低い人は予想以上に自分の意見を主張し、能力の高い人は、相手の意見が明らかに間違っていてもその意見に従うという結果になった。[12]

一見すると、これはよいマナーで、相手に受け入れられたいという欲求の表れにすぎないように思える。どちらも関係を損なうより、相手に認められたいと思っているのだ。能力の低い人は、間違えているとか無知だとか思われることなく、尊敬されて議論に関わりたいと思う。一方、能力の高い人は、いつも自分ばかりが正しいせいで他の人を遠ざけたくないと思う。

これは心地よい午後を過ごすのには役立つが、意思決定の姿勢としてはまずい。『ワシントン・ポスト』紙の科学ライターであるクリス・ムーニーも書いているが、このような社会的力学は人間関係を円滑にはするかもしれないが、事実が重要な局面においては大きな害を及ぼすおそれがある。この研究は、「我々がもっと専門家を識別し、尊敬し、話を聞く必要がある」ということを強調し、「同時に、我々の社会集団としての進化は人々を互いに強く結びつけ、集団の規範を強要するものだが、不都合な真実を認めて受け入れるという局面ではそれが上手くいかないと示された」ということだ。[13]

なぜ人々は、知識や能力の差をそのまま受けとめることができないのか？　これはあんまりな質問だ。

なぜならそれは要するに、「なぜ人々は、他の人のほうが自分よりも優秀だと認められないのだろう？」ということだからだ（逆に、「なぜ優秀な人々は、他の人々が自分より劣る理由を説明しないのだろう？」ということでもある）。現実に、優秀な人もそうでない人もそんなことをしないのは、社会的不安感のせいだ。誰でも人に好かれたいと思う。

同じように、会話についていけないと認めたいと思う人間はいない。現在のように多くの情報に簡単にアクセスできる時代ではとくにそうだ。これまでも社会的な圧力によって、知的で博識の人々でさえ自分が知る以上に知っているふりをすることはあった。だが情報化時代の今、その圧力は強まっている。小説家でありライターでもあるカール・タロウ・グリーンフェルドは、なぜ人々は「文化リテラシー（文化的教養）のあるふり」をしようとするのかについての考察で、この種の不安について述べた。

我々は今、いつでも十分な知識をもっていなければ、文化的リテラシーがない人間だと思われてしまう、というプレッシャーに常にさらされている。エレベーター内のおしゃべりでも、ビジネスのミーティングでも、オフィスの給湯室での雑談でも、立食パーティーでも、まるで自分で見たり、読んだり、聞いたり、体験したりしたかのように情報を披露したり、おしゃべりしたり、コメントしたり、ツイッターでつぶやいたりできるために。ペタバイトの情報にさらされている我々にとって重要なのは、実際に自分でそのコンテンツを消費することでは必ずしもなくて、むしろそれが存在することを知り――それに対する見解をもち、それに関する雑談に参加できることだ。我々は博識の模倣を演じるところまで来ている。それはすなわち、新種の何も知らないことなのだ。(14)

人々は新聞の見出しや記事をざっと見てソーシャルメディアでシェアするが、実際にはそれらを読んでいない。にもかかわらず、他の人々に知的で情報に通じていると思われたいがために、読んでいるふりをする。

こうしたことだけでも厄介なのに、そこに政治が絡んでくると問題はさらに複雑になる。政治的信条は、一般の人々でも専門家でも、確証バイアスとほぼ同じように働く。しかし政治的信条や個人的な信念のほうが、確証バイアスよりも修正するのが難しい。なぜなら我々の政治的見解は自己イメージと、我々がもっとも大事にしている、自分はどんな人間かという考えに深く根ざしているからだ。

コニコヴァは同性婚の研究の捏造に関する考察のなかで、確証バイアスが「しぶとく誤った信念」をつくりだすのは、その考えが「自己概念に密接に関わる事柄から生まれる」ときだと述べている。そうした信念は反対を受けつけず、我々は何が何でもそれを守ろうとする。ダニングも以下のように書いている。

> 我々のもっとも頑固な謬見のいくつかは、子供じみた直感や不注意によるカテゴリー錯誤からではなく、我々が個人としての自分をどんな人間だと考えるかを定義する価値観および人生哲学から生まれる。我々は誰でも自分の根幹をなす信念——自分についての物語、社会秩序に関する考え——をもっており、原則としてそれに背くことはできない。それを否定することは、自分の価値を疑うことになる。そういうわけで、こうした信念は他の意見に忠誠を求める。

別の言い方をすれば、我々の考えは、我々が自分をどう見ているかについて大切なことを語っているということになる。たとえば、裏庭にいた鳥の種類や、最初に地球一周をした人物が誰かを間違えるのはよくても、自分がどのように生きるのかを左右するような概念や事実について間違っているということは認められない。

例として、アメリカの食卓でよくされる議論を考えてみよう。失業の原因だ。どんなグループでも一般の人々に失業問題について訊いてみれば、ステレオタイプ、確証バイアス、半端な真実、統計学の知識不足など、あらゆる種類の知的問題が頭をもたげるだろう。

ここに、多くのアメリカ人と同じように、失業者は怠け者で失業手当は怠惰を助長するだけだと固く信じている人がいたとする。確証バイアスの多くの例にならい、この考えは個人的な経験から生じたものかもしれない。もしかしたらこの人は、ずっと継続して雇用されてきたのだろう。それとも、心から働くのが嫌いな知り合いがいるのだろうか。「従業員募集中」という貼り紙はすべて――確証バイアスが認識して記憶し――失業者の怠惰の証拠を強化することになる。新聞の求人広告欄や、昔からずっと無責任な甥っ子の存在が、失業は政府の介入が必要な問題ではなく個人の自業自得だという考えの反証不可能な証拠になる。

では次に、同じテーブルについている、アメリカの経済の性質が人々を失業に追い込んでいると考えている人を想像してみよう。この人も自分の経験からそう考えているのかもしれない。知り合いに、新興企業の設立にともなって転居し、結局は故郷から遠く離れた場所で無一文になった人や、腐った上司や無能な上司に不当に解雇された人がいたのかもしれない。会社の人員削減や、人種差別主義者または性差別主義者の上司や、会社の倒産のニュースはすべて、働きたいのに失業した罪もない人々が今の制度で不利な立場に置かれていることの証拠になる。失業手当は、怠惰を助長しているのではなく、命綱であり、正直な人が完全に破滅するのを防ぐ唯一のものだと見なされる。

もちろん、どちらの考えがどの程度真実なのか、本物の議論になってもおかしくない。だがこの二人――たしかに比較する目的で極端に戯画化されているが――には無理だ。失業手当が、一部の人々の勤労意欲をそいでいるのは議論の余地はない。だが、一部の企業は容赦なく従業員を解雇し、そうして失業した人々はやむなく、一時的に失業手当に頼っているという事実も否定できない。この会話は永遠に続く。なぜなら、片方が勤労を主張し、片方が親切を主張して、それぞれ自分の確証バイアスで慎重に吟味したエピソードを例示していけるからだ。それらはいずれも事実だが、議論の方向を決める決定打にはならない。

これは水掛け論となる。結局、全員が満足できる答えなど存在しない。一般の人々は専門家に決定的な答えを求めるが、そんなことは不可能で、答えはひとつではなく、状況によって変わる。どんな時に失業手当が怠惰を助長するのか？　どのくらいの頻度で人々は意思に反して失業し、それはどのくらいの期間続くのか？　そうしたことは大きな問題の微妙な差異であり、我々の自己イメージが関わっているとき、微妙な差異は役に立たない。ほとんどの人々は、自分のバイアスに気づくことはなく、ある事柄についてすでに自分がもっている意見に反する答えを受け入れるよりは、互いにキレそうになるほど議論を戦わせる。社会心理学者のジョナサン・ハイトは、これを上手く総括して、自分の価値観と事実が矛盾した場合、「ほぼ全員が自分の価値観に固執し、証拠を認めない方法を見つける」と言った。(15)

実際、この傾向は非常に強く、支持政党にかかわらず、自分の気に入らない知らせを聞くくらいなら、知らせをもたらした使者を非難するという人はかなり多い。二〇一五年に行われた、リベラル派と保守派にある種のニュースを見せてその反応を調査した研究によれば、「保守派が自分たちの世界観に反する科学論文を否定するのとまったく同じことを、リベラル派もした」[16]。さらに気懸かりなのは、この研究で、自分たちの考えと矛盾する科学研究を知ったリベラル派と保守派はどちらも、自分たちではなく、科学を疑ったことだ。「人々が意見の対立するそうしたトピックについての文章を読むだけで、科学についてどう思うかにマイナスの影響があった」。

これこそ、本書の後の章で取り上げるように、政治的選択に関する議論に決着をつける唯一の方法は、議論を研究の領域から、政治と民主的選択という領域に移すしかないという理由である。民主主義に何らかの価値があると考えるなら、専門家も一般の人々も、複雑な問題を解くのに力を合わせる必要がある。だが、まずその前に、両者は広がりつつある溝を埋めなければならない。教育を充実させることがその答えになりそうだが、次章では、教育は、少なくとも大学レベルにおいては、むしろ問題の一部だということを見ていこう。

第3章　高等教育——お客さまは神さま

自然から天才と美徳を与えられた人間は、教養を高める教育によって、同胞の権利と自由の預託を受け、それを守るのにふさわしい者になる義務がある。

トマス・ジェファソン

ミスター・ブラドック（ベンジャミンの父親）「大学の四年間はいったい何のためだったんだ？　勉学に励んだ意味は？」

ベンジャミン「さあ」

映画『卒業』

魔法の七年間

高等教育は、誰もが同じく賢いという誤った考えを正すべきものだ。残念ながら、二一世紀の今、大学進学率の上昇はまったく逆の効果を生んでいる。大学で学んだ、または大学であまり学ばなかった人々の多くが、自分たちはもっとも学識の深い学者や専門家と対等の教養人だと考えている。大学生活はもはや学びと人格の成熟のための期間ではない。アメリカの若者たちが大挙して大学に入学し、彼らの支払う学費をめぐる競争によって、大学生活は消費者志向の経験となり、そこで学生は何より、消費者はいつでも正しいということを学ぶ。

第二次世界大戦前は高校を卒業する人も少なく、大学に進学する人はごく少数だった。このころ、一流大学への入学者は特権階級の子弟が大半を占めた。ただ、それ以外の若い男性や非常にまれに女性が何とか学費をかき集めたり奨学金を受けたりして、入学することもあった。大学進学は、能力と同じくらい社会階級によって決まる、限られた経験だった。それでも大学進学は将来性の目安であり、卒業は学力のしるしだと見なされた。大学の学位はまれであり、専門家や知識人とその他を区別する手掛かりのひとつだった。

現在では、中等以上の教育機関への進学は多くの人間がする経験になっている。高等教育へのアクセス増大の結果、「大学」という言葉そのものが意味を失った。少なくとも、教養人とその他を分ける言葉ではなくなった。今の「大卒」はさまざまなものを意味する。残念ながら、「実証された学業業績のある人」がそのひとつだとは限らない。

大学を批判すること、またわたしのようにそこで教える教員を批判することも、アメリカの伝統だ。ステレオタイプが山ほどある。たとえば、堅苦しい（または過激だったり、ズレていたりする）大学教授と、つまらなそうな顔をして教室に座っている、教育以外の活動のために大学にやってきた学生たち。

かつて年配者たちが若者を「学生くん」と呼ぶとき、そこには明らかに、教育は成熟や知恵の代わりにはならないという皮肉があった。

だが本書は、なぜ大学がだめになったかについての本ではない。それにはページが足りない。本書のテーマは、なぜ人々が学びや専門知に敬意を払わなくなったのかということであり、本章では、皮肉なことに大学がその問題に大きく関わっているという点を論じる。

とはいえ、わたしはアメリカの大学制度を、厳しい非難を浴びているリベラルアーツも含めて擁護している。わたし自身、二〇世紀の高等教育の機会拡大とその結果もたらされた社会的流動性の恩恵を受けた人間だ。アメリカの大学の功績を否定することは誰にもできない。アメリカには今なお、世界の知的分野をリードする大学があまた存在する。アメリカの高等教育機関が知識と知識人を生みだす力を、わたしは信じている。

それでも、実際のところ、アメリカの高等教育機関の多くが学生たちに専門知を構成する基礎知識や技術を教えられていない。より深刻なことに、大学は学生に、専門知を認識する能力、さらに日常生活において専門家やその他のプロと生産的な関わりをもつ力を教えられていない。知的能力のなかでももっとも重要で、アメリカの大学においてもっとも危機に瀕しているのが、新たな情報やさまざまな考えを冷静に、論理的に、感情的また個人的予断を排して検討する能力――クリティカルシンキング（批判的思考）だ。

中等教育後の教育機関への進学はもはや、「大学教育」を保証しない。代わりに、単科大学でも総合大学でも大学が提供するのは、「大学に行く」というフルサービスの経験だ。この二者はまったくの別物であり、今の学生たちは、自分たちが実際以上に学識を得たと思い込んだままで卒業していく。今の時代、専門家が「わたしは大学を出ました」と言ったとしても、世間の人々に「今どき、行かない人間がいるのか?」と返されるのがおちだ。大学の学位をもつアメリカ人はたいてい自分には「教養がある」と思っているが、実際にはせいぜい、高校卒業後も何らかの教室に通ったというだけで、その成果もまちまちだ。

中等以上の教育機関への大量進学によって、教育の商品化がますます進んでいる。現在、ほとんどの大学において学生たちは、学生というよりも「客」として扱われている。高校を卒業したばかりの若い人々が、物質的にも知的にもちやほやされて、かつて高等教育を受ける者には必須だった自己規律を身につけていない学生がもつ最悪の傾向を強めている。大学は今や、教育機関および教職員から教育を受ける課程の契約としてではなく、あたかも数年にわたる休暇旅行として売り出されている。大学教育の商品化は、大学学位の価値を破壊し、普通のアメリカ人の、大学には価値があるという自信を失わせている。

これは折にふれて世間の関心を集める、無茶な行為や流行や知的非常識といった問題とは違う。学生生活には、ある程度の馬鹿はつきものだ。タフト大学のダン・ドレズナー教授が書いているように、「大学の目的のひとつは、馬鹿な理論を馬鹿なやり方でしっかりと述べ、仲間の学生や教授とのやりとりから、自分がいかに馬鹿なのかを学ぶこと」なのだから。(1)大学、とくにたいていの一流校は、実社会から隔絶されており、奇妙なことも起きる。

その一部は、かなり金のかかった馬鹿げた行為というだけで、それ自体に害はない。たとえば、ブラウン大学の学生の保護者たちは、自分の子供たちが「キャンパス・ヌード週間」といった催しに参加できるように、大金を支払っている（二〇一三年にこの催しに参加したある女性は、この催しに対する「否定的なフィードバック」が「大学後の人生に向けての準備に役立った」と語った。それならいいのだが）。しかしわたしは、裸の学生たちがプロヴィデンスの通りで暴れまわることについてはそれほど心配していない。大学について、また大学がどのように専門知の死を早めているかについてのわたしの懸念は、教室で何が起きているのか――あるいは何が起きていないのか――に関係している。

理想では大学は、ある分野においてそこそこの知識、卒業後も一生学びつづける意欲、有能な市民としての役割を担う能力をもつ卒業生を輩出することを目指すべきだ。ところが、多くの人々にとって大学は、カリフォルニア州にあるよく知られたパーティースクール〔学生が勉学よりもパーティーばかりしているという評判の大学〕の卒業生の言葉を借りれば、「高校卒業から新卒で倉庫仕事に就くまでの魔法のような七年間」になった。大学は教育による成熟への道ではなくなり――場合によっては学生と同様に教職員にとっても――成人期の始まりを遅らせる作戦になった。

問題の一端は、学生が多すぎることだ。そのうちのかなりの人数はそもそも大学に入るべきではなかった。アメリカの教育界の新たな文化では、誰でも大学に行くべきだし、行かなければならないということになっている。この文化的変化は専門知の死にとって重要だ。なぜなら需要に応えるために教育課程が量産され、大学は学位の大量生産所となり、その学位は教育ではなく訓練を受けたことを示すものになる。この二者は明確に異なる概念だが、世間の人々の頭のなかではしだいにひとつのものになりつつある。最悪のケースでは、学位は教育でも訓練でもなく、出席を示すものでしかない。最低になると、学位はただ学費を期限内に払った証明でしかない。

これは大学教授が礼儀正しい場でするような話ではないが、真実だ。就職したほうがよかったような若者が、どうやって卒業するのか、卒業後は何をするのかといったことをあまり考えずに大学に進学している。四年が五年になり、さらに六年、それ以上になる。限られた教育課程は、知的ジャンクフードばかりの高価な教育ビュッフェへの往復になり、そこには学生がくだらないものではなく栄養のあるものを選ぶように監督する大人もいない。

優秀な一流大学は、この点ではほとんど問題がない。そうした大学は入学希望者のなかから選り取り見取りで、教室におおむね優秀な学生を集めることが可能だ。その学生たちは十分な、またはそれに近い教育を受け、卒業後はたいてい高給の仕事に就く。だがその他の大学は、底辺の学生たちを奪い合う競争に参入することになる。その子たちも結局はどこかの大学に入学するのだから、知的な面でどんぐりの背比べの大学は、学食のピザの味や、豪華な学生寮や、教室で行われる単調な授業以外の活動などで差をつけようとする。

学生だけでなく、教職員も多すぎる。伝統的に大学教員を輩出してきた国内トップクラスの大学が、学問の世界の求人市場が吸収できるよりはるかに多くの博士（PhD）を手当たり次第に生産している。それより下の、学士以上の学位を与えるべきではないような大学――その多くは学部生のレベルでも高校よりはましという程度――は、あまりにも粗悪な博士号（doctorate）を濫造していて、自校の卒業生はけっして雇わないほどだ。仕事がない博士（PhD）が大勢、あまりにもニッチなテーマのぱっとしない博士論文を抱えて、食うために仕事を探している。

「大学教授」という言葉さえ、使われすぎで言葉の意味が変わってしまった。かつては貴重な肩書きだったが、アメリカの中等以上の教育機関は最近、それを好き勝手に使っている。高校より上のレベルで何かを教えている人間は、主要研究大学の学部のトップから地元のコミュニティー・カレッジの非常勤講師まで、誰でも教授《プロフェッサー》と呼ばれるようになった。教える人間が全員「教授」になったのと同様に、カレッジと呼ばれていた小さな単科大学も、すべて「総合大学《ユニヴァーシティー》」になった。この現象はまったく馬鹿馬鹿しいほど広まっている。地元住民に教えていた地元の単科大学が、「総合大学」として再出発する。学食の裏に粒子加速器を設置したとでもいうのだろうか。

こうした偽総合大学の出現は、人々が誰でも大学に行くべきだと考える文化で学位が貪欲に求められていることへの反応だ。それが今度は有害な資格インフレを引き起こす。学校や大学が資格インフレを起こすやり方は、政府が通貨のインフレを起こすのと同じだ。じゃんじゃん紙を刷る。かつては商売を始めたり専門職に就いたりするのに高校の卒業証書が必要だった。だが今では誰でも、読み書きができない者でさえ、高校の卒業証書はもっている。それで大学が、高校の教育課程を修了していることを証明し、大学院がかつての学部の教育課程の修了を証明するようになった。学生たちは、このような教育の回し車でハムスターのように走らされて、あまり学ぶことなく、金を使い果たすことになる。(2)

こうしたことすべてをどうやって解決するかは、アメリカの教育の未来にとって重要な問題だ。二〇一六年大統領選の民主党予備選に出馬したバーニー・サンダース上院議員は、現在の大学の学位は五〇年前の高校の卒業証書に等しい、したがって誰でも高校に行くように誰でも大学に行くべきだと主張した。実際には、そもそもこんなことになった大きな原因は、大学を高校の補習校のように扱ったことだ。

しかしそれよりも、「学生」過多、「教授」過多、「総合大学」過多、「学位」過多の蓄積した結果、大学に行けばきちんとした学識が身につくとは保証されなくなったということのほうが、大問題だ。現代の大学の失敗によって、大学が数世紀前から生みだし、将来の世代に教えられるように努めてきた知識それ自体に対する攻撃が強まっている。知的な鍛錬や人格の成熟は脇に押しやられた。文化に関する大切な学び――理論的な主張の組み立て方からアメリカ建国の理念まで――は、もはやカスタマーサービスのような大学の使命ではなくなってしまった。

いらっしゃいませ！

本来、大学生活はつらい経験であるはずだ。子供時代の決まりきった学習方法を卒業して、複雑さを前にした不安や不快感、手ごたえを受け入れてはじめて、より深い知識を獲得できる――そしてそれが一生続くのが望ましい。物理学でも哲学でも大学の学位は、真に「学識のある」、ある分野の知識を自在に使いこなせるだけでなく、自分の文化や歴史の幅広い理解をもつ人間のしるしのはずだった。それは楽なことではないはずだ。

しかし現代のアメリカの高等教育は、その提供者からも消費者からも、そんなふうには見られていない。お客さま中心の経験としての大学は、学生たちを思春期から引きだそうとするのではなく、思春期の子供たちに迎合している。現代の大学は、学生たちを彼らの知的な自己中心性に気づかせるのではなく、かえってそれを強化している。学生は、学生仲間にせよ教師にせよ、自分よりも知的に優れた人間がいるという事実をしかと受けとめることなく卒業することもある（そもそも彼らが学生仲間と教師を区別しているのかどうかさえ疑わしい）。彼らが受けとる学位はいわば、数年間おもしろい人々に囲まれて過ごす経験に対して自分または家族が払った金の領収書なのだ。

もっとも、今の学生たちの知的能力が劣っているというわけではない。優秀な大学に通う若者のほとんどは、すでに受験、推薦、課外活動、その他大学進学に向けたメリット・バッジ〔ボーイスカウトの技能章〕的な儀式を習得してきている。残念ながら、彼らは入試の迷路を抜けだして大学に入学すると、その後の四年間は不十分な教育しか与えられず、十分以上に褒めそやされて過ごす。学生本人もそんなことではないかと勘ぐり、その結果として、不安と傲慢という有害な組み合わせの感情を抱くようになることもある。親の庇護や学校の壁のなかから一歩外に出たとき、そうした感情は彼らの助けにはならない。

一方で、それほど優秀ではない大学では、学生たちが入試の際に心配することはかなり少ない。経済ライターのベン・カッセルマンによる二〇一六年の記事によれば、大学入学希望者のほとんどは、「入学試験の小論文を書くことも、履歴書を水増しすることも、誰かをおだてて推薦状を書いてもらうことも、する必要がない」。なぜならアメリカの大学生の四分の三が通う大学は、出願者の半数以上を入学させているからだ。出願者の二五パーセント以下しか入学を許可しない大学に通っている学生は全体の四パーセントしかいない。出願者の一〇パーセント以下にしか入学許可を与えないエリート大学に通っているのは、全大学生の一パーセント以下だ。[3] 上位校以外に入学した学生たちは、卒業に苦労することになる。六年以内に学士号を取得するのはその半数だけだ。

大学に入学する学生の多くは大学で学ぶには学力不足で、かなりの補習が必要になる。大学側もそれを承知のうえで力不足の学生を受け入れ、大教室での（費用効率の高い）入門講座に詰め込み、最良の結果を期待する。大学はなぜそんなことをして、今もまだあるだろう入学規準を破っているのか？　マンハッタン・インスティテュートのジェイムズ・ピアソンが二〇一六年に書いたように、「金を追え」ばわかる。実際、「私立大学——少なくとも非エリート校——は学生を集めるのに必死で、授業料目当てにひどく能力不足の学生にも入学を許可する」(4)。その一部は卒業し、残りは卒業しないかもしれないが、どちらにしても数年間は授業料が支払われるし、その学生本人はやがて、自分は少なくとも「大学には行った」と言うことができる。

そうした財務上のプレッシャーがなかったとしても、準備不足の学生が大量に大学に入学しているもうひとつの原因は、肯定と自己実現の文化が子供に失敗を突きつけることを禁じているせいだ。一九九五年にロバート・ヒューズは、アメリカは「子供たちが自分は愚かだと思わないように甘やかす」文化だと書いている(5)。その二〇年後、メリーランド州で高校教師をしていたある女性が、仕事を辞めると決めた後で『ワシントン・ポスト』紙に寄稿した記事がこの問題の本質をとらえている。彼女は、学校当局から受けたふたつの指示は「公共教育の特徴を表すスローガン」だと感じた。そのひとつは、生徒たちを落第させないこと。もうひとつはお客さま中心の大学を予示するものだった。「もし生徒がDやFの成績をとったら、きみがしていることに何かが足りないということだ」(6)。

わたしも何度も同じ経験をしており、しかも相手は子供や大学の学部生に限らない。わたしのクラスでAをとれなかった大学院生から、彼らの成績不振はわたしの教え方が悪い証拠だと言われた。またわたしのクラスを落としそうになった学生に、大学院課程や専門職大学院への推薦状を頼まれたり——ときには要求されたりすることもある。大学生は三〇年前とくらべて頭が悪くなったわけではないが、彼らの権利意識と根拠のない自信は大幅に高まった。

それには子育てが果たしている役割が大きい。過保護な親たちがどんどんでしゃばるようになり、元スタンフォードの新入生学生部長は本を著し、そのなかでこうした「ヘリコプター・ペアレント」が子供たちをだめにしていると論じた。ヘリコプター・ペアレントとは、子供が高校生、大学生になっても、代わりに宿題をやったり——(7)元学生部長はこれを丁重に「過剰援助《オーバーヘルピング》」と呼んでいる——子供の生活のあらゆる場面に参加したりする親だ。なかにはひどいのもいる。子供が大学に入学すると、そばにいるために大学と同じ町に引っ越しまでするのだ。これはもう「ヘリコプター・ペアレント」というより、「近接航空支援ジェット戦闘機ペアレント」と呼ぶのがふさわしい。

もうひとつの原因は、逆説的だが金銭的な豊かさだ。多くの親や若者が教育費の捻出に悩む時代に、まさかと驚かれるだろう。だが実際のところ、かつてないほど多くの人々が大学に行き、その大部分が事実上無尽蔵の破滅的ローンを利用する。政府保証の資金に支えられ、授業料頼みの教育機関の強力なマーケティングに応えて、アメリカのあらゆる社会階層の一〇代が、人々が車を買うように、大学を買っている。

キャンパスヴィジットはこの買い物儀式の好例で、教育以外のさまざまな理由で大学を選ぶように子供たちに教えている。春や夏の高速道路は、親子で遠くの大学を訪ねる車でいっぱいになる。行く先は入学が認められた大学ではなく、出願を検討している大学だ。そんなことをするのはアイヴィーリーグの大学に行く金持ちの子供だけとは限らない。わたしはよく、一〇代の子をもつ知り合いから、聞いたこともないような小さな大学や州立大学を車で訪問するという話を聞かされる。毎年、わたしは助言を求められて、毎年、それはいい考えではないと助言する。だが彼らは助言に礼を述べて、やはりキャンパスヴィジットに出かけていく。結局、家族全員が疲れていらだち、その大学で何を教えているのかという点は、二の次になってしまう。

子供たちはたいていどの大学でも気に入る。高校に通っている一〇代から見れば、どの大学でもすばらしい場所に見えるからだ。もちろん、一部の大学は早々と候補からはずれる。殺風景な町、陰気なキャンパス、老朽化した学生寮、それらはボツ。またあるときには、子供がある学校にひと目惚れして、恋わずらいにかかったように、たかだか一六歳という年齢で選んだ大学が入学を認めてくれたら自分の人生が変わるはずだと期待して、何カ月も苦悩することもある。

思春期の子供たちはまず、そもそもなぜ大学に行きたいのかを考え、自分の能力に合った大学を調べ、それらの大学に出願し、入学を認められた大学を訪ねるべきだという考えは、現在の親子にはまるで通じない。試しに、娘をもつ親に対して、なぜ娘が行きたいとも思っていない、入れるはずもない大学に娘を連れていくためにアメリカ中を車で走り回るのか訊いてみるといい。答えはいつも同じだ。「いや、娘が見たがったから」。その後に、「そのために我々は金を使うことにした」とつけ加える人間はほとんどいない。大学への出願料はだいたい五〇ドル以上で、決して安くはないが、アマーストからアトランタへの車の旅はそれよりもよっぽど金がかかる。

キャンパスヴィジットというプロセスは、決めるのは子供たちであるということ、子供たちは提供される教育以外の理由で大学の価値を測るように教えられていることを意味している。大学側もよくわかっていて、ちゃんと準備している。自動車販売店がショールームのどこに新型車を置けばいいかわかっているように、またカジノが、顧客がドアから入ってきたときに、どんなルームフレグランスで迎えたらいいかわかっているように、大学はセールスポイントになる特典やプログラムをたくさん用意して、子供たちにとって大事なことで競争相手を押しのけようとしている。

一〇代の子供たちと彼らの借りる学生ローンの獲り合いに駆りたてられた教育機関が売りにするのは、教育ではなく経験だ（ここでは営利目的の大学にはふれない。それらの大部分は借金をつくりだす工場であり、わたしはそれを「高等教育機関」には入れない）。学生センターをつくること、たくさんのアクティビティーを提供することは悪いことではない。しかしそれはどこか、病院が冠状動脈バイパス手術をする心臓病患者に自院を選んでもらうのに、おいしい食事で釣るようなものだ。

このプロセスで子供や若者により大きな力が与えられているのは、ひとつには学生ローンで学費の管理が親から学生に移るからということがある。だがそれよりも大きいのは、ここ数十年来の、親たちが多くの意思決定の責任を子供たちに任せるという風潮だ。どちらにしても、ブルームバーグのコラムニスト、ミーガン・マカードルの言うとおりだと言わざるをえない。彼女の意見では、この件に関する決定権は親から子供の手に移り、予想可能な結果として、「子供は親より、自分の学生生活が不愉快かどうかを気にする」(8)。

学部課程の大学は、こうした要求に何としても応じようとしている。たとえば一部の大学は、高校生が大学の寮で他人と同居することに対して抱く不安の解消に努めている。かつて、ルームメイトと上手くやっていくことを学ぶのは成熟過程の一環だが、まだ親と同居している子供には、当然、非常に不安がられた。だがアリゾナ州立大学のある教員が二〇一五年に書いたところによれば、もうそんなことはないようだ。

多くの学部では、新入生たちは事前にソーシャルメディアでルームメイトに紹介され、豪華なマンションのような寮に住む。学生は基本的に、部屋やバスルームを誰かと共有する必要も、無理に学生食堂で食事する必要もない。そうした場所は、かつての世代が無作為に選ばれた他人と窮屈な空間で生活しながら、さまざまな人々と折り合いをつけたり争いに対処したりする方法を学んだ場所だった(9)。

もし、学生食堂で食事をしたくないからという理由でアリゾナ州立大学を選ぶ学生がいるとしたら、このプロセスの何かがすでに間違っている。もちろん、もっと馬鹿げた理由でもっとまずい選択をする若者もたくさんいる。

学生は若く、親は子供を愛している。それはいい。だが出願と入学手続きが終わった後、我々教員は、大学教育を受ける必要条件とはまったく関係のない期待を胸に教室に入ってくる学生たちを教えなければならない。今の時代、教授が学生に指図するのではなく、学生が身についた権威をもって教授に指図する。実例をあげると、二〇一六年、イェール大学の一部の学生が、「主要な英米の詩人」講座には白人ヨーロッパ人男性ばかりが取りあげられているという理由で、講座を廃止するように求めた。その請願にはこう書かれていた。「これが我々の意見です」「我々が意見を表明しているのです。ちゃんと聞いてください(10)」。あるエリート大学の教授が以前わたしにこう言った。「時々、自分が教師ではなく高級ブティックの店員のように感じる」。

彼がそう感じるのも無理はない。今の子供たちはよちよち歩きのころから、大人をファーストネームで呼ぶように教えられてきた。彼らの「成績」は、成績を伸ばすように鼓舞するものではなく、自尊心を高めるためのものだった。そして彼らは、まるでゴルフコースそばのコンドミニアムを内覧するかのように大学を見学して、入学してくる。こうしたささいな、だが重要な、大人による子供への譲歩が続くことで、子供の学ぶ力が蝕まれ、偽の達成感と自分の知識への自信過剰が子供たちに植えつけられる。そしてそれは大人になってもずっと続く。

一九八〇年代の終わりに初めてダートマス大学に着任したとき、わたしは有名な（当時はまだ存命していた）同僚教員のある逸話を聞かされた。その話は、この問題とそれが専門家と教育者に突きつける難問のちょっとした例証となっている。著名な天体物理学者ロバート・ジャストローが、ロナルド・レーガン大統領の提唱した宇宙ベースのミサイル防衛について講義を行った。ジャストローはこの戦略構想を強く支持していた。一人の学部生が質疑応答の時間に、ジャストローに対して反論を述べた。ジャストローは辛抱強く耳を傾けながらも、そうした防衛は実現可能かつ必要だという自説は変えなかった。学部生は、主要大学の科学者が大学二年生と数分間議論しただけで意見を変えたりしないと気づき、肩をすくめてあきらめた。

「まあ、あなたの考えもぼくの考えも、同じくらいいい推測です」

ジャストローは相手の言葉をさえぎって、はっきりと言った。「違う、違う。わたしの推測のほうがきみの推測よりもずっといい」

ジャストロー教授は亡くなり、わたしは彼に問題の日のできごとについて訊く機会はなかった。だがわたしが思うに、彼は、人生の教訓を授けようとしていたのだろう。つまり、大学への入学は教育のゴールではなくスタートであり、誰かの意見を尊重することと、同じ敬意を払うにしても、その人の知識を尊重することは別だということ。最近では、大学生も一般の人々もこの教訓に対して抵抗する。もっとも、本土ミサイル防衛が賢明な政策だったかどうかはいまだに議論が続いている。だがひとつはっきりしているのは、実績のある天体物理学者の推測と、大学二年生の推測が同じくらいいいわけがない。

それは、どこかのアイヴィーリーグの学生が教授に生意気な口をきいた、という以上のことだった。もっと低俗な例をあげると、二〇一三年、ある若い女性がソーシャルメディアに、宿題をする助けを求めた（彼女がどこに住んでいたか、何を学んでいたのかは不明だが、未来の博士と自称していた）。サリンというきわめて毒性の強い化合物について調べることになっていた彼女はツイッター上で不特定多数の人間に対して、子供の面倒を見ながら宿題をしなければいけないので、手伝ってほしいと訴えた。数分後、ダン・カスゼータが手伝いを申しでた。彼はロンドンに本社を置く警備コンサルタント会社の取締役で、化学兵器の第一線の専門家だった。

次に起きたことに、読んでいた大勢の人間が茫然とした（カリフォルニア州の兵器専門家ジェフリー・ルイスは、オンラインでのこのやりとりをキャプチャして公開した）。学生のツイートはこうだった。「サリンガス［ママ］（sarin gas）の化学的性質と理学的性質が見つからない。お願い誰か助けて」。それに対してカスゼータはこう返した。まず、サリンはガスではないこと、サリンの「S」を大文字にする必要があることを彼女に伝えた。後にルイスは皮肉な口調で言った。「ダンの手伝いに、困っていたその学生は安堵のため息をついた」。

実際には、罵り言葉の連発だった。その学生はうぬぼれ全開の、ものすごい勢いで専門家にかみついた。「何よ（罵り言葉）。あんたみたいな無知（罵り言葉）。サリンは液体で気化するんだから……（罵り言葉）黙ってなさいよ」。カスゼータは明らかに驚いて、もう一度話しかけた。「わたしの名前をググってみてくれ。わたしはサリンの専門家だ。手伝いは余計なお世話だったようだな」。やりとりは最後まで上手くいかなかった。

ダートマス大学のうぬぼれた大学生と、激怒したツイッターユーザー、この二人は統計の異常値にあたり、学生とのつきあいのなかでは極端な例だ。だが大学教員は、教室でもソーシャルメディアでも、学生が間違いを正されるのを侮辱と受けとることが以前よりも増えていると報告している。労せずして得た褒め言葉や中身のない成功によって脆い傲慢さを植えつけられた学生は、最初にその妄想を否定した教師や雇用者に食ってかかることになる。この習癖は大人になると直すのは困難だ。

メールじゃだめですか？

今日の大学では、お客さまサービスと専門知の商品扱いは、ささいなことにも表れている。たとえば電子メールの影響だ。学生たちは、直接会ったら普通はしないようなことを、電子メールではいろいろとやりがちだ。

ときどき、週末に一杯飲んだりパーティーで騒いだりした後でメールを書き、「送信」を押してからまずいと気がつくこともあるが、それはさておき、電子メールは間違った親密さを助長し、効果的な教育に必要不可欠な境界線をあいまいにしてしまう。このことは、次章で述べるとおり、電子メディアによる交流の特徴のひとつだが、ここで取りあげる教師と学生のあいだのコミュニケーションの気安さは、とくに大学生活がいかに専門家とその能力への敬意を蝕んでいるかの一例だ。

キャンパスで電子メールの使用が広まったのは一九九〇年代初めだった。一〇年も経たないうちに、教授たちはインスタントなコミュニケーションによってもたらされた変化に気づいていた。二〇〇六年、『ニューヨーク・タイムズ』紙が大学の教員に学生の電子メールについて質問したところ、教員らの不満が明らかになった。「昨今では、学生は（教員が）二四時間連絡がとれると考えており、電子メールが絶え間なく送られてくる……しかもそのメールは打ち解けすぎだったり、まったく不適切だったりする」と、ジョージタウン大学の神学部教授は同紙に答えた。「学生たちの電子メールの口調は、驚きあきれるようなものだ。「わたしはこれが知りたいから、すぐに教えて」など、ときには命令すれすれのなれなれしさだ[11]」。

ソーシャルメディアと同じく電子メールも偉大な平等化装置であり、電子メールのおかげで学生は、教師にメッセージを送ることを、カスタマーサービス係に連絡するのと同じようなものだと平気で考える。これは専門知に対する敬意に直接的な影響を与える。なぜなら質問をする学生とそれに答える教師のあいだの区別をなくしてしまうからだ。『ニューヨーク・タイムズ』紙は次のように書いた。

かつて大学教授は尊敬されることを期待したが、彼らの専門知は今や、学生が消費者として購入するサービスのひとつになってしまったようだ。学生たちは教師を怒らせることを恐れることなく、教授の時間を使い、自分の判断力を疑わせるような質問をすることさえある。

ヴァージニア州にあるウィリアム・アンド・メアリ大学の社会学教授であるキャスリーン・E・ジェンキンズは、授業を欠席した学生から、彼女の授業ノートの写しを要求するメールを受けとったことがあると言った。

こうした教員らの電子メールに関する不満に対して、アマースト大学のある二年生はこのように言った。「教授との連絡方法が、その研究室を訪ねるか、電話しかなかったら、ある種のランク付けや優先順位の整理が必要になりますね。この質問には研究室を訪ねる価値があるのだろうか、といったようなな」。

この発言に対して、教員たちは口を揃えて「まさにそれが肝心なことだ」と言うだろう。大学教授は知的な側仕えでも、二四時間対応のペンパルでもない。学生たちのあらゆる質問をすぐに解決するために存在しているわけではない。カリフォルニア州立大学デイヴィス校のある教授が報告した、バインダーを使うべきかノートを使うべきかといった質問もそうだ。学生が大学で学ぶべきことのひとつが自立だが、「いくつかキーを打ち込むだけで教員に訊けるのに、なぜ自分で調べる必要がある?」という考えなのだ。

教育の目的は学生のこういうところを直すことで、助長することではない。だが教員たちは、失業の恐れを含めたさまざまな理由で、強く主張するのを躊躇する。終身在職権がなかったり非常勤だったりするとその傾向が強い。もちろん、一部の教員が学生を対等に扱っているのは、彼らがほんとうに自分と対等だと思っているからだが、その誤解は教えにも学びにも有害だ。なかには、「学生がわたしから学ぶのと同じくらい、わたしも学生から学んでいる！」という古い決まり文句を唱える教師もいる（この文句を口にする教員仲間には失礼ながら、こう言わざるをえない——もしそれが事実なら、あなたはあまり優れた教師ではない）。

教室における役割の逆転への対策は、教師たちがふたたび自分の権威を確立することだ。そのためには、まず、教育が顧客サービスであるという考えを丸ごとひっくり返す必要がある。教室におけるそんな反革命的な動きは、授業料を重視する大学当局からは歓迎されない。とにかく、お客である学生には不興を買うだろう。

ジョージタウン大学のジェイムズ・シャル神父は何年も前から、政治哲学の第一回目の授業で「学生が教師のためにするべきこと」という文章を配り、学生たちを驚かせている。以下に見本を紹介しよう。

学生は教師に義務を負う。奇妙な説だと思うかもしれないが、そういうことにしよう。

第一の義務は、とくに学期の最初の数週間に関係する。教師に対してほどほどの好感、信頼。この教師はたぶんこの内容をひと通り学んでいるはずで、学生たちとは違って結局どうなるのかもわかっているということを認める気持ちをもつこと。ここでわたしはイデオロギーに染まった教師の危険性を無視することはしたくない。自分の考えを押しつけるような教師だ。だが学生でいることは、ささやかな謙虚さを必要とする。したがって、学生は教師に対して、信頼、従順、努力、思考の義務を負う。(12)

シャル神父が学生にこの文書を読ませるようにしたのは、退職する何年も前のことだった。今の大学で、勉強を頑張ること、自分の才能についてよりよく認識すること、教師を信頼することが必要だと学生たちに言ったら、どんな怒りの声があがることだろうか。今日の教員の多くはシャル神父に賛成でも、学生たちを怒らせるリスクはとれない。なぜならサービス産業に従事している人なら誰でも知っているとおり、お客さまはいつも正しいからだ。

学生たちが、自分たちと教師が知的また社会的に対等であり、自分たちの意見には教授の知識と同じ価値があると考えるのは、それが無邪気でもそうでなくても、彼らのためにはならない。大学も学生たちのそうした誤解を解くどころか、むしろそれを助長し、その結果として若者たちは、自分が実際よりも頭がいいと勘違いすることになる。社会心理学者のデイヴィッド・ダニングは、このように述べている。「無知を知識の欠如だと見る我々の従来の考え方では、教育が自然な解毒剤になると思われた。だが教育は、いかに巧みに行われたとしても、妄想の自信をもたらすおそれがある(13)」。

教育が巧みに行われなかった場合、どれほど厄介なことになるか、想像してみてほしい。

ノーブランド大学

小さなカレッジ——いや、「大学《ユニヴァーシティー》」——の職員がこの章を読んだら、ビジネスがビジネスとしてふるまっていることを不当に厳しく非難していると抗議するかもしれない。結局のところ、高等教育は産業であり、そのなかで企業が競争するのは悪いことではない。しかし学校が保証する商品——教育

——をきちんと提供できていない場合、ビジネスの喩えはあてはまらなくなる。

ゲームは学生が入学願書を書くよりもずっと前に始まっている。大学は知的に負荷の低い講座を中心に、キャンパスライフの向上や学術以外の活動に力を入れ、箔をつけ、ブランド力を高めようとしている。前に「総合大学」の増加について言及したが、たまたまそう見聞きしただけではない。それは実際に起きている事象で、一九九〇年代から続いている。現在の高等教育の病弊と関わる多くのことと同じで、この変化をもたらした原動力は金とステイタスだ。

小規模校が総合大学になるのは、学生に、自分が学費を払っているのは上位層の学校——つまり地元のカレッジではなく、地方もしくは全国的な「総合大学」——だとアピールするためだ。[14] 州のカレッジやコミュニティー・カレッジは、これから大学に進学する高校生には、四年制の総合大学とくらべてステイタスの低い教育機関だと見なされる。したがってそうした小規模校の多くが、他と差別化を図ろうとして、「総合大学」にリブランドする。

この改名ゲームのもっとつまらない動機は、小さなカレッジに大学院課程を新設することで、新たな資金を呼び込もうということだ。資金獲得の競争と、大学院課程の急増の影響で、新しい「総合大学」は学位授与の軍拡競争に駆りたてられる。MBAのような職業学位の大学院を加えるだけではなく、大学院課程のコースワークを増やすことで学部課程を膨張させている。

一部の新しい総合大学は、他も同じことをしているというプレッシャーに直面してステップアップし、博士課程を設置している。こうした小規模校はすでに確立された分野の博士課程をサポートすることはできないので、よくわからない学際的な分野をつくりあげ、新たな資格をつくりだす。その結果、学位にふさわしい知識レベルのしるしにはならない学位が生産される。

こうしたことすべては、高等教育機関の過誤といっても過言ではない。まともな学部課程を提供するのがやっとのカレッジが大学院課程をつくるのは、大学院生も学部生もだますことになる。小さなカレッジには、大きな総合大学にはある図書館、研究施設、多彩な専攻プログラムといったリソースがない。校門の看板を書きなおすだけで、そうした学術的インフラが魔法で出てくるわけではない。スモールヴィル・カレッジを、ジェネリック・ユニヴァーシティーに改名すれば、レター用紙は格好よくなるかもしれないが、それは実用的な地元のカレッジを、無理やり中途半端な総合大学に変えるということだ。

こうした大学のリブランディングによって、中等以上の教育の学位の価値が薄められる。誰もが大学に行くようになり、「大学卒業生」のほんとうの学業成績や専門知を測るのがはるかに難しくなった。価値にばらつきのある学位、修了証書、その他の証書が多すぎる。相手を誤解させたい人は、自分は大学院を卒業しているから真剣に扱われるべきだと言う。その人が院卒だというのが嘘だとわかるよりもがっかりする唯一のことは、その人がほんとうに院卒だと知ることだ。

学生たちはたぶん、自分の専門の勉強は、わたしがここで評価するよりも大変だと反発するだろう。ひょっとしたらそのとおりかもしれないが、専門にもよる。ＳＴＥＭ（科学・技術・工学・数学）、難しい外国語、厳しい人文科学の学位は、コミュニケーションや視覚芸術や――わたしの口からは言いにくいが――政治学とは違う。どのキャンパスにも「とりあえず学部」があり、何をしたらいいかわからない学生がそれを選ぶ。その一部は、おのれの能力の限界を悟った学生にとって、より困難な課程からの出口になる。

誤解を避けるために、いくつかはっきりさせておこう。まず、わたしも含めて高等教育に携わる者にとっては常識だが、最高の大学にも、学生が学期中酸素を吸って二酸化炭素を吐きだしているだけで単位をとれる「楽勝」科目がある。大学教授がそれを認めるのかと驚かれるかもしれないが、楽で愉しい科目は何も悪いことではない。少なくともその一部は必要だとわたしは思っている。学生が何かのテーマを試したり、愉しく学んだりして単位をもらえる科目もあるべきだろう。

問題なのは、すべての科目が「楽勝」科目のようになることだ。自然科学にも、人文科学にも、社会科学にも楽勝科目は存在するが、わたしの主観的意見では、その数は増えつづけている。どの分野も無縁ではなく、全国の多くの課程紹介――それにそれらの課程でつけられた成績をまとめた資料――を調べると、かつては教授個人の散発的な問題だったものが、今では学部全体に見られるようになっている。また、大学をSTEM学部にスリム化し、申し訳程度に文学部と史学部を置いておけばいいと言っているわけでもないという点もはっきり言っておく。わたしはそうした議論は嘆かわしいことだと思っているし、リベラルアーツに対する攻撃にはずっと反対している。リベラルアーツをけなす人々は、実際には、大学を職業訓練校にしろと主張していることが多い。たいてい、美術史が不当に攻撃されるが、美術史専攻の学生たちが卒業後かなり高給のキャリアに進むことはあまり知られていない。いずれにせよ、美術史、さらに言えば映画研究、哲学、社会学などの専攻がない文明に、わたしは住みたいとは思わない。

問題はそうした専攻の学生たちが実際に何かを学んでいるのか、三番手の大学でそうした専攻をとる学生がそんなにたくさん必要なのか――税金の補助を受けていることを考えても――という点だ。現実に、そもそも存在するべきではなかったり、真剣に厳格に学ぶ気のある少数の学生だけに限られるべきだったりする専攻に引きよせられて、金を無駄にしている学生がたくさんいる。これも、教員が声に出して言うべきではないことのひとつであり、腹を立てた親や希望にあふれた学生にとっては、根拠のないエリート主義に聞こえるだろう。

たしかにエリート主義かもしれないが、根拠がないわけではない。多くの小規模カレッジはかつて、「教員のカレッジ」と呼ばれており、その目的を立派に果たしていた。英文学部と史学部は英文学教師と歴史教師を養成するという完璧に有益な役割を果たしていた。しかし昨今では、そうした小さな「総合大学」は、文化人類学や科学哲学の専攻を提供している。卒業生たちがスタンフォード大学やシカゴ大学の大学院に進学するとでも言うのか。こうした専攻は、それを教える一握りの教員の関心に沿って設置されることや、大学案内を厚くして、知的にしっかりしていると入学希望者に思わせるために設置されることもある。

個人の夢をかなえることや自分の好きなことをするのは悪いことではない——その余裕があれば。小さなカレッジに興味を引かれる歴史の科目があったら、もちろんとったほうがいい。すばらしくおもしろいかもしれない。だが、自分の学校は他の学校と比較してどのような立場なのか、その専攻課程にどのような学術リソースを提供できるのか、その専攻課程の卒業生の進路はどうなっているのかをあまり考えずに専攻を選ぶ学生は、(最終的に卒業したときに)自分が思っていたよりも少ない知識しか得られないままキャンパスを離れることになるリスクをおかしている。これが、自分が受けた教育の質について大きな誤解をしている人々との不必要な議論の根底にある問題だ。

リブランドした総合大学が、自校の科目や学位課程を、有名校とほぼ同等であるかのように提示するのは、それを検討する学生たちを誤解させるだけでなく、のちの学びを阻害することになる。大学によって学位課程の質に差があることは、ある種の怒りにつながるおそれがある。あなたとわたしが歴史の学位をもっていたとして、ロシア革命に関するあなたの見解のほうがわたしの見解よりも優れている理由は？　あなたが学位を取得したのはトップランクの学部で、わたしが学位を取得したのは、教師が一人しかいないような小規模学部だという違いが重要なのか？　もしわたしが映画学を学んだのが地元のカレッジで、あなたが学んだのが南カリフォルニア大学だったとして、あなたのほうがわたしよりも知識があるというのか？　同じ学位だろう？

このように、大学間の差やその学位の違いの比較や議論はすぐに人を怒らせる。トップ校に入学してそこで学位を取得した学生は、無名の「公立」大学の同じ専攻と無神経に比較され、一緒くたにされることに腹を立てる（大学がどこでも同じと言うのなら、なぜ入るのが難しい大学とそうでもない大学があるのか?）。一方で、同じ学位を取得するために休みなく勉強した学生は、立派な大学以外の学位は劣ると見なされることに憤りを感じるだろう（アイヴィーリーグ以外は全部クズだと言うなら、なぜその他の学位課程も正式認可されているんだ?）。

こういうのは、社会で他人を出し抜こうとするのと大差ないつまらない議論だ。ろくでもない学生はいい学校に行ってもろくでもない学生のままだし、小規模校の勤勉な学生は、有名な大学名がなくても聡明なことに変わりはない。だが、過労気味の非常勤講師が教える地元のカレッジで学ぶのと、実績のある学者が教える総合大学で学ぶのはだいぶ違うという事実は残る。これは真実かもしれないが、そう口に出すとすぐに学歴主義だという怒りの声があがり、誰もが腹を立てて議論は物別れに終わる。

そうした比較は愉快なものではないが、専門知と関連する知識を選り分けるためには大事なことだ。すばらしい大学が完全なぼんくらを卒業させることもある。しかし自称総合大学は、マーケティング、資金、教員のエゴなど数々の間違った理由から、自分のランクよりも上で戦おうとしている。そのため結局、学生にも社会にも迷惑をかけている。同じものを学ぶことでそのテーマについて議論をする共通言語は身につくかもしれないが、それで自動的に同等の学識が身につくわけではない。

カレッジと総合大学はさらに、成績インフレによって学生におのれの力量を買いかぶらせている。勉学が大学生活の愉しみのじゃまをしないように基準を崩壊させることで、学生はよろこび、教員は学生を落第させるおそれがなくなって安心する。ブルームバーグのマカードルはこのことについて、以下のように書いている。このような、大学に通うことがお客に与える不愉快な影響を減らそうとする努力は、教室の席が、競争によって獲得された特権ではなく商品である場合、驚くにはあたらない。

その影響は、大学が学生を獲得しようとしてつくった緩やかな流れの川やロッククライミング用の壁やますます豪華になる学生寮によく表れている。だがそのような変化は、勉強とは関係のない施設だけには限らない。教授たちは、自分の勉学への意欲のことは棚にあげてよい成績を求める学生たちの臆面もない要求の仕方に驚いている。しかしそれは、学生たちが自分たちを消費者として、教育を信用証明ではなく商品として見るようになったら当然のことだ。

『ワシントン・ポスト』紙の記者キャサリン・ランペルが述べているように、大学は今や、「学生が高い授業料を払い、その見返りにより多くのもの――よりよいサービス、すばらしい施設、よりよい成績――を期待する商取引になった」[15]。ほんの数十年前とくらべても、学生に求められることは減っている。宿題は少なくなり、学期は三学期制、四学期制と短くなり、技術革新によって大学に行くのは大変ではなく愉しいことになった。大学がビジネスなら、お客を落第させることはできない。

大学でロッククライミングやカヤッキングばかりしているわけではなくとも、成績インフレによって成績が重視されなくなる方向に向かっているということには疑問の余地がない。二〇一一年のシカゴ大学の調査によれば、「今日のカレッジや総合大学で申し分のない成績を残すのには、それほど大きな努力は必要ない」。

> 大学生の四五パーセントは、前学期に、二〇ページ以上の作文を課す科目はひとつもなかったと答えた。三二パーセントは、一週間に四〇ページの読書を課した科目がひとつもなかった。当然のことながら、今の学生の多くは、大学のその他の活動に時間を注ぎ込んでいる。[16]

「その他の活動」のなかにはすばらしく有意義なもののもある。その他多くは、親はきっと知らないほうがいい種類のものだ。

専門知の死に関して言えば、勉強量が減り、いい成績をとるのが楽になった影響は明らかだろう。高いＧＰＡ〔成績評価値〕がそれに対応する教育レベルや知的業績を示すものではなくなっている（重ねて言うが、わたしはここである種の学位は除外して、現在のアメリカで主流の専攻について論じている）。「わたしはオールAの学生だった」という言葉は、一九六〇年、それどころか一九八〇年とくらべても、同じ意味をもたない。二〇〇のカレッジおよび大学の成績を二〇〇九年までの期間で調べたところ、「A」はもっとも多くつけられる成績であり、一九六〇年とくらべて三〇パーセント、一九八八年とくらべて一〇パーセント以上増加している。「A」と「B」を合わせると、全科目の全員の成績の八〇パーセント以上を占めており、その傾向はいまだ衰えを知らない。(17)

言い換えれば、今の学生は誰でも平均以上ということだ。たとえば二〇一二年にハーヴァード大学でもっとも多く与えられた成績はオールAだ。イェール大学では、全成績の六〇パーセント以上が「A」または「Aマイナス（A-）」だった。そういうことは、何かのクラスでときどきあるが、いくら優秀な学生ばかりだとしても、通常の成績分布では、大学全体でそんなことになるのはほぼありえない。

この事実を突きつけられた大学はどこも、他の大学のせいだと主張する。もちろん問題は、どの大学も、どの課程も、単独で成績インフレに立ち向かうことは不可能だということだ。そんなことをすれば自分のところの学生に損害を与えてしまう。ある大学が最初に成績を引き下げれば、学生たちは他の大学の学生とくらべて能力が劣るように見えてしまう。つまり、ランペルが的確に指摘したとおり、デフォルトの成績は「及第点のC」から「及第点のA」になり、優れた成績の褒美としてではなく、科目を修了した権利として与えられる。

プリンストン大学、ウェルズリー大学、ハーヴァード大学などの大学は、成績インフレの問題を調査する委員会を設置した。プリンストンは二〇〇四年、教員が「A」をつける数を制限しようとしたが、その実験は一〇年もしないうちに教員たちによって押し戻された。ウェルズリーでは、人文学系の諸学部が科目の成績の平均を最高で「Bプラス（B+）」に抑えようとしたところ、その科目は受講生が二〇パーセント減少し、この措置に参加した学部を専攻する学生は三分の二になった。

経験豊かな教育者たちは以前からこの問題に取り組んでいる。わたしもその一人だが、仲間の教員と同じく、解決策は見つかっていない。成績インフレのもっとも重要なふたつの事実は、それが実際に起きていること、そしてそれが学生におのれの能力について根拠のない自信を与えていることだ。高等教育機関はどこでも、本質的には成績の談合であるこの問題の共犯である。学校にそんなふうにさせているのは、大学を愉しいところにして、企業に好まれる学生を育て、教員たちが学生の怒りを買わないように守るという市場圧力と、教育における自尊心の役割についての無責任な考えだ。

評価はお手柔らかに

もうひとつ、学生がお客だという考えを強化しているのは、学生がまるで教員と対等であるかのように、学生による教員評価が推奨されていることだ。学生による授業の評価は、一九六〇年代の「今日性」と学生参加を求める運動から生まれた。今も行われており、教育を含めてあらゆるビジネスが「評価基準」で頭をいっぱいにしている時代、教員評価はこれまで以上に利用または誤用されている。

実際わたしは、教員評価の一定の限定的利用には賛成だ。うぬぼれを承知で言わせてもらえれば、わたしは教員を始めた当初から教員評価でかなりよい評価を受けており——海軍大学校でもハーヴァード・エクステンション・スクールでも教員賞をもらったことがある――つまり教員評価に対して個人的な恨みはない。また以前学校職員をしていたときには、学部を監督する職務の一環として他教員の評価を検討したこともある。あらゆるレベルの学生の書いた教員評価数千件に目を通したが、適切に扱われればやる価値はあると思う。それでも、学生たちが、まるで映画を評価したり靴についてコメントしたりするように、プロの教員を評価する現在の教員評価は、制御不可能になっている。

評価はたいてい、大部分の教員は有能で学生は大部分の科目に満足しているというグレーゾーンに落ち着く。評価がもっとも役に立つのはトレンドを見つけることだ。数年分の評価を精査することで、もっとも優れた教師やもっとも劣った教師がわかる。読み手がそうした評価の読み方に熟練している人間の場合はとくにそうだ（たとえば「あの教員はつまらない」という評価は、「生徒を楽しませようとせず、本を読む宿題を出す」という意味のことが多い）。わたしは自分の科目について、何が上手くいって、何が上手くいかなかったのか、たとえば課題の本を今後も使うべきかどうか、ある学期は上手くいったという自分の判断が学生の評価と同じかどうか、などを知るのに教員評価を利用した。

それでも、学生に自分が受ける教育に満足しているかどうかを質問する制度はどこか間違っている。大学はレストランではない（教員評価を読んでいて、イエルプ〔レストランなどローカルビジネスの口コミサイト〕のレビューのようだと感じることがある。「基本統計学の科目は少し冷めていたが内容はたっぷりだった。わたしの連れはもう少し軽めで、ちょっぴり香辛料風味のついた世界宗教を選んだ」）。教員を評価するという経験は、一般の人々が、明らかに対象のテーマについての知識で劣っているにもかかわらず、専門家を審査する習慣をつくりだす。

また教員評価は、過敏な指標である椅子の座り心地や科目の時間帯といった、ささいな、どうでもよいことに影響される。一部は無視する必要がある。また変な評価もあり、教員たちは自分の受けた最低の評価や奇妙な評価を互いに披露し合う。わたしの同僚の一人は、イギリスの海軍史について詳しい講義を行った。ある軍人の学生の評価は、「教員はシャツにアイロンをかける必要がある」というものだった。またわたしが知るトップクラスの歴史学者は教員評価でよく低身長を馬鹿にされている。わたしは一度、学部生から、教員としてはすばらしいが体重を減らしたほうがいいと書かれたことがある(たしかにそうだった)。またわたしのことをひどく嫌っていた学生は、教員評価にわたしのために祈ると書いた。

このように笑えるものもあるが、教員評価は学生に、自分が教師の能力の審判者であると思わせてしまう。教育に大切なのはお客を満足させるものだという環境で大学が教員評価に頼ることで、立場が弱かったり不安定だったりする教員が、学生に好感をもたれて次の学期も科目が(そして教員の契約も)継続するように、音楽に合わせて踊る熊のようにならざるをえない。こうして学生への迎合と、成績インフレの悪循環が生まれ、維持される。

学生は教育の観察者や情報を詰め込む容器である以上に、自分の教育に深く関わるべきだ。参加と討論は大学の活力の源であり、大学教授の考えや教える能力を批判してはいけないというわけではない。だが教育の産業モデルは、大学を商取引の場にしてしまった。学生はクリティカルシンキング(批判的思考)をする人間ではなく、うるさい消費者になっている。その専門知に対する波及効果と、確立された知識への攻撃の煽りは、大学の目的そのものにそぐわない。

大学は安全な場所《セーフスペース》ではない

若者たちはメディアやポップカルチャーで描かれているほど、またついでに言えば我々が考えているほど、無責任ではない。我々は青春コメディー映画を笑い、自分たちが学生だったころの無責任なふるまいを懐かしく思いだして、若者には自分のようになってはいけないと厳しく言いきかせる。学生の運動の訴えていることが好ましいと思えば拍手を送り、訴えていることが気に入らなければ非難する。大人というものは、下の世代の辛辣な批評家になりがちだ。

とはいえ、そういうことは、大学がキャンパスをサーカスにしてしまってもいいという言い訳にはならない。アメリカの反知性主義が大学のキャンパスに入り込むのは避けられないだろうが、それに降参する理由はない。そしてまさに最近のアメリカ国内のキャンパスは、その知的権限を、学生たちにだけでなく、学術コミュニティーが護るべき自由な学究の伝統を直接攻撃する活動家たちにまで譲り渡しつつある。

わたしは自由な学究への攻撃だと見なすものについては強固な意見をもっているが、ここでそれらを吹聴することはしない。カレッジや総合大学がポリティカルコレクトネスの安全地帯と化して、学生や教職員の一部のイデオローグが押しつける厳しいおきてによって学問の自由が抑圧されていることについては、たくさんの本や記事が書かれている。ここでそれをくり返す意味はない。

しかしながら、専門知の死に関して言えば「セーフスペース〔大学キャンパス内などに設けられる、偏見・対立・批判および脅迫的な行動・考え・会話にさらされるおそれのない場所〕」やスピーチコードなどの現在のキャンパスの流行が、クリティカルシンキング（批判的思考）を行う人間を育てる大学の力を減じている状況について考えるのは重要なことだ（念のために言っておくが、「批判的思考」は「執拗な批判」とは違う）。若者たちが大学をウインドーショッピングすることで、教育以外の理由で大学を評価するようになったように、大学は若い活動家に配慮することによって、学生の仕事は教授にものを教えることだ（その反対ではなく）と彼らに思わせている。

あまりにも多くの実例があるので、どこかの大学の特定の方針や特定の論争を指摘するのは不公平のような気がする。これはアメリカの大学によく見られる問題で、そのときによって勢いは違うが、一九六〇年代初めから何度もくり返し再燃している。だが今、教養のある市民を育てるという大学の役目を考えるうえでとくに心配になるのが、過保護で束縛するような大学の環境が学生を子供扱いして、合理的で情報に通じた議論をする力を失わせてしまっているのではないかということだ。合理性や事実よりも気持ちのほうが大事だということになれば、教育はおしまいだ。感情は専門知に対する反論不可能な抗弁、怒りと憤りの堀であり理性と知識はすぐに溺れてしまう。感情が他のすべてを負かすということを学んだ若者は、その教訓を一生もちつづける。

大学は本来、教養のある人間たちが何が真実で何が虚偽かを見極める平穏な場所で、どんな結論になるかにかかわらず、学術研究のモデルに倣うことを学ぶ場所のはずだ。ところが多くの大学は、自分たちの気持ちを何よりも優先するようにと要求する学生たちの言いなりになっている。学生たちは自分たちがその要求をする権利があると信じ込んでいる。なぜなら彼らはこれまで、自分の考えはすべて表現してよく、気持ちはすべて大切にされる癒しの文化のなかで生きてきたからだ。

それでも学生活動は大学生活にはつきものだ。青年は情熱的であるのが普通で、それは一〇代や二〇代前半では当然だ。わたしは、教養人が優れた教養に基づいて有権者のリーダーになるべきだという古風な考えの持ち主なので、将来の有権者がディベートや討議で自分の政治的論法を鍛えているのを好ましいと思う。

だが残念なことに、最近の学生活動は、半世紀前の学生活動へと退行している。不寛容、教条主義、さらには脅迫や暴力などがその特徴だ。皮肉な（そしてもしかしたら悲劇的な）ことに、学生たちはますますささいなことに極端な言葉や要求を動員しているように見える。たしかにベビーブーマーたちは一九六七年にキャンパスをぶち壊していたと言えるが、徴兵されてアジアのジャングルに送られる若者たちがそうした問題について感情的になるのはもっともなことだった。一九六〇年代前半まで法律上完全な権利をもつ市民ではなかったマイノリティーグループの学生たちが、結果として起こした暴力は弁解できなくとも、デモの他にめぼしい選択肢はないと思ったとしても無理はない。

一方、現在の学生たちは、公民権運動や戦場に送られることとはとうてい同じ部類には入れられないような、想像上の無礼に怒りを爆発させる。学生たちはモグラ塚からじつに雄大なエベレストをつくりだし、冗談や悪ふざけに過剰反応してヒステリーに陥る。そのなかで学生たちは、感情と声の大きさで理性と実質を負かせるということを学び、自分の周りに、未来の教師も専門家も知識人もけっして突破することのできない砦を築いている。

たとえば二〇一五年、イエール大学で、夫とともに寮監を務めていた妻が軽率にもマイノリティーの学生たちに向かって、侮辱的だと感じるハロウィーンの衣裳があっても気にしないようにと伝えた。これはキャンパス全体を激昂させ、大学教授たちが学生たちに大声で怒鳴りつけられる事態にまで発展した。「寮監を務めるあなたの仕事は」ある学生は教授にかみつくようにして言った。「学生に居心地のいいわが家をつくることです……それをわかっているんですか?」

その教授は穏やかに言った。「いや、わたしはそれには同意できない」。すると学生たちはこう言い放った。

それならなぜ、(罵り言葉)その仕事を引き受けたんですか!? どこの(罵り言葉)誰があなたにその仕事を任せたんです!? 辞めるべきだ! あなたが寮監をそんなふうに考えているのなら、辞めるべきです! **大事なのは知的な空間をつくるということではない! 違う! わかりますか? 大事なのはここをわが家にすることです。**あなたはそれを怠っている!(18)[強調は筆者による]

イェール大学は、学内における議論の規範に違反した学生を罰することもなく、騒ぎを起こした者たちに謝罪した。寮監は結局、住み込みの職を辞し、教員は続けた。彼の妻は教員を辞職し、大学で教えることを辞めてしまった。

この事件で、よその教員たちがはっきり思い知った教訓がある。トップ大学のキャンパスは知的な探究の場ではない。贅沢な住居であり、四年から六年間、一年に九カ月間、まるで植民地時代の大邸宅の主が不器用なメイドを叱るように大学教授を怒鳴りつける権利が自分たちにはあると思っているエリートの子弟に賃貸される。

イェール大学の騒ぎの一カ月後、今度はミズーリ大学で、バスルームの壁に排泄物で鉤十字が書かれたという子供じみた事件をきっかけにデモが激化した。それを洗い落とす以外に、ミズーリ最大の公立大学が何をするべきだったのかはよくわからないが、とにかくキャンパスはひどい騒ぎになった。「組織的な迫害が何か、あなたは知っているのか⁉」ある学生は学長を怒鳴りつけ、「ググってみろ！」とわめいた。大学新聞の学生記者たちはハラスメントや脅迫を受けた。皮肉なことに、ジャーナリズム学部の協力教員から受けたというケースもあった。大げさな騒ぎが続き、数日後に学長は辞職した（デモの後で授業を休講にすることを拒否した分校の学長と教授一名もそれに続いた）。

だが、ミズーリ大学はイェール大学ではない。そのサービスに対してほぼ変動しない需要があるわけではない。デモと辞職の後、すぐに出願者数も寄付金も減った。[19] 数カ月後、ある学生に立ち向かったジャーナリズム学部の非常勤講師は解雇された。事態が落ち着いたとき、大学は教員、管理職員、出願者、寄付金を減らした。それはすべて、有名な公立大学において、一部の学生が少数の教員に後押しされて教師と生徒の役割を逆転させたことの結果だ。

興味深いことに、こうした事件はリベラルと保守派の知識人を団結させる。イギリス人学者のリチャード・ドーキンスは、その宗教観から保守派には災いの元と見なされている人物だが、アメリカ人学生たちが要求する、「トリガーとなる」政治的表現はいかなるものでも一切なくした「安全な場所《セーフスペース》」という考えに対して困惑を表明した。ドーキンスは歯に衣着せず、ツイッターに以下のように書いた。「大学は「安全な場所」ではない。もし安全な場所が欲しかったら、大学を辞めて家に帰り、大学に行く準備ができるまで、テディベアを抱っこして親指をしゃぶっていればいい」。

同様に、イェール大学とミズーリ大学の事件を受けて、月刊総合雑誌『アトランティック』の記者、コナー・フリーダースドーフはこう述べた。「イェール大学で起きたことは、そこに留まらない」。そして未来のエリートたちは表現の自由ではなく単なる不寛容を心に内在させているとも。「この学生たちが気の毒だ」と、フリーダースドーフは後で書いている（わたしはそう思わない。フリーダースドーフはわたしより思いやりがある）。「だがハロウィーンの衣裳についての電子メールのせいで授業に出られなかったり神経が参ってしまったりするなら、彼らはメンタルヘルスのプロの助けを必要としているか、何に痛みを感じるべきかについて、自己を衰弱させる観念的な考えをどこかで身につけ、そのせいで嘆かわしいほどおかしくなっているかのどちらかだ」[20]。

リバタリアンのコラムニストであり、テネシー大学法学部教授でもあるグレン・レイノルズは、より劇的な解決策を示唆している。

有権者には、大人の政治議論に参加する能力が求められる。反対意見に耳を傾けたり——そしてこのコラムでわたしがしているように——新たな証拠を得て自分の意見を変えたりすることが必要だ。我々は投票権を得る年齢を二五歳に引き上げるべきなのだろう。その年齢になれば、ある程度の成熟が始まるはずだし、そうなることを心底願わずにはいられない。大学生を子供扱いするのは不本意だ。だが甘やかされた子供に統治されることは容認できない[21]。

レイノルズ教授の提案を受けて憲法改正が行われることはないだろうが、他の識者と同様に彼も、大学生たちは学校を支配しようとすると同時に子供として扱われることを求めているというおかしな逆説を指摘している。

この問題をどう解決すべきか、とくに大学入学前の学生をどうすればいいのか、わたしにはよくわからない。わたしは多くの大学教授と同様に——だといいのだが——学生を明確な基準で評価している。彼らが、自分の考えを形成し、それを論証する方法を学ぶように期待している。科目の成績は、彼らの政治的見解ではなく、わたしが試験で出した問題への答えやレポートの出来によってつける。学生には、敬意をもって他の学生と接し、感情過多や個人攻撃に陥ることなく他の人々の考えや意見を聞くように求めている。

だが学生がクラスを去るとき、わたしは彼らの議論をずっと管理することはできないという思いに悩まされる。彼らが他の人々の意見を聞こうとしなかったり、事実を認めるのを拒否したり、善意の助言を非難したり、真実ではなく自分の気持ちを受け入れるように要求したりしても、それをとめられない。大学の四年間に大学当局や教授に対して敬意を欠いていた学生たちが、同胞の市民に対して敬意を払うとは思えない。大学を卒業した人々がアメリカ社会における理性に基づいたディベートや議論を主導することができないとするなら、我々はどんな専門家にも直せない深刻な事態に陥っているということだ。

第4章　ちょっとググってみますね——無制限の情報が我々を愚かにする

今やわたしの頭はネットが配給する方法で情報を受けとる。つまり高速に動く粒子のストリームとして。かつてわたしは言葉の海のスキューバダイバーだった。今はまるでジェットスキーに乗っているように表面を滑走している。

ニコラス・カー

インターネットは我々全員をより賢くすることもできたが、実際には我々をより愚かにした。なぜならネットは関心のある人々を引きつける磁石であると同時に、だまされやすい人々の落とし穴でもあるからだ。ネットは誰でもすぐに専門家にする。学位をもっているって？　わたしにはグーグル検索があるよ！

フランク・ブルーニ

インターネットに載っていることを全部信じてはならない。とくに有名人の言葉の引用はだめだ。

エイブラハム・リンカーン（たぶん）

スタージョンの法則の復活

専門知の死についてプロや専門家に質問すると、ほとんどの人がすぐにその犯人を指摘する。インターネットだ。どの分野でもかつては専門家に質問しなければならなかったようなことが、ブラウザの検索窓に言葉を入れるだけで、数秒で答えが手に入る。自分で情報を入手できるのだから、自分より教養と経験のある人間に頼ったり、もっと面倒なことに彼らに会う予約をとったりする必要はない。

胸が痛い？　コンピュータに訊いてみればいい。「なぜ胸が痛むのか？」と検索すれば、〇・五二秒で一一〇〇万件の結果が出る（少なくともわたしが使った検索エンジンではそうだった）。コンピュータの画面に情報が次々と現れ、国立衛生研究所から正統性の疑わしい組織までさまざまな情報源からの役立つアドバイスがある。一部には、具合の悪い人に段階的に情報を教えて、診断までしてくれるサイトもある。かかりつけの医師は意見が異なるかもしれないが、その医師には、一秒未満で質問に答えてくれる画面と議論するほどの知識があるのだろうか。

実際、議論なんてする必要はない。情報化時代の今、解決できない議論なんてものはない。誰でも、アレクサンドリアの図書館にあったよりも多くの情報が詰まったスマートフォンやタブレットを持ち歩いているのだから。本書の冒頭でわたしは、古いテレビドラマ『チアーズ』に登場するクリフ・クラヴィンについて述べた。彼は行きつけのボストンのパブで、他の常連客たちにありとあらゆることについて知ったかぶりをする。しかし現在では、クリフのような人間は存在できない。彼が「これは周知の事実だが」と言ったとたんに、バーの他の客たちはスマートフォンを取りだしてクリスの知識が合っているかどうかを確かめる（または間違っていると証明する）だろう。

言い換えれば、テクノロジーは我々全員をクリフ・クラヴィンにした。それが問題なのだ。

しかしながら、腹を立てた専門家たちの考えに反して、インターネットは専門知に対する最大の脅威ではない。インターネットは、あたかも深い知識への近道のようなものを提供することによって、専門家と一般の人々のあいだのコミュニケーションの崩壊を加速した。人々はネットが無制限に供給する事実によってもたらされる専門知の錯覚にひたることで、知的に何かを成しとげた気になる。

専門家はわかっているが、事実は知識や能力と同じではない。しかもインターネットでは、「事実」は事実でさえない。確立された知識に対する攻撃の応酬において、インターネットは火力支援のようなものだ。絶え間ない、切れ切れの知識の無差別投下。それが専門家にも一般の人々にも降りそそぎ、他の音をかき消して、理性的な議論をしようとする試みを吹きとばす。

インターネットのユーザーがネット上で行う議論に関する法則や表現のなかにはおもしろいものがたくさんある。どんな議論でもナチドイツが引き合いに出される傾向があることから、「インターネット上での議論が長引けば長引くほど、ヒトラーやナチを引き合いに出すことが多くなる」という「ゴドウィンの法則」が生まれた。関連するものに、「ヒトラーに帰す方法」〔ヒトラーも同じ意見だったと言って相手の意見を論駁しようとする詭弁〕がある。「ポマーの法則」によれば、「インターネットが人の意見を変えるのは、何も意見をもたない人に間違った意見をもたせるときだけ」となっている。他にもたくさんあるが、わたしが気に入っているのは、「インターネット上の記事の間違いを訂正するコメントには、少なくともひとつ以上間違いが含まれている」という「スキットの法則」だ。

だが専門知の死に関連して心に留めておくべき法則は、パソコンの誕生以前に、伝説的なＳＦ作家シオドア・スタージョンが提唱した「スタージョンの法則」だ。一九五〇年代初め、教養を鼻にかけた批評家が、大衆文学、とくにアメリカのＳＦの質を嘲笑した。ＳＦやファンタジーは文学のスラム街だとして、ほとんど全部くだらないと馬鹿にした。スタージョンは腹を立て、批評家たちがハードルを高く設定しすぎていると反論した。ほとんどの分野のほとんどのものは、当時高尚と見られていた文学も含めて質が劣っていると。「あらゆるものの九〇パーセントはクズだ」とスタージョンは言った。

インターネットに関しては、スタージョンの法則の九〇パーセントは少なすぎるかもしれない。インターネットの規模と情報量、また意味のある知識と不規則雑音を分けることが不可能だという点を考えれば、良質の情報は常に、お粗末なデータや奇妙な回り道に圧倒されてしまうことになる。さらにまずいのは、どこかのグループや団体がその状況を何とかしようとしても、とても追いつかないということだ。一九九四年、ネット上にあったウェブサイトの数は三〇〇〇以下だった。二〇一四年には、それが一〇億以上に増えている。[1] そのほとんどは検索可能で、質はともかく、数秒で画面に現れる。

いいニュースは、スタージョンの法則が当てはまり、その九〇パーセントがクズだとしても、かなり質のいいウェブサイトが一億は存在するということだ。そのなかには世界中の報道機関（その多くが現在では紙媒体より電子媒体で読まれている）、シンクタンク、大学、研究所、重要な科学者、文化人、政治家のウェブサイトが含まれる。悪いニュースは、当然、そうしたウェブサイトを探しだすのには、無邪気なおばあちゃんからＩＳの殺人犯まであらゆる人間がアップした、役立たずだったりくだらなかったりする情報の猛吹雪のなかをさまよわなければならないということだ。インターネットでは、世界でもっとも頭のいい人々が大きな存在感を示している。しかし、その一クリック先、またはハイパーリンク先には、世界でもっとも愚かな人々が存在する。

インターネット上に無数に存在する、たわごとの詰まったゴミ箱のようなウェブサイトは、スタージョンの法則の悪夢だ。テレビで数十のニュースチャンネルのなかからどれかを選ぶのに苦労していた人々が、今では費用を払える人間なら誰でもつくれる無数のウェブサイトの選択に直面している。インターネットが我々の生活を変える偉大な成果であることは疑いがない。かつてなかったほど多くの人々が、情報への——そして人々どうしを結ぶ——より大きなアクセスを手に入れた。しかしそれには負の側面もあり、人々の情報収集の仕方や専門家への反応に重要で奥深い影響を及ぼしている。

もっとも目につく問題は、ネット上には何を載せてもいいという自由が、公共の広場を間違った情報や生半可な思考でいっぱいにしてしまっているということだ。インターネットには一〇億の花が咲いているが、どこかのブロガーの無益な考えや変人の陰謀論から、グループや政府による手の込んだ偽情報まで、そのほとんどは悪臭を放っている。ネット上にある間違った情報の一部は、悪気のない人々のずさんさが原因だが、なかには欲や純粋な悪意からわざと間違った内容にしている情報もある。それらの情報を、メディアはコメントすることも編集することもなく、同じ速さでディスプレーに映しだす。インターネットは器であり、審判ではない。

もちろんこれは、活版印刷機の基本的なパラドックスの最新版に他ならない。著述家のニコラス・カーが指摘しているように、一五世紀にグーテンベルクが活版印刷術を発明したとき、初期の人文主義者たちは、「印刷された書物や大判紙は宗教的権威を傷つけ、学者や写字生の仕事を貶め、煽動や放蕩を

広める」と主張して、「揃って歯ぎしり」した。(2)

中世の懐疑派は完全に間違っていたというわけではない。活版印刷機は聖書を量産するのに使われ、人々に書物を読むことを教え、やがてリテラシーを高めて人々の自由を大きく推進した。もちろん、一方では『シオン賢者の議定書』のようなとんでもない本を広めて、人々に嘘と事実を混同させ、人々の自由を抑圧する全体主義のプロパガンダの誕生につながった。インターネットはいわば、光ファイバーの速さで動く印刷機だ。

インターネットはおびただしい誤った情報を流すだけでなく、一般の人々と専門家のどちらもがこの悪いデータの荒れ地を進むのに役立つ基本的リサーチ力を弱めている。学者のコミュニティーに所属する人間として、こんなことを言うのは変かもしれないが、インターネットへのアクセスのおかげで、物書きとしてのわたしの仕事はかなり楽になっている。一九八〇年代、わたしは両腕に抱え切れないほどたくさんの本や雑誌を苦労して持ち運び、博士論文を書いた。今は、ブラウザのブックマークやフォルダーをクリックすれば、たくさんの論文を読むことができる。図書館の地下室のコピー機で目が痛くなるほどコピーをとるよりもずっといい。

インターネットの利便性はある意味では大きな恩恵だが、それはすでにリサーチの訓練を受け、自分が何を探しているのかわかっている人間にとっては、ということだ。たとえば、『フォーリン・アフェアーズ』誌や『インターナショナル・セキュリティー』誌の電子版を購読するほうが、図書館に行ったり、研究室の郵便受けに届くのを待っていたりするよりもずっといい。しかし学生や、情報の出所や著者の評判を判断する方法を学んだことがない一般の人々には、インターネットの利便性は助けにならない。

かつて、市場の雑音をすり抜けるための最初のフィルターとして働いたのは、図書館、また図書館内のレファレンスコーナーや学部セクションだった。図書館に行くことはそれ自体が教育であり、時間をかけて司書に助けを求める人間にとってはとくにそうだった。しかしインターネットは図書館とはまったく別物だ。むしろ巨大な倉庫で、ファーストフォリオから偽写真、科学論文からポルノ、情報の概要から無意味な電子落書きまで、ありとあらゆるものが置かれている。インターネットはほぼ無規制の環境で、専門家が取捨選択したものではなく、マーケティングや政治的な意図や一般の人々の無知な判断によってもちこまれるコンテンツにも門戸を開いている。

エルヴィス・プレスリーのファン五〇〇〇万人が間違っているなどということがあるだろうか？　もちろん、その可能性はある。

たとえば何かの情報を検索すると、その検索エンジンが用いているアルゴリズムによる検索結果が吐きだされてくる。その検索エンジンは通常、ユーザーにはわからない評価基準を使っている営利企業が提供しているものだ。たとえば、ある若者が第二次世界大戦の戦車について知りたいと思ってインターネットで調べると、テレビ番組の司会者ビル・オライリーが書いた馬鹿馬鹿しい――だがベストセラーになった――本、*Killing Patton* が、二〇世紀の優れた軍事史家による、読みごたえがあり正確な本よりも上位に表示されるだろう。残念ながら、インターネットでも実生活と同じく、金と人気がおおいにものを言う。

検索ウインドウに言葉を打ち込むことはリサーチではない。プログラム可能な機械に質問しているだけだ。その機械は人間を理解することもできない。現実のリサーチは大変で、絶え間ない電子刺激のある環境で育った人間には、退屈でもある。リサーチは本物の情報を探しだし、それを要約し、分析し、詳述し、他の人々に発表しなければならない。リサーチは科学者や学者だけのものではない。多くのキャリアでリサーチが重要だということを考えれば、高校生全員にこの基本的な一連の技術を教えるべきだ。だが、目の前にある画面がわずか数秒で数百万の答えを出し、美しいレイアウトで立派な見た目のウェブサイトを多数示してくれるのに、そんな面倒なことをする必要がどこにあるのか、ということだ。

より深刻な問題は、インターネットが我々の文章の読み方、推理の仕方、考え方さえも変えているということだ。しかも悪いほうに。我々はすぐに情報が手に入って当然だと思っている。情報は小分けにされて、目で見て楽しい形で提示され――字が小さくてすぐにぼろぼろになる教科書はもう必要ない――自分の望みどおりの内容であることを求める。人々が「リサーチ」と言うとき、それは「最短の時間かつ最低限の努力で、自分の好みの答えが書いてあるきれいなウェブページを探す」ことを意味している。その結果表示される情報の洪水は、常にその質はばらつきがあり、ときに正気が疑われるものもあるが、見せかけの知識をつくりだす。実際、知らないほうがよかったような知識だ。古いが、今でも通用することわざがある。「知らないことで傷つくことはない、知っていることはそうはいかない」。

最後に、もっとも気懸かりなのは、インターネットが我々を狭量に、短気にして、有益な話し合いをする能力を奪っていることだ。即時的コミュニケーションの大きな問題は、即時的だという点だ。インターネットによって、これまで以上に多くの人々が互いに話せるようになった――これはまぎれもなく史上初めての状況だ――が、誰でもすぐに誰かに話せるということは、それほどいいことではないかもしれない。ときに人間は立ちどまって考えること、情報を吸収して消化する時間をとることが必要だ。ところがインターネットでは、人々は考えずに行動し、その結果、自分の直感的な反応を大事にして、新しい情報を受けとったり自分の間違いを認めたりすることには消極的だ。その間違いが、自分より教養や経験のある人間に指摘されたものである場合はとくに。

インターネットの何がフェイクなのか？　あれもこれも

インターネット上にある間違った情報の目録を載せようと思ったら、本書でも他のどんな本でもページが足りない。驚異的な治療法、陰謀論、偽書類、間違えた引用文、他にもさまざまなものがあるが、いずれも知識という世界の庭に急速にはびこる厄介な雑草だ。より健全だがそれほど強くない草花には勝ち目がない。

たとえば、しぶとい都市伝説や陰謀論は再生され、ネット上で新たな命を与えられている。誰でも、下水道のワニ、有名人のありえない死、本の重さを誰も気にしなかったせいで崩壊する図書館の話を聞いたことがあるだろう。かつてそういう話は口コミで人から人に伝わった。しかしインターネットでは、それが美しいレイアウトやグラフィックを添えて掲示されている。今やそれらの話は電子メールやソーシャルメディアを通じて高速で拡散し、スノープス・ドットコムのような立派なプロジェクトやその他のファクトチェック団体は毎日、ネット上でくすぶる火種を消しつづけている。

あいにく、彼らは大波にショベルで立ち向かっているようなものだ。人々がインターネットにアクセスするのは、自分の情報の間違いを正すためでも、自分の大切な理論の間違いを証明されるためでもない。むしろ、インターネットという電子のお告げに、無知な自分の考えが合っていると確認してもらうためだ。二〇一五年、『ワシントン・ポスト』紙の記者ケイトリン・デューイは、ファクトチェッキングが作り話やでっちあげを根絶するのは不可能ではないかと懸念していた。なぜなら、「ネット上に存在する膨大な食い違いや微妙な差異を論証する時間や認知能力のある人間はどこにもいない」[3]。彼女はため息をついた。結局、「そうしたものすべての誤りを暴いても何にもならない」。

その記事が掲載された二カ月後、デューイと『ワシントン・ポスト』紙はタオルを投げ入れて、彼女の週刊コラム「インターネットの何がフェイクか」の連載を中止した。無茶苦茶な状態についていくのは無理だった。ウェブサイトをクリックさせて貴重な作り話を広めることが金になるとわかってからは、なおさらだ。デューイは読者に説明した。「正直に言って、このコラムは現在の環境に対処するようにつくられたわけではない。この形式は意味がない」。不気味なのは、デューイがプロの研究者たちから聞いた話だ。「現在の、制度的な不信が非常に高まり、認知バイアスはもともと強いという状況では、フェイクニュースにだまされる人々が興味をもつのは、自分の考えを裏付けする情報を得ることだけだ――その情報が明らかにフェイクだったとしても」(強調は原文)[4]。デューイと『ワシントン・ポスト』紙はインターネットと戦ったが、勝ったのはインターネットだった。

インターネットのサービスが及び、力を発揮する範囲では、多くのナンセンスがはびこっており、政治分野でそれが顕著だ。頑固な変人のグループは今でも地球は平らだとか、アメリカ人は月面を歩いていないとか言い張っているかもしれない。だが結局のところ、それ以外の我々にとっては、宇宙から送られてくるたくさんの写真で十分だ。だがバラク・オバマがアフリカ生まれだとか、ジョージ・W・ブッシュが9・11テロ攻撃を画策したとか、米財務省がドルを世界通貨と入れ替えようとしているなどの都市伝説は、宇宙飛行士が写真を撮ってもどうしようもない。ソーシャルメディア、ウェブサイト、チャットルームが作り話や「友達の友達から聞いた」話や噂話を「事実」に変える。

イギリスの著述家ダミアン・トンプソンが説明したように、即時性コミュニケーションはとんでもない考え、一部はかなり危険な考えをもつ人々や集団に力を与えている。この「反知識」は科学をまったく無視して、自分たちの考えの間違いを示す証拠は完全に受けつけないとトンプソンは言っている。

いまや、インターネットのおかげでカルトの発信する情報は世界を駆けめぐるようになった。スウェーデンのゴート起源説支持者たちの間でささやかれていた反キリストに関する風説が、あっというまにオーストラリアの極端に伝統主義的なカトリック宗派に飛び火する。そして、少数派集団は、これまでになく互いの奇抜な教義に寛容になりつつある。たとえば、白人と黒人の人種差別主義者は、数十年前からある程度交流していたものの、最近では陰謀に関する情報を積極的に交換するようになった。(5)

もっとゆっくりとした、それほどつながっていない世界では、こうしたグループが別の過激派グループからオンラインで即時の賛同を得て、みずからの信念を強めるということはありえなかった。考えの自由な移動は民主主義を強力に推進するものだが、無知や悪人が自分の目的のためにマスコミュニケーションという道具を悪用して、嘘や作り話を広めるというリスクは常にある。

もっとまずいのは、悪い情報が何年間もネット上に存在しつづけることだ。紙の新聞とは違って、ネット上の情報はしつこく、最初の検索に現れた後、何度もくり返し出てくる。嘘や間違いが大元で消去された後でも、どこかの別のアーカイブに出てくる。ある情報のなかのストーリーが「バズって」、何日か、何時間か、いや何分間かでもネットの世界を移動すると、それを訂正することは事実上不可能だ。たとえば二〇一五年、保守派のうるさ型論客アレン・ウエストは、オバマ大統領が米軍の兵士たちにイスラム教徒のようなラマダンの祈りを強制しているという偽のスクープをすっぱぬいた。[6] ウエストのウェブサイトには、「これがわが軍の強制されていることだ」というどぎつい見出しと、米兵がひざまずき、礼拝用マットに額をつけている写真が並べて掲示された。それは驚くべき図であり、このストーリーはソーシャルメディアで急速に拡散した。

しかし実際には、そんなことはなかった。ウエストは数年前に撮影された、米軍内の本当のイスラム教徒の兵士たちが祈っている写真を使い回したのだ。誤解を招く写真に対して抗議がなされ（わたしもその一人だった）、ウエストはストーリーをひっこめた。しかしそれにはあまり意味はなかった。なぜならその記事はすでに他のブログやサイトにアーカイブされているからだ。ネットサーフィンをする人たちは今後、オリジナルのストーリーだけでなく、数千の複製に出くわす可能性があり、その人たちが情報の出所を確認する訓練を受けた経験や確認する時間がなければ、このストーリーすべてがでたらめだということはわからない。

今は誰も、うるさい校閲者や、毅然とした編集者に苦しめられる必要はない。かつて本が立派な装丁でその中身も信頼できると人々に思わせたように、今は洗練されたウェブサイトが、信頼性と権威の視覚的合図を読者に与え、それを真に受けた無知な人たちが、ウィリアム・ランドルフ・ハースト〔アメリカの新聞発行人。新聞王と呼ばれた〕が思いついたどんな見出しよりも速く、間違った情報を拡散する。つまらない厳格な論理や事実の正確性にこだわる専門家やその他のプロは、一六〇〇万色で読者の好みの答えを提供してくる機械と競争にはならない。

もちろん安全です、グーグルで調べましたから

洗練された自作ウエブサイト、フェイスブックの記事、インターネットにあふれるミームはさておき、即座の回答を求める傾向は、間違った情報を人々に売りつけ、間違いを教えられる特権に料金を課す商売を助長している。それはオンライン・ジャーナリズムのことではなく——それは次の章でとりあげる——しばしば有名人が広告塔になって、専門家によって確立された知識にとって代わるアドバイスを提供している多くのネット直販店のことだ。

もしあなたが女性で、リプロダクティブ・ヘルス（性と生殖に関する健康）について心配なことがあったら？　わたしは経験がないが、周囲の女性たちから、産婦人科への定期的な通院はあまり楽しい経験ではないと聞いている。だがインターネットの登場で、女性たちは医療専門家以外の情報源をもつことになった。女優のグウィネス・パルトロウは、自分の「ライフスタイル・マガジン」サイト、グープ・ドットコム（GOOP.com）を運営しており、女性たちは自宅というプライベートな環境で、またはスマートフォンを介して、オンラインで相談に乗ってもらえる。たとえば、ヴァギナに蒸気をあてると

いった、婦人科的な健康を維持する方法についての話だ。

あなたはそんな習慣は聞いたことがないかもしれないが、ミス・パルトロウは強く推奨している。彼女は二〇一四年に以下のように説明している。「基本的に小さな王座のようなものに座って、赤外線とヨモギの蒸気であなたの子宮などをきれいにします。これはエネルギーの放出で――ただの蒸気洗浄ではなく――女性ホルモンのレベルのバランスを整えます。もしあなたが（ロサンゼルスに）いるなら、ぜひ試してみてください」。

しかし本物の婦人科医は、女性が住んでいるのがロサンゼルスでも他のどこでも、子宮などに蒸気をあてることは勧めていない。ジェン・ガンターという婦人科医は、自分のウェブサイト（明らかに華やかさでは劣る）で、それに代わるアドバイスを提供している。

> 蒸気は、何らかの圧力を用いるアタッチメントを使わないかぎり、子宮には届きません。そしてぜったいいいいいいいいいいいいいにそんなことをしてはいけません。ヨモギでもニガヨモギでも何でも、その蒸気をヴァギナや外陰部にあてることによって、生殖ホルモンのバランスを整えたり、月経サイクルを調整したり、鬱を治療したり、不妊を治すことはできません。エストロゲン〔おもに卵巣から分泌される女性ホルモン〕の蒸気でも不可能です。
>
> リラックスしたかったら、マッサージに行ってください。
>
> ヴァギナをリラックスさせたかったら、オーガズムを得てください。(7)

しかしパルトロウのウェブサイトは、少なくとも一部の層には、最高にヒップだと思われている。風刺作家のローラ・フーパー・ベックは、パルトロウのファンたちの信じやすさを完璧に言い表している。「基本的に、医師にそうしろと言われたら、よく考えてやめておく。でも醜いウィグをかぶった痩せた金髪女性に、ヴァギナに熱い空気を吹きつければ、母親との関係も含めてすべての悩みが解決すると言われたら、その女性、グウィネス・パルトロウの言うとおりにする。なぜなら女友達は科学をわかっているから」(8)。

愚かな有名人を馬鹿にするのは簡単だ――簡単すぎる――し、蒸気とヴァギナについて、わたしの全キャリアでこれまで書いたよりも多くを書いたので、パルトロウと彼女の健康についてのアドバイスはひとまず脇に置くことにする。とはいえ、ここでも、インターネットが専門知の死に及ぼす影響が見てとれる。昔なら、分別のあるアメリカ人女性が、ハリウッド女優は自分の性器をどうやって熱しているのかを知るのには、大変な手間暇が必要だったはずだ。だが今は、ファッションから子宮がんまであらゆることについての答えを求めている女性が、医師に相談するよりも多くの時間をグープ・ドットコムの文章を読むことに費やしているかもしれない。

有名人としての自分の地位を利用する有名人は昔からいた。だがインターネットがその影響を増幅している。人々は、コメディアンのジム・キャリーの反ワクチンの主張を、彼のもともと型破りな個性の延長だったと片付けるかもしれないが、もっと名の知られた人々も電子のびっくりハウスに吸いこまれている。

二〇一五年、『ニューヨーク・タイムズ』紙のコラムニスト、フランク・ブルーニは、ロバート・F・ケネディ・Jrから電話をもらった。一九六八年に暗殺された上院議員で大統領候補の息子だ。ケネディはブルーニに、どうしても会いたいと言った。ケネディはブルーニがワクチンについて書いたコラムの間違いを正したいと言い張った。多くのアメリカ人と同じく、ケネディも、ワクチンがアメリカの子供たちのあいだで引き起こす——彼の言葉を借りると——「ホロコースト」という、情報不足によるパラノイアにとらわれていた（実際、ブルーニによれば、「キャリーはどうやらロバート・ケネディ・Jrの影響を受けていたらしい」）。ブルーニは、このときの会合についてのちにこう語っている。「わたしには米国医師会、米国小児科学会、国立衛生研究所、疾病管理予防センターという味方がいた。（しかし）ケネディは自分のほうが正しいと思っていた」(9)。

ケネディ、キャリーといった人々は、多くのアメリカ人がこうした状況ですることをしていた。つまり、前もって自分が何を信じるかを決め、そのうえで、自分の考えを強化するためにインターネットの情報源を探した。ブルーニが指摘するとおり、「反ワクチン論者はいつも、宗旨替えをした研究者や、自分の意見を裏付ける適当な「研究」を見つけてくる。これがサイバースペース時代の博学だ。自分が求める結論に到達するまで、ネットサーフィンしつづける。ウェブサイト上での存在と、その議論の妥当性を混同して、自分の正当性を立証するまでクリックをくり返す」。

こうした種類のインターネット閲覧は——一般の人々には間違って「リサーチ」と呼ばれているが——専門家やプロとのやりとりを困難なものにしている。ここでも、確証バイアスが主犯だ。インターネット上の多くのストーリーは間違っていたり不正確だったりするが、グーグルが正しくて専門家が間違っていたという一〇〇万にひとつの実例が、ネットの口コミで広まった。二〇一五年に起きたその悲劇的な事件では、イギリスに住む一〇代の女性が医師に誤診され、「自分の症状をグーグルで調べるの

ないと言われた(10)。女性は、自分が珍しいがんだと主張したが、医師たちはその可能性はをやめるように」と言われた。結局、彼女が正しく、医師たちは間違っていて、彼女は死亡した。

このイギリス人の一〇代の女性の話は大きなニュースとなり、まれな間違いのせいで、多くの人々が自分の病気は自分で診断したほうがいいと考えるようになった。もちろん、インターネットで調べて心臓病を消化不良だと思い込んだ結果亡くなった人の話が、新聞の一面を飾ることはない。だが問題はそこではない。こうしたダビデ対ゴリアテのような話（医師に立ち向かう一〇代の少女）は人々の飽くことのない確証バイアスを満足させ、確立された知識に対する皮肉な見方を煽り、自分たちの問題の解決法はクリックを何度かすれば見つかるのではないかという誤った願望を高める。

かつては本が、間違った情報の急速な拡大をかろうじて食いとめる防壁となっていた。本には出版社の投資と判断が必要で、つくるのに時間がかかったからだ。「本に書いてあった」という言葉は、「もしかしたらこれは、変ではないのかもしれない。これを出した会社はお金をかけてこれを本にして出版したのだから」という意味だった。もちろんこれは、本に関していつも正しいわけではない。なかには大急ぎで本にして書店に運ばれる本もある。

それでも、信頼できる出版社の本は、少なくとも著者、編集者、校閲者、出版人などのあいだの交渉を経て完成する。今あなたが読んでいるこの本もそうだ。一方、自費出版の出版社から出される本は、書評家にも読者にも軽視されるが、それにはもっともな理由がある。しかし現在、インターネットはいわば無数の自費出版の出版社であり、キーボードをもっている者なら誰でも、どんなにくだらないことでも――またはどんなに下劣なことでも――次々とつくりだせる（『ナショナル・ジャーナル』紙のロン・

フルニエが言うように、インターネットの時代には「偏屈な人間全員が出版者になった」)。そのなかには知恵や正しい情報も隠れているはずだが、スタージョンの法則からは逃れられない。

実際、インターネットへのアクセスによって、人々はまったく何も調べなかったときよりも愚かになっているのかもしれない。人々は、情報を検索するという行為だけで自分が何かを学んだ気になるが、実は理解していないデータに没頭しただけという可能性のほうが高い。なぜならネットサーフィンを一定時間以上行うと、人々は自分の目の前をよぎったものと、自分が実際に知っているものの区別がつかなくなるからだ。

画面で言葉を見るのは、読むことや理解することとは違う。イエール大学の実験心理学者のグループが、人々がどのようにインターネットを使っているかを調査し、その結果、「ウェブで情報を探す人は、そのプロセスによって自分がどれだけ物知りかという意識が過剰になる――その現象は彼らがグーグルで調べたこととは無関係なことについても見られる」[11]。これはある意味、電子版のダニング＝クルーガー効果で、もっとも能力の劣る人々ほど、ネットサーフィンをして自分が何も学んでいないと気づく割合が低い。

たとえば、「化石燃料」に関する情報を探す人は、「恐竜の化石」といった、関連する言葉についてのウェブページをたくさんスクロールする。人々は、一定数のウェブサイトを閲覧すると、どちらの言葉についても、たった今ネットで読んだことと、画面を見る前に知っていたことを区別する能力を失う。代わりに、恐竜や化石燃料について前からいろいろ知っていると思い込む。自分はそれくらい賢いからだ。残念ながら、インターネットで検索して賢くなったと思うのは、暴風雨のなかを歩いたから自分は泳ぎが上手くなったと思うようなものだ。

イェール大学のグループは、かなり穏やかにこの問題を「外部の知識と内部の知識の取り違え」だと説明している。もっと単刀直入に言えば、人々はマウスを何十回もクリックしながら見ているものの大部分を憶えていないということだ。著述家のトム・ジェイコブスが言うとおり、検索は「まったく筋の通らない自分の知識への自信をもたらす――どんな疑問でも、反射的にネットで答えを探そうとする習慣が徐々に定着していることを考えると、少し恐ろしい」[12]。

恐ろしいし、何よりも気懸かりだ。そうした形で知識を得たと思い込むことは、専門家の仕事をほぼ不可能にする。半日、検索エンジンを使っただけで数十年分の知識を得たと思う人々に何かを教えられるわけがない。「わたしはリサーチしました」という一般の人の言葉ほど、専門家を気落ちさせるものはない。

膨大な情報に触れるようになったのに、なぜ人々の基本知識の増加につながらないのだろう? 電子による浸透でもいい。なぜ人々は多くの文章を読んでも、あまり憶えていないのだろう? その答えは簡単だ。人々は検索したものを実際には読んでいないから。

ユニヴァーシティー・カレッジ・ロンドン（UCL）の研究でわかったのは、人々はインターネットで検索して見つけた記事を実際には読んでいないということだ。代わりに、いちばん上の一行か、最初のいくつかの文章をざっと読み、次のページに移っていく。研究者によれば、インターネットのユーザーは「ネット上の文章を従来のような意味で読んではいない。手っ取り早い成功を求めてウェブサイトのタイトル、目次、要約を「大量に拾い読みする（パワーブラウジング）」という、新しい形の「読み方」が現れつつある」[13]。もっとも、これは読むという行為の反対で、その目的は学ぶことではなく、議論に勝つこと、またはすでに存在する考えを確証することだ。

子供や若者はとくにこの傾向に陥りやすい。UCLの研究によれば、それは「子供や若者は、インターネットとは何かという心象地図が未熟で、インターネットが異なる提供者によるリソースをネットワーク化した集合体だということを十分に意識していないことが多く」、彼らは「情報をその妥当性や正確性や信用性で評価する」ことにほとんど時間を使わない。こうした若者たちは「図書館が提供するリソースをわかりにくいと感じ、代わりにグーグルやヤフー!を利用する」。なぜならそれらが、「たとえ安直だとしても、自分たちの勉強に必要なお馴染みの解決法を提供してくれる」からだ。教師や専門家も、同じ誘惑から逃れることはできない。「大量に拾い読みする（パワーブラウジング）ことや視聴すること（ビューイング）は、誰にとってもあたりまえになっている。年配の研究者たちのあいだのアブストラクト（論文要録）人気を見れば、それがよくわかる」と同研究では述べられている。

「社会は、より愚かになっている」というのが、UCLの研究の結論だ。

このすでに深刻な問題は、見た目よりもこわいことかもしれない。インターネットのユーザーは、検索結果でもっとも上位に表示されたものに引きつけられ、それを信じる傾向がある。ほとんどの人間はその結果の出所を気にすることはない。この検索エンジンが、そのウェブサイトを信用して上位に表示したのだから、たぶんその価値はあるのだろう、ということだ。だからネット上でコンテンツを売り込もうとする人々は、検索結果で自分の商品が表示される順位を上げる方法を求める。もし自分の会社がスープを売っていたら、検索エンジンを混乱させて、スープのレシピを探している人が自社ブランドのスープのクーポンへと誘導されるような方法を探す。

だが売り込むものがスープではなく、もっと重要なもの、たとえば選挙の立候補者だったらどうなるのだろう？　検索結果の表示順位が人々の政治情勢の認識を変える可能性があるという証拠は、いくつか存在する。二〇一四年、心理学者二人によって「検索エンジン操作効果」を調べる研究が行われ、調査では「一回の検索で、任意の候補への支持率を三七パーセントから六三パーセント上昇させる」ことが可能で、これは「政府の民主主義的な制度に対する重大な脅威だ(14)」とされた。検索エンジンが民主主義を危うくしていると断定するのは——少なくとも今はまだ——早計だが、一般の人々のほとんどが、本物の情報と検索エンジンが吐きだすものの違いがわからなくなっているという現実を否定することはできない。

大群衆《メガクラウド》の英知

言うまでもなく、非専門家が常に何もかも間違っているわけではなく、専門家がいつも正しいというわけでもない。ときには一〇代の女性が正しくて、医師たちが間違っていることもある。専門家は重要だが、大学教授や知識人やその他の知ったかぶりの助言がなくても、人々は何の支障もなく日常生活を送っている。インターネットは、その利用方法さえ間違えなければ、費用やアクセスの点で専門家に依頼するのが難しいとき、基本的な情報を求める人々どうしがつながる道具として有用だ。実際、インターネットは、株式市場などの複雑な問題について人々の推測や勘をまとめる仕組みと同様に、一般の人々が専門家よりも優れた仕事をする例を示すことがある。

たくさんの間違った推測を混ぜあわせてひとつにすると正しい推測になるというのは、よく知られた現象だ。あいにく、インターネットが知識のクラウドソーシング〔不特定多数の寄与を募り、必要とするサービス、アイディア、またはコンテンツを取得するプロセス〕のようなものとして働くのではないかという考えは、作家のジェイムズ・スロウィッキーが「集団の知恵」と名づけた完璧に合理的な考えと、群衆が賢いのはそれを構成する一人ひとりが賢いからだという完璧に非合理的な考えをごっちゃにしている。

何も専門的な知識をもたない大勢の人々の推測が、そのなかの誰か一人の推測よりも優れていることがある。多くの人間の推測をまとめた総計がどんな専門家の意見よりも優れた推測になるような場合には、とくにそれがあてはまる。スロウィッキーは、一九〇六年にイギリスで開かれたある家畜家禽見本市の例をあげている。人々はある雄牛の体重をあてるようにと言われた。その結果、全員の推測の平均は誰の推測よりも答えに近く、実際、ほぼ的中していた。[15] 同様に、世界の株式市場も全体として、どの株式市場アナリストよりも正確に株価を予測する。

群衆のほうが個人よりも正しい推測をするのにはいくつもの要因があり、そのひとつは、大勢の人々による推測によって、確証バイアスや誤認やその他の誤りがある程度取り除かれるからだ。また、各人がもっているのは部分的な情報かもしれないが、それぞれの知識を寄せ集めれば、問題を解決するのに役立つということでもある。一〇〇〇人の人々が、一人ひとりは数ピースしかもっていなくても、集まれば大きなジグソーパズルを完成させられるように。

ここでひとつ、バイアスのかかっていない意見によって、アメリカでもっとも有名なジャーナリストが辞職に追い込まれたという実例を紹介しよう。二〇〇四年の大統領選のまっただなかに、長年CBSのニュースキャスターを務めていたダン・ラザーと番組プロデューサーが、現職のジョージ・W・ブッシュ大統領の軍歴についてのスクープを報じた。番組は、ブッシュが空軍州兵の任務をさぼり、兵役を完了しなかったことを証明する一九七〇年代初めの文書があると主張した。当時、アメリカを二度の戦争に導いた最高司令官ブッシュ大統領は、叙勲された戦争の英雄ジョン・ケリー上院議員と大統領選を戦っていた。軍事問題に大きな関心が集まっていた選挙戦の最中のこのスクープは、社会に衝撃を与えた。

ブッシュの支持者たちはあいまいな情報源とずさんな報道を批判したが、この事件に決着をつけたのは、腹を立てた支持者たちではなくネットの住人たちだった。ジャーナリズムの経験はまったくないが、長時間コンピュータに向かって過ごしている一般の人々が、文書のフォントがマイクロソフト社のソフトウエアのワードでつくられたものと酷似しているのに気がついたのだ。一九七一年には空軍はタイプライターを使っていた。マイクロソフトもそのプログラムもまだ存在していなかった。つまり文書は偽物だった。

CBSはこうした指摘を受けて、調査を命じた。その結果、CBSは文書とスクープをしりぞけた。その回のプロデューサーは解雇された。いまだに自分が正しく他の者全員が間違っていると信じているダン・ラザーはCBSを去り、古巣に対して裁判を起こした。そして敗訴した。

それなら、専門家など必要ないのだろうか？　同じ質問を何度もしたり、十分な人数の人々を同じ問題に取り組ませたりして集合知に頼れば、一握りの自称「賢人」による欠点やバイアスのある意見を求める必要はないのではないか？　一人より一〇〇人のほうが賢いのなら、一〇億人が瞬時にコミュニケーションできたら、もっと賢いはずだ。

オンライン百科事典ウィキペディアを支持する人々はとりわけ、文献や情報を厳しく吟味する専門家ではなく、そうした種類の集合知にこそ未来があると考えている。理論的には、誰でも参加できるオープンな百科事典なら、多くの人々が各項目に注目して、間違いやバイアスを一掃していくはずだ。項目は学者の一団による狭い関心ではなく、普通の人間の探究心に適合していく。項目はどんどん発展して正確さを増していくが、記事そのものは、系統だってはいるが選ばれた少数にしか理解できない知識の概略ではなく、一般読者の関心を引きつけるような内容になるだろう。

残念ながら、現実はそう上手くはいかないし、ウィキペディアはインターネットによって進められた専門知の追い出しの限界を示す好例だ。結局、複雑なテーマについて記事を執筆するのは雄牛の体重を推測するよりずっと難しい。多くの善意の人々がウィキペディアの編集者として時間を割いているが、たとえばその一部は企業や有名人ＰＲ会社の社員であり、多くの人々が閲覧する百科事典の記事の内容について明らかに利害関心があるはずだ（ウィキペディアに寄稿する人の一〇人に九人は男性だが、それを知ったら驚く読者もいるだろう）。

どれだけの善意があっても、ウィキペディアのようにクラウドソースされたプロジェクトには、重要だが見過ごされがちの、一般の人々と専門家の違いが現れる。ボランティアは好きなときに自分の興味のあることをするが、プロは毎日その専門知を使っている。趣味と仕事は違う。イギリス人作家アリステア・クックが言ったとされる言葉に、こういうものがある。「プロというのは気分が乗らなくても最高の仕事ができる人間を言う」。興味をそそられたアマチュアのやる気は、専門家の見識の安定した代わりにはならない。

ウィキペディアの当初の意気込みは、ばらつきや管理不足の悪影響を避けられなかった。それはグループでやる宿題でも発生しがちな問題だ。そうした傾向を調べた研究者は、ウィキペディアは二〇〇七年に、そのモットーを「誰でも編集できる百科事典」から、「規範を理解し、社会生活に適合し、非人間的な半自動の却下にもめげず、自発的に自分の時間と労力を寄与したいと思う人の百科事典」に改めるべきだったと示唆した(16)。

結局ウィキペディアはより厳格な編集管理を導入したが、その制限によって新たな参加者は減った。二〇一三年の『MITテクノロジー・レビュー』誌の記事によれば、ウィキペディアをつくり、「落書きやでっちあげや情報操作からウィキペディアを防衛する」ボランティア軍の規模は「二〇〇七年とくらべて三分の二以下に縮小し、その傾向は続いている」。ウィキペディアはいまだに、みずからの基準に照らしても、記事の品質維持に苦労している。

いまだ解決されない大きな問題のひとつが、記事の偏りだ。ポケモンとポルノスター女優の記事は充実しているが、女性小説家やサハラ以南のアフリカの地域に関する記事は不十分だ。典拠のたしかな記事はあまりない。プロジェクトのボランティアが良質の百科事典の核を成すというタグをつけた一〇〇〇件の記事でさえ、その大部分はウィキペディア自身の品質スコアでも中位を獲得できていない(17)。

ウィキペディアには「秀逸な記事」という認定制度があり、それは「よく書けており」「包括的にまとまった」「よくリサーチされている」記事のことである。リサーチに関してはさらに「関連文献の全体かつ代表的な調査」を含み、「確度が高く信頼のおける出典」による裏付けがあることとされている。

つまりウィキペディアは、独自の秀逸な記事に、査読（ピアレビュー）を経た学識と同じようになることを求めている。もっとも、実際の査読者（ピア）は使わない。査読は最適の条件下でさえ難しいものだ。編集者はプロどうしの競争やその他の利害の衝突を避けて、その分野で最適の査読者に任せようとする。このプロセスを最小限の管理だけで多数の人々によるプロジェクトに置き換えようとするのは、現実を無視した目標だ。ウィキペディアのようなものが成功するためには、世界中のあらゆる分野の専門家があらゆる記事を見守らなければならない。

もちろん、閲覧数だけで考えるなら、ウィキペディアは十分成功している。そして一部のテーマでは、ウィキペディアは完璧に役に立つ情報源だ。MITの雑誌で指摘されたとおり、ウィキペディアの記事は「技術、西洋、男性中心のテーマ」に偏っており、明確な——もっと重要なのは論争にならない——種類の情報の場合、ウィキペディアは信頼に足る安定した形式で多くのデータを提供するのに成功している（個人的には、ウィキペディアには、どれほど小規模でも無名でも、あらゆる映画のあらすじが掲載されていてうれしく思っている）。ストロンチウムの発見者や一九二一年のワシントン海軍軍縮会議の出席者を調べるとか、去年のノーベル賞について簡単な解説を探すといったことなら、ウィキペディアは適当な検索エンジンよりもずっといい。

だが何であれ政治問題が絡むと、それがあやしくなってくる。たとえば、ウィキペディアの化学兵器サリンの記事は、シリアが自国民をそれで攻撃したかどうかについてさまざまな政治的意図をもつ人々の抗争の場となった。基本的な科学さえ攻撃された。ロンドンに住むアナリストのダン・カスゼータ――前の章で紹介した、学生の宿題を手伝おうとしてひどい目に遭ったサリンの専門家――は、二〇一五年後半にわたしに以下のように語った。

誰かがウィキペディアの現在の記事で化学兵器に使われる物質サリンについて正確な情報を知りたいと思ったとしても、半端な真実や、挙げられている出典では裏付けることができないあいまいな記述で誤解させられるでしょう。ウィキのページに書かれている一部の情報は、ある意味では専門的に正しくても、誤解を招くような書き方で書かれています。一部の記述はでたらめです。

カスゼータはさらにこう言った。「二〇一三年のシリアにおけるサリンの使用以来、サリンについての誤解を解くのに何時間も費やしてきました。その誤解の多くは間違いなく、関連するウィキペディアのページに掲載されていた間違いや半端な真実のせいです」。

ウィキペディアをはじめとするオンラインの情報源について、また一般的な群衆の知恵について人々が誤解しているのは、知識とはファクトイドの箱詰めをつくったり、硬貨を投げて表か裏かで決めることとは違うということだ。事実はそれ自体が事実であると証明するわけではない。ウィキペディアのような情報源は、絶えずアップデートされつづける年鑑としては有益な基本データだが、複雑な問題にはあまり役に立たない。

群衆が賢いこともある。だが何でも多数決になじむわけではない。インターネットは、多数の意見が「事実」に等しいという誤った感覚を生みだした。ウイルスが人から人へどのように感染するのかを知るのは、ガラス瓶のなかにジェリービーンズが何粒入っているかを推測することとは違う。コメディアンのジョン・オリバーがこぼすように、事実について意見調査をする必要はない。「そんなのは世論調査で、「五と一五では、どちらの数のほうが大きいですか？」「フクロウは存在しますか？」「帽子はありますか？」などと質問するようなものだ」。

同様に、公共政策は予想ゲームではない。コストと選択肢の検討に基づく長期的な選択だ。精神的なダーツ投げ試合のような短期的なできごとについて群衆に質問しても、難しい政策の海で舵取りをするのには役に立たない。「シリアのバシャール・アサド大統領は二〇一三年のある時点で化学兵器を使うだろうか」と訊くのは、イーブンベット、つまりルーレットで偶数にチップを賭けるようなものだ。イエス／ノーの質問であり、いずれ勝ち負けがはっきりする。それは「アサドはなぜ化学兵器を使うのか？」という質問とは違う。そして「もしもアサドが化学兵器を使ったら、アメリカはどうすべきだろうか？」という質問とは何光年もかけはなれている。しかしインターネットは、その三つの質問を合わせて、どんな複雑な問題でも、手っ取り早い解決の選択肢をクリックで選ぶ世論調査にしてしまう。

人々がこうした問題に立ち入る気軽さと、ときには彼らの予言が正しく専門家が間違っているという事実は、一般の人々が自分より教養ある人間に反発を感じる反知性の鎧をますます厚くしている。

友達リストからはずす

新しいことを学ぶのには、人の話を聞く力と忍耐が必要だ。しかしわたしたちはインターネットやソーシャルメディアによって、より非社交的に、対立的になっている。人々は、ネット上でも普段の生活どおりに小さなエコーチェンバー〔反響室。特定の情報・アイディア・信念などが増幅・強化される閉じたコミュニティー〕に閉じこもり、自分と同じ意見だとあらかじめわかっている人々とだけ話したがっている。ビル・ビショップは二〇〇八年に発表した本のなかでこれを「ビッグ・ソート」と名づけ、アメリカ人はあらゆる意味で、生活、仕事、社交は自分と似ている人々と一緒にしたいと思っていると指摘した。同じことがインターネット上でも起きている。

我々は自分と似ている人々とつきあおうとしているだけではなく、その他の人々との関係を積極的に断っている。とくにソーシャルメディアではそれが顕著だ。二〇一四年のピュー研究所〔アメリカ、ワシントンDCを拠点とする超党派の世論調査機関〕の調査によれば、意見の合わない相手をブロックしたり、友達を取り消したりするのは、保守派よりもリベラルのほうが多い。だがそれはおもに、保守派はもともとの友人知人に意見の違う人間が少ないという理由からだ（『ワシントン・ポスト』紙による調査のレビューは、保守派は「そのオンラインの生態系において思想的多様性のレベルが低い」と表現した[18]）。どちらかと言えばリベラルのほうが実生活でも政治を理由に友情を終わりにする傾向が強いが、いずれのグループでも、面と向かって話し合いをせず、クリックによって友情を終わらせられることによって思想の分離が進んでいる。

このような、最後まで相手の話を聞こうとしない姿勢によって、我々は全体的に愛想が悪くなり、ものごとを考えたり、説得力のある議論をしたり、自分の間違いを指摘する相手の言葉を受け入れることが苦手になっている。クリック数回以上に論理の鎖をたどることもできないのなら、自分の考えや理想への攻撃はどんなささいなものでも我慢できるはずがない。これは危険なことだ。現代社会における知識や専門知の役割を弱め、民主主義社会で人々が互いに折り合いをつけてやっていく基本的能力を蝕む。

このような短気の背後には、ソーシャルメディアの即時性による間違った平等の感覚や平等主義の錯覚がある。わたしはツイッターとフェイスブックのアカウントをもっているし、あなたもそうだろう、つまりわたしたちの地位は同等だ、という考え方だ。大手新聞のトップ記者、ケネディ・スクールに通う外交官、研究病院で働く科学者、リノに住むローズ伯母さんが全員オンライン世界にプレゼンスをもっていて、彼らの考えはすべて、急速に目の前を流れていくメッセージにすぎない。どの意見も他の意見と同じ。

ソーシャルメディアの時代、インターネットを使う人々は、オンラインにプレゼンスがあるというだけで、誰でも同等に知性と情報を有していると考える。これに関して『ニューヨーク・タイムズ』紙の映画評論家A・O・スコットは以下のように述べている。

インターネットでは誰もが評論家だ——吠える辛口批評職人から、アマゾンのカスタマーレビューで知識をひけらかしている人、ソーシャルメディアのリンクやシェアで影響力をもつチアリーダーまで。わたしのような、インクの染みがついたみじめな人間の、インフレ傾向でもともと疑わしい権威は、デジタル社会のアナーキー（無秩序）によってなぎ倒された。愛想のよいアルゴリズムが、あなたの購買履歴に基づいて「こちらもおすすめ」と案内してくれて、フェイスブックの大勢の友達があなたの選択を「いいね！」と支持

してくれるのに、誰が気難しい小言屋を必要とするだろう？(19)

ソーシャルメディアの匿名性によって、ユーザーたちは、まるで参加者全員が同等で、同レベルの経歴と教育で一緒にスタートした対等の人間のグループのように議論しようとする。実社会ではそんなルールを用いる人はほとんどいない。だがインターネットの世界では、任意の発言者の知的ナルシシズムが、対面でのつきあいを律する規範にとって代わる。

距離と親しさというこの奇妙な組み合わせが会話をだめにする。理性的な議論は、参加者が正直で、善意をもっていなくては成立しない。実際の距離の近さは信頼と理解を育てる。我々はさまざまな無関係のデータを処理している水槽の中の脳ではない。相手の話を理解するのに、視覚的また聴覚的刺激にも頼っている。目の前をよぎっていく言葉の流れを見ているだけではない。とくに教師なら、同じ教材でも、遠隔授業やビデオによる授業で教えたときと、生徒が質問したり、眉根を寄せたり、とつぜん理解した顔をしたりする対面の授業で教えたときでは、その影響の大きさが違うのを知っている。

距離と匿名性は議論から、忍耐と前提としての善意をとり払ってしまった。情報への手軽なアクセス、相手の話を聞かずに話す力、面と向かってはけっして言わないようなことでもネットでは言える「ネット弁慶」、それらは会話を台無しにする。ライターのアンドリュー・サリヴァンが指摘するように、その理由のひとつは、インターネット上では何事も決定的ではないので、議論の参加者は全員、他の人と同様の重みをもって受けとめられるように要求するからだ。

この傾向を煽っているものこそ、建国の父たちが民主的な文化について懸念したことだ。すなわち、理性、経験論、公共性より、気持ち、感情、ナルシシズムが幅を利かせること。オンラインの論争は、始まったとたんに個人的で、感情的で、解決不可能になる。たしかに、ときには理性的な主張が飛び交うこともあるが、その主張のどれが実際に正しかったり有効だったり関連性があるかを確定する専門家の数は、劇的に減った。[20]

ツイッター、フェイスブック、レディット、その他のサイトが、知的な話し合いの場になることもある。だがたいていは、意見交換よりも、断定、確信、誤解、侮辱の一斉射撃になる。

もちろんインターネットは、それがなければけっして出会うことのなかった人々の対話を可能にしている。内向的な人々は、レディットやオンライン・マガジンのコメント欄が、昔なら公の場での議論に加わろうと思わなかった人間に他の人々との交流の機会を増やしたと主張するだろう。残念ながら、誰でも意見を言えるようになるということは、誰もが意見を言うということであり、『トロント・サン』から『デイリー・ビースト』まで、多くの新聞雑誌がオンラインのコメント欄を閉じているのはそれが原因だ。

そうしたネット上の交流が、一般の人々の間違った情報への執着を解いている気配はない。実際、問題が悪化しているおそれもある。というのも一部の人々は、自分の考えが間違っているというたしかな証拠を示されても、間違いを認めるより、もとの考えを強化するからだ。これは「バックファイア（逆発）効果」と言って、人々は自分の間違いが明確に示されても、おのれの心の中のナラティブ（語り）を矛盾なく保とうとする努力を倍加させる。[21]

ダニング＝クルーガー効果のデイヴィッド・ダニングが指摘したように、インターネットはこの問題をさまざまな形で先鋭化させる。そのひとつが、間違った考えを論駁するには、議論のなかでくり返し反論する必要があるということだ。教師やその他の専門家が間違いの存在を認めるだけで、その間違いを強化してしまうという危険が発生する。

そしてもちろん、厄介な誤情報が——教室とは違ってコントロールの難しい——インターネットやニュースメディアのそこかしこに存在するという問題がある。そうした開拓時代の西部のような状況では、よくある謬見はまったくくり返さないのが得策だ。人々にバラク・オバマはイスラム教徒ではないと言っても、多くの人々は自分の考えを変えない。なぜなら彼らは言われたことすべてを記憶するからだ——「ではない」という肝心な部分を除いて。(22)

この種の頑固な無知を正そうとする専門家は、自分が役立っていると思っているかもしれないが、実際には油が燃えさかる炎に水をかけているようなものだ。効果がないうえに周囲に被害を広げている。インターネットは人類史上最大の匿名メディアだ。遠くから発言することが可能なことと、インターネットがもたらす安易な平等感覚が、専門家も一般の人々も等しく、我々のあいだの信頼と尊敬を蝕んでいる。キーボードの前に一人で座り特定の何かの考えを立証しようと、ウエブサイト、ニュースレター、オンライン・グループなどにどっぷりと浸かっている大勢のアメリカ人は、政治的にも知的にも、インターネットによって彼ら自身のバイアスの沼に引きずり込まれている。フェイスブックのようなソーシャルメディアの場は、そうしたエコーチェンバー現象を強化する。ミーガン・マカードルは二〇一六年に次のように書いた。「たとえ自分と異なる意見をもつ人々を積極的にブロックしていなくても、フェイスブックは人々のフィードをキュレーション〔情報などを特定のテーマに沿って集めること〕して、我々が「いいね！」するものを増やしていく。我々は何を「いいね！」するだろう？　自分と同じ意見の人々や記事にだ」[23]。

アメリカ人にとって、フェイスブックやツイッターのようなソーシャルメディアがニュースや情報を入手するおもな情報源になった今、これはとくに危険なことで、この政治的偏狭さと自己過信による無知を打ち破ろうとする専門家は、危険を覚悟で取り組むことになる。ただ何かを誤解している人間に反論することでさえ難しいのに、きれいなウェブサイトを「証拠」として集め、同じくらい無知で同じような考えをするソーシャルメディアの匿名の友達を援軍に集結させた人間に道理を説くのは、不可能に近い。また、論理、基礎的な知識、基本ルールを主張する学者やプロたちは、二一世紀のオンライン・ユーザーたちから、情報化社会の奇跡を理解しようとしないエリート主義者だという非難を受けるおそれもある。

ウェブサイトやインターネットの調査は信頼できないものかもしれないが、記者は渦に引き込まれるのではなく、真実を掘り起こすことができる。ジャーナリストは、調査し、情報源をたどり、事実確認をすることによって、このカオスを裁定する人間となれるはずだ。

いやもしかすると、なれないのかもしれない。それは次の章で。

第5章　「新しい」ニュージャーナリズム、はびこる

チャーリー　「母さん、『ウィークリー・ワールド・ニュース』を「新聞」と言うのはおかしいんじゃないかな。新聞というのは事実を書いてるんだから」

メイ　「この新聞には事実が書かれているのよ。それに世界で第八位の発行部数なんだから。そうでしょ？事実がいっぱい。「妊娠した男が出産」。これも事実よ」

映画『ハネムーンは命がけ』

新聞に書いてあった

読者諸兄は、チョコレートを食べると痩せるということをご存じだろうか？　もちろん知っているだろう。新聞で読んだはずだ。実際、複数の新聞で読んだことがあるかもしれない。チョコレートは太ると言っていた医師ら専門家には災いあれ！　世界でもっともおいしいものに体重を減少させる奇跡の成分が含まれているのを隠蔽するなんて、いかにも専門家連中がやりそうなことだ。幸いなことに、食生

活健康研究所のドイツ人科学者ヨハネス・ボハノンがその秘密を暴く論文を執筆し、それが雑誌に掲載されて世界中のメディアで報じられた。彼は我々がずっとそうではないかと疑っていたことが正しかったのを証明してくれた。つまり、チョコレートは体にいい。

ただし、ヨハネス・ボハノンは実在の人物ではない。食生活健康研究所も実在しない。論文を掲載した雑誌は本物だが、査読や編集といったことをあまりきちんとしていない雑誌のようだ。「ヨハネス」・ボハノンの正体は、ジョン・ボハノンという名前のジャーナリストであり、ボハノンは（彼自身の弁によれば）「ゴンゾー・ジャーナリストたちと一人の博士によるチームに所属し」、「ダイエットの流行のなかで、間違った科学を大見出しにするのがいかに容易いことかを示し」たかった(1)〔ゴンゾー・ジャーナリズムは、主観的な記述を特徴とするジャーナリズムのスタイル〕。

つまりチョコレートで痩せるわけではない。それでは、イスラエルのヨルダン川西岸とガザ地区を結ぶ橋があり、ときどきイスラエルが悪意でパレスチナ人の通行を禁じているのは知っていましたか？　もしかしたらこれも、「ニュース」で読んだことがあるのでは？　二〇一四年、オンラインジャーナルの――自称、複雑な問題を誰でもわかるように報じる情報源である――『Ｖｏｘ』は「イスラエル――ガザ危機を理解するための11の重要な事実」という記事を掲載した。事実の一番目が、ガザ地区と西岸を結ぶ橋だった。

だがその橋は存在しない。

『Ｖｏｘ』はその間違いを訂正した――記事を書いた記者は橋の建設が提案されたという記事を読んだことがあり、建設されなかったとは知らなかったと弁明した――が、批評家たちは『Ｖｏｘ』をさんざん笑いものにした。ライターのモリー・ヘミングウェイが言うとおり、ジャーナリストは誰でもミスをするし、あらゆる分野の専門家になることはできない。しかし「ガザへの橋」は、「名前を間違えたとか、ひどく専門的な細部を知らなかったということではない」。「その地域のことをまったく何も知らないということだ」[2]。あらゆる訂正に言えることだが、この場合も、記事だけ憶えていて訂正は忘れてしまう人がいったい何人いることかと思わざるをえない。

『Ｖｏｘ』はたびたびそうした批判を受けており、そうされても仕方がない理由がある。二〇一六年、『Ｖｏｘ』は、「ブラックパンサーが行ったもっとも急進的なことは、子供たちに無料の朝食を提供したことだ」という見出しを掲げた。ブラックパンサー党は、一九六〇年代後半に設立された、黒人民族主義とマルクス・レーニン主義を融合させた急進的な組織で、何度も暴力事件や殺人事件に関与し、警察と銃撃戦を行った。彼らは親しみやすい保育園の職員タイプではない。『Ｖｏｘ』の記事に対して、『デイリー・ビースト』のコラムニスト、マイケル・モイニハンは以下のようなツイートを投稿した。「『説明したがり屋』のライターが、説明していることについて何か知っていた時代を憶えていますか？　わたしは記憶にない」。

つまりチョコレートは体重を減らす魔法の薬ではなく、ガザ地区と西岸のあいだに橋はない。ブラックパンサーは、我々が憶えているより乱暴な連中だった。だが、これも初耳かもしれないが、キリスト教のイースターは、イエス・キリストが復活後すぐに昇天したことを祝う祝日だ。二〇一三年、『ニューヨーク・タイムズ』紙がそう書いたのだ。福音書にはイエスが復活後あちこちに出没したという記述があるし、地元の教区牧師や聖職者は毎年春になるとそれについての説話をする。聖職者たちは賢く、一部は神学の学位ももっているはずだが、天下の『ニューヨーク・タイムズ』の記事に異を唱えるなんて、畏れ多いのでは？

世界には一〇億人以上のキリスト教徒がいるが、驚くべきことに、この間違いに気がついた人はごく一部だった。『ニューヨーク・タイムズ』紙は、そっと、同紙の歴史上もっとも控え目な訂正を掲載した。「本記事の旧版ではキリスト教の祝日イースターの意味を間違って伝えました。復活祭はイエスが昇天したことではなく、イエスの死からの復活を祝う日です」(3)。これは公式ヴァージョンのより正確な言い方だが、そもそもこんな間違いをおかすということは、同紙には、「疑り深い人」（疑うトマス）の背景や、イースターの日曜日にイエスが天国の最上階行き直通エレベーターに乗るのではなく、その姿を現したという新約聖書の当該箇所から派生した文化的表現をまるでわかっていない人間がいたということだ。

こうしたさまざまな誤情報にうんざりしたら、文学に目を向け、イーヴリン・ウォーのすばらしい小説を読んだらどうだろう。二〇一六年、『タイム』誌の「史上もっとも偉大な女性作家一〇〇人」の一人に挙げられたウォーの作品は一読の価値があるはずだ。

とはいえ、もちろんイーヴリン・ウォーは（一九九六年に亡くなった）男性だ。

こうした傑作な間違いはインターネット時代の産物とは限らない。たとえば、三〇年以上前の『ワシントン・ポスト』紙の一面記事には、アイルランドはNATO加盟国だと書かれていたが、それはきっと中立で知られるアイルランドの人々にとっても、ソ連とアメリカにとっても驚きだったはずだ。誰にでも間違いはある。専門家にも、ジャーナリストにも、記者にも、校閲者にも。こうしたことは起きるものだ。

しかし残念なことに、二一世紀のジャーナリズムの世界では、こうしたことが以前よりもひんぱんに起きている。さらに困ったことに、インターネットのおかげで誤情報は以前よりもずっと速く広まり、ずっと長く留まる。絶え間ない情報が、高速で二四時間配信される世界では、ジャーナリズムは専門知の死を防ぐ者であると同時に寄与する者でもある。

情報化時代によってもたらされるニュースや情報についての文句を言うと狭量に見えるのはわかっているが、それでも言っておく。ジャーナリズムの変化は、インターネットや大学教育へのアクセスの増大と同様に、一般の人々と専門家の関係を損なう予想外の影響を及ぼす。二一世紀でニュースと呼ばれているものの大部分は、人々の見聞を広げる代わりに、一般の人々を――ときには専門家も――より混乱させ、偏屈にしている。

専門家は大変な課題に直面している。これまでになく多くのニュースが報じられているのに、人々はあまり情報を受けとっていない。この傾向は二五年ほど前から始まった。この逆説的な問題は解消されるどころかますます悪化している。人々は入手可能な情報が増えたにもかかわらず、自分の周りの世界のことをあまり知らないうえに、知りたいという気持ちもあまりない。

たとえば一九九〇年にピュー・チャリタブル・トラストの行った研究によれば、公共に関する重要な質問への関心の欠如は、実際に三〇歳未満で顕著だった。当時出現してきたケーブルテレビや電子メディアをもっとも受け入れる力がある層だ。研究は、これはアメリカ文化の明らかな変化だと指摘した。

過去五〇年間のほぼ全期間を通して、社会の若い構成員は少なくとも年長の人々と同程度に情報をもっていた。一九九〇年は、もはやそれが当てはまらなくなった……三〇歳未満の層はかつてより情報に疎くなっている。そして自分の周囲の広い世界で起きていることへの関心が薄れている。社会科学者や世論調査専門家らは昔から、若い人々が政治や重要な問題にそれほど敏感ではないということは気づいていた。だがその差がはっきりと顕在化した。(4)

このときの三〇歳未満は現在中年になっているが、彼らの子供世代もその傾向は変わらない。二〇一一年にシカゴ大学が行った研究では、アメリカの大学卒業生は「四年間の大学生活でクリティカルシンキング（批判的思考）や複雑な論理的思考を大きく伸ばせていない」うえに、より気懸かりなことに「市民として社会に関わる気構えが育っていない」(5)。親世代と同じく、若者たちは期待されるよりも情報に疎いだけでなく、学んだことを市民としての義務に活用することへの関心が薄い。

このように、一般の人が専門家に対して「それは新聞で読んだ」「ニュースで見た」と言うとき、それにはあまり意味はない。実際、情報は「新聞」や「ニュース」からではなく、ニュースのように見える何かから得たものだという可能性がある。それどころか、「わたしがたまたま好きなサイトで何かを見たとき、わたしの好みの情報が載っていた」ということかもしれない。そうなると、議論はどこにも行きつかない。そもそもどんな誤情報が会話を導いているのかを解きほぐそうとしているうちに、もともとの問題が隠れたり失われたりしてしまうからだ。

なぜこんなことになるのだろう？　絶え間なく事実や知識を浴びせられる世界で、なぜ人々は以前よりも事実や知識を受け入れなくなったのだろうか？　ジャーナリズムに関する限り、ひと言で答えれば——現代の多くの技術革新にもあてはまる説明でもある——技術が資本主義とぶつかり合って人々に望みのものをもたらしたが、それは必ずしもよいものではなかったということだ。

ジャーナリズムや現代のニュースメディアを批判することが、専門家の「第一の不文律」——他の専門家の仕事のやり方にケチをつけるな——を破る危険をおかすことになるのはわかっている。たしかにわたしはジャーナリズムの専門家ではないが、その商品の消費者だ。教員としても、政策アナリストとしても、仕事の一部としてニュースに頼っている。毎日、一般の人々に複雑なものごとや考えを伝えるという専門家の誰もが直面する困難を乗り越えようと努めている。ある意味では、現代メディアが、わたしの仕事——複雑な世界を人々に理解させること——を二〇年前よりも難しくしているとも言える。

過ぎたるは及ばざるがごとし

現代ジャーナリズムが専門知と確立された知識にもたらす課題も、現代アメリカ社会の大部分に悪影響を与えている問題から派生している。つまり、何もかも多すぎる。

二一世紀の今、かつてないほど多くのニュース情報源が存在する。ラジオ、テレビ、インターネットによって、人々はそうした情報源に簡単にアクセスして、電子データをシェアできる。教育の普及によって、昔よりも多くの人々がそうしたニュースを読み、話し合うようになった。情報のごちそうだ。付け合わせと一緒にたくさんの皿に盛られて出てくる。それなのに、なぜ人々は断固として無知無学のままで、ニュースや、専門家の意見および助言を、しかもそれらは労せずして手元に届けられるというのに、受けとろうとしないのだろう？　なぜなら、あまりにも多すぎるし、あまりにもエンターテイメントと融合しているからだ。

今日では電気が使える人なら誰でも、自分が望めばいつでも、四方八方から飛び込んでくるニュースにどっぷり浸かることができる。アメリカの主要新聞やテレビ各局の番組はすぐに電子フォーマットで閲覧可能になり、一定の間隔でアップデートされている。衛星テレビやケーブルテレビにアクセス可能な視聴者——すなわち先進国の大部分の人々——は世界中のニュース放送からいくらでも好きなものを選べる。今はあらゆる好みや政治観に合わせたニュース情報源が存在し、ジャーナリズムとエンターテイメントの境界は、視聴率やクリック数を稼ぐために意識的にぼかされている。

比較してみよう。一九六〇年代のアメリカの平均的な家庭には、テレビ局が三つ、ラジオ局が八つ、新聞は一紙、雑誌は三、四種類あった。(6) それが二〇一四年になると、視聴率リサーチで知られるニールセンによれば、平均的なアメリカの家庭では視聴できるテレビ局が一八九（二〇〇八年と比較して六〇増加）あり、視聴者はそのなかの一七の局にチャンネルを合わせている。二〇一五年、サンディエゴ・スーパーコンピュータ・センターの研究者が推測したところ、それにモバイル機器やパソコンに配信されるメディアを加えると、一人あたりの毎日のデータ量はＤＶＤ九枚分にもなった。このような大量の情報を消費するのに、平均的な人間では一日に一五時間以上かかる。(7)

だが何もかも多すぎるとは言っても、何もかも質が高いというわけではない（スタージョンの法則から逃れることはできない）。かつてないほど多種のニュース情報源が手に入るということは、かつてないほど多種の外食店があるというのと似ている。それは事実だが、人々がアメリカに三〇万軒ある安食堂チェーンやファストフード店で食事をして、より健康的になっているとは言えない。

富とテクノロジーによってジャーナリズムに参入する障壁が下がり、二〇世紀後半から二一世紀初めにジャーナリズム企業がいくつもつくられ、予想どおりの結果になった。つまり、メディアが増え、競争が激化し、視聴者は政治や階層別に細かく分けられるということだ。また会社が増えれば求人も増え、多くのジャーナリストが、重要な問題を報道する能力があるかどうかにかかわらず、仕事に就く。この競争はすべて、より簡単に、速く、きれいで、楽しいニュースを求めるアメリカの消費者の命を受けて行われる。

四〇年前のメディアは、もっと慎重に「ニュース」とその他を分けていた。ただしそれは、「ニュース」が世界を完全に映した絵ではなかったということだ。むしろ、注意深くキュレーションされて編集された情報の流れだった。ネットワーク局やニュース会社は少なく、テレビでは比較的短い時間がニュースにあてられていた。つまり人々は、ネットワーク局を運営する会社が見たとおりの世界を見ていた。ニュースを発信する組織は、できるだけ多くの、人口統計学的に市場性のある視聴者を対象にする必要がある。だから一九六〇年代から一九七〇年代までのアメリカのニュース放送は、驚くほど似通っていて、ウォルター・クロンカイトやハリー・リーゾナーのような、落ち着いた、権威を漂わせる人物が、とんでもなくひどいできごとでも冷静沈着に伝えた。

しかし反面、何でもニュースに取りあげられたわけではなかった。一九九〇年代以前、ニュースは今よりも企業やエリートにコントロールされていた——そしてそれは完全に悪いことでもなかった。各ネットワーク局が一日のできごとを三〇分で伝えるとしたら、ソ連との軍縮交渉には、有名人の離婚よりも多くの時間が割かれただろう。ネットワーク局は、恐怖心を引き起こす「特別報道」を番組に割りこませることはほとんどなく、もしあればそれはたいてい何らかの大災害だった。世界に何か重要なことが起きても、アメリカの人々は、新聞配達の少年――一九七〇年代初めにはわたしもその一人だった――か、夜のニュースを待たなければならなかった。

ニュースが増えただけではなく、ニュースの双方向性も増した。現在のアメリカ人は新聞の紙面に入る記事だけを読んだり、受動的にテレビの前に座ってニュースを理解したりするだけではない。受けとった情報についてどう思うかを絶え間なく、しばしばリアルタイムで訊かれる。ツイッターやフェイスブックは新顔のニュースティッカー〔テレビ画面の端などに文字でニュースを流す技術〕として、クラウドソースによる情報を絶えず流すことでニュースを伝え、同じ勢いで噂を広める。トークショーとニュース番組――両者を区別することはますます難しくなっている――は視聴者に対して、ソーシャルメディアやウェブサイトの即時投票によって意見を述べるように呼びかけている。明らかに、人々の手元にスマートフォンやタブレットやノートパソコンがあるということを前提にしている。

また双方向性は情報の選択に影響を与えており、企業が編集をコントロールしていた時代はよかったと思わせる。『ダラス・モーニング・ニュース』紙は二〇一五年、新しい主筆を雇うにあたり、インターネットのニュースサイト、『ファイブサーティーエイト』出身のマイク・ウィルソンに声をかけた。『ファイブサーティーエイト』は、ニュース速報ではなく「データジャーナリズム」に特化したニュースサイトだ。「我々が捨てる必要があるのは、読者が何を必要としているかについての古い考えだと思います」。ウィルソンは雇われてから、あるインタビューで語った。

我々はこれまで以上に読者が求めているものに敏感になるべきです。これまでの新聞の伝統では、我々が課題を設定して、読者が読みたがっているところちらが思うものを伝えていました。我々はその山から少し下りて、もう少し人々の話を聞き、人々を会話に参加させることが必要だと思います。(8)

大手新聞も同じ意見だ。「購読者の考えはどうでもいいなどと言えるはずがありません」。二〇一五年、『ウォールストリート・ジャーナル』のオンライン・ニュースを統括するアラン・マリーは言った。「我々は読者が何を考えているかに大いに関心があります。一方で我々の読者も我々の編集判断に大いに関心をもっています。我々は常にその二者のバランスをとろうとしています」。(9)

記者や編集者は、報道するニュースの選択を人々に任せているわけではないと断言するが、およそ信じがたい。二〇一〇年、『ニューヨーク・タイムズ』は、『ワシントン・ポスト』など他紙が自社のウェブトラフィックを仔細にモニターしていると報じた記事で平静を装って以下のように述べた。「編集者が読者の俗な興味に迎合して何を報道するのかを決めるような腐ったやり方ではなく、テクノロジーの可用性はこれまでのところ、どうすればオンラインの読者により強く訴えるニュース報道になるかについてのより正確な判断につながっているようだ」。(10) この記事によれば、『ワシントン・ポスト』の読者たちは、二〇一〇年のイギリスの総選挙よりもクロックス（流行りの醜い履き物）により興味を引かれているとわかったが、それで『ポスト』の報道が変わることはなかった。ひとまずは安心だが、そもそもそれで安心しなければならないということに不安を覚える。

おもな問題についての人々の認知度から判断するに、読者に必要なのはニュースに意見を言うことではなく、「現在位置」を矢印で示した地図つきの基本的な情報だ。これほど競争が激しくなく、競争相手も多くないマーケットでは、メディアが読者に何を求めているのか尋ねるという事態は想像できないが、情報が過剰供給されているマーケットでは立場が逆転して、ジャーナリストが読者の知るべきことを伝えるのではなく、読者が何を読みたいのかを訊くようになるのも時間の問題だ。

エンターテイメント、ニュース、識者の意見、市民参加のこのような融合はひどい混乱状態になり、人々が何かわかったような気になるまでもいかない。インターネットのページを果てしなくクリックして数百の見出しをスクロールすることで、一般の人々はニュースを理解したと誤解する。さらに悪いことに、毎日あまりにも大量のメディアと相互作用することによって、人々は、時間がかかったりあまりおもしろくなかったりすることを学ぼうとしなくなる。

このような情報過多に振りまわされているのは一般の人々だけではない。現実は、ニュースにより注意を払い、賢い消費者であろうと努めているプロも含め、誰もがデータに溺れている。二〇一五年、『ナショナル・ジャーナル』誌は、「ワシントン・インサイダー」と同誌が呼ぶ連邦議会職員、連邦政府幹部、民間企業の広報プロなどの人々の調査を行った。それによれば現在、彼らのような「インサイダー」が情報を入手するのはかつてないほど簡単になったが、「それを理解することはかつてないほどに難しくなっている」。ワシントンの専門職の人々も、うんざりするほどの「情報」に麻痺して、「個別の情報源とその情報の信頼性に、確信がもてなくなっている」。[11]

ワシントンの公共政策立案のプロや職員がニュースを理解できないのに、他の人間が理解できるだろうか？『ナショナル・ジャーナル』の研究でさえ、この時間プレッシャーに配慮して、論文全体を読むのには四五分かかるが、ざっと読む分には二五分といった但し書きをつけている。この皮肉は明白で深刻だ。

絶え間なく流れてくるニュースと双方向放送は、インターネットやケーブルテレビより前から存在した。それどころかテレビ以前にさかのぼる。すべてはラジオから始まった。正確に言うと、ラジオは人々が初めて、絶え間ないニュースとトークにどっぷり浸かったメディアであり、一九六〇年代にテレビの普及によって廃れるはずだったが、二〇世紀末に新しい命を吹き込まれた。

ラジオがテレビスターを殺した

プロや専門家の多くが、彼らのオフィスにやってきて教えを垂れようとする自称物知りが増加したのはインターネットのせいだと思っている。そうでなければ、二四時間のニュース放送が、人々の理解能力を超えた速さでニュースや事実を次々に流し、人々をニュース漬けにしているせいだと考えている。インターネットへの批判と同様に、その文句にも一理ある。今やアメリカ人はまるでホワイトハウスのシチュエーションルームにいるかのような熱心さでニュースを視聴し、まるで自分が開戦の決断をくだすことになっているかのようにあらゆるニュースを注視している（CNNはそうした視聴者の虚栄心をくすぐるため、午後の番組に『シチュエーションルーム』〔ホワイトハウスの地下にある状況分析室〕という名前をつけた）。

しかしこれらは、アメリカ人が、画面に映るさまざまな問題について自分のほうが専門家よりもよく知っているという間違った考えをもつようになったことの説明にはならない。その原因を知るには、一九七〇年代以降、人々とメディアとの関係がどのように発展していったかを詳しく見る必要がある。ウォーターゲート、「スタグフレーション」、ヴェトナム戦争敗戦の一〇年である一九七〇年代が基準点になる。それはケーブルテレビのような新しいテクノロジーが出始めた時期というだけでなく、そうした変化と同時に、アメリカ社会における政府その他の機関への信頼の崩壊が加速した時期でもあるからだ。新しい種類のメディアの成長と信頼の低下は、どちらも専門知の死に密接に関わっている。

一九五〇年代のテレビは大部分の種類の番組でラジオにとって代わると思われていた。それでもラジオは依然として音楽とスポーツのジャンルでは優位を保ち、幅広いリスナー層を抱えていたが、音は薄っぺらなモノラルだった。この低音質では、左右の耳をもつ人間は何でもステレオで聞きたがるという明らかな問題には対処できなかった。FMはもっと音質がよかった――スティーリー・ダンは「FM」というヒット曲のなかで「まったく雑音がない」と歌った――が、FMラジオ放送のリスナー数がAMラジオを上回るのには一九七八年までかかった。放送に視覚要素を盛り込むことが可能なテレビは、そのあいだに、かつてはおもにラジオが担っていたニュースやその他の主要な情報商品を手に入れた。

それでもラジオは死ななかった。とくにAM放送のラジオは、テレビには不可能なものを提供した。双方向の形式だ。比較的放送時間の制約が少なく、製作費も安かったラジオのトークショーの背景にあるアイディアは単純だった。ホストにマイクを渡して、放送開始のスイッチを押し、ニュースについて自分の意見を述べたがっているリスナーからの電話を受ける。その他の種類のエンターテイメントをテレビや音質のいいFMラジオにとられて手頃な番組を探していたAMラジオにとって、これは当然の選択だった。

トークラジオは大きな政治的影響をもたらし、その後ソーシャルメディアにおいて盛んになる確立された知識への攻撃の土台を築いた。トークラジオの隆盛に誰よりも貢献したのは、ラッシュ・リンボーだ。彼は一九八〇年代後半に、まだ堅苦しかった日曜朝の解説的テレビ番組の世界に風穴をあけた。もっともリンボーが先駆者というわけではなかった。トークラジオは遅くとも一九五〇年代にはアメリカ各地に存在して、たいてい夜や深夜といったあまり重視されていない時間帯に放送されていた。しかしリンボーは、独特なことを始めた。自分を、アメリカのメディアに対抗する真実の情報源として売りだしたのだ。

放送開始から二、三年のうちに、リンボーの番組は全米六〇〇以上のラジオ局で放送されるようになった。彼はリスナーに、新聞や全国ネットのテレビ局は共謀してリベラルのエコーチェンバーとなっており、とくにビル・クリントン大統領の新政権をえこひいきしていると訴えた。そのすべてが完全に公平だったわけではないが、すべて間違っていたわけでもなかったし、リンボーは毎日、大手メディアの報道から偏見の実例を掘り起こし――そんな例は山ほどあった――それをとことん追及した。中断なしで三時間たっぷりの放送時間をもつリンボーは、ケーブルテレビ以前のテレビに対して有利だった。

リンボーやその他のトークラジオのホストたちは、リスナーに電話で支持を表明させることで、全国に熱心なファン層をつくりあげた。電話はふるいにかけられ、前もって内容を確かめられた。リンボーの初期を知るある関係者によれば、これはリンボーが論争に苦手意識をもっていたからだった。しかし肝心なのは論争ではなく、すでに賛成し合う傾向をもつ人々に共同体の意識をもたせることだった。後にはインターネットが、主流メディアを拒絶する人々のこうしたネットワーク形成を引き継ぐことになるが、この現象はラジオから始まった。

テレビのネットワークと出版メディアは、ラジオに非常に多くのリスナーがいることだけでなく、そのリスナーたちが伝統的なニュースの情報源に反発しているのを知って驚いた。一九七〇年代、スピロ・アグニュー副大統領は新聞をリベラルびいきだと非難し、不滅の名言を吐いた（その言葉は実際にはホワイトハウスのスピーチライター、ウィリアム・サファイアが書いたもので、メディアは「反対ばかり垂れ流すおエライさん（nattering nabobs of negativism）」というものだった）。二〇年後、ラジオが同じ主張をして、以降、これが定着した。

もちろん皮肉なのは、リンボーも他の保守派のトークラジオのホストたちも、すぐに主流になったことだ。二一世紀の初めには、マーケットとしてのラジオ放送は落ち込んだが、リンボーは二四〇〇万人のリスナーを維持し、二〇〇八年には四億ドルの契約を結んだ。それはショックジョック〔過激な発言やどぎつい言葉づかいを売り物とするラジオのディスクジョッキー〕のハワード・スターンがシリウス衛星ラジオと交わした五億ドルの契約に次ぐ巨額契約だった。テレビの黎明期、テレビはラジオを潰す寸前だったが、やがてラジオのトップスターがケーブルテレビに移籍したり、その反対があったりで、テレビとトークラジオは競争相手というよりも相補関係になった。

リベラルのトークラジオはさっぱり振るわず、その影響は保守派とくらべてはるかに小さかった。それは相手と同じレベルまで堕ちなかったからだとリベラルは主張するだろう（今はもう存在しない進歩的なラジオ局、エア・アメリカのトークラジオのホスト、ランディ・ローズが二〇〇八年の放送中にヒラリー・クリントンを「偉そうな（罵り言葉）女」と呼んだことを考えれば、なかにはよろこんで同じレベルに堕ちたリベラルなホストもいたと言える）。一方保守派は、リベラルなトークラジオは、もともとリベラルなメディアが国を支配するなかでは存在しない問題への解決策でしかないと論じた。リベラルは意見を述べる場所がいくらでもあるだろう、ということだ。いずれにせよ、左寄りのトークラジオのホストは影響力を得ることはなかった。たとえば人気の進歩的トークラジオのホスト、アラン・コルムズは、リンボーや、トークショー『ハニティー＆コルムズ』での元パートナー、ショーン・ハニティー（ラジオとフォックス・ニュースのテレビ番組、両方をこなした）とくらべたら、数分の一のリスナーしか得られなかった。

トークラジオの台頭は、伝統的なメディアは不正直で信用ならないという人々の通念を強化することで、専門家の役割に疑いを投げかけた。ホストたちが攻撃したのは確立された政治理念だけではなかった。彼らは何もかも攻撃して、どんな事実も信用ならず、ホストによって認められたことだけが真実だというパラレルワールドにリスナーを放り込んだ。二〇一一年リンボーは「政府、学界、科学、メディア」のことを「欺瞞の四隅」だと述べた。つまりリンボー以外全員ということだ。

他にもたくさんの例をあげることが可能だ。グレン・ベックはかつてリスナーに、オバマ政権の科学顧問ジョン・ホールドレンは強制堕胎の擁護者だと言った（それは事実ではなかったが、その噂は今もなおささやかれている）。ハニティーやその他のホストたちはエジプト政府が死姦を合法化しようとしているという噂に固執した（リンボーはそうした場合誰がコンドームを提供するだろうかという質問を投げかけた）。この話は、オンライン新聞『クリスチャン・サイエンス・モニター』の外国特派員であるダン・マーフィーによれば、「完全なたわごと」だったが、そんなことはお構いなしだった。

一九八〇年代および一九九〇年代のトークラジオはテレビや出版メディアに対する必要なアンチテーゼだったという言い分には一理ある。テレビや出版メディアは次第に政治の現状に甘んじるようになり、思想的変化が乏しく、自己中心的になっていた。リンボーと彼を手本にしたトークラジオのホストたちが中部アメリカの怒りとメディア不信を生みだしたわけではないということは、アグニューの有名なメディア批判からも明らかだ。とはいえトークラジオのホストたちは、精力的にその不信を煽った。結果的にトークラジオは、それが取って代わろうとした文化と同様に、独善的かつ一方的になった。保守派のホストたちは大手ネットワークのテレビがあえて触れようとしなかった論点を公衆の面前に押し出すのには成功したが、その過程で、「何もかも嘘っぱちで、専門家はとくに賢いわけではなく、他の人間よりずっと虚言癖がある」と信じる人々の声を強めてしまった。

人質にとられたアメリカ――一万五〇〇〇日目

ラジオが起こした電子と紙媒体に対する蜂起は、ケーブルテレビとインターネットが普及しなければ、AM放送の外にまで広まることはなかったかもしれない。ケーブルテレビとインターネットは、ニュースのこれまでと違う情報源として――そして確立された知識を攻撃するプラットフォームとして――一九九〇年代を通じて互いに強化し合っていった。リンボーでさえ、作家業に進出してベストセラーリストを征服した後で、二、三年、シンジケーション市場〔テレビ番組の売買の市場〕のテレビ番組に進出しようとしたことがある。以前は狭かったメディアの門戸が大きく開き、大勢の人間の参入を許した。あるメディアで放送された話がすぐに別のメディアに跳ね返り、もっと大きな音になって戻ってくる。それはマイクをスピーカーの前にもっていくと耳をつんざくような音がするのと似ていた。

だが皮肉なことに、ニュースの二四時間放送を始めたのは、ケーブルテレビでもインターネットでもなかった。今は亡き、イランのホメイニ師だ。

一九七九年一一月、イランの革命家たちがテヘランのアメリカ大使館に侵入し、大使館員を人質にとった。その光景は、ほぼリアルタイムでそれを見たアメリカ人には衝撃だった。イランによる大使館占拠事件のドラマは、戦争と危機の間のできごとで、目新しかった。ヴェトナム戦争は一〇年間もかけてスローモーションで敗北を喫した。一方キューバ・ミサイル危機は、テレビや新聞が十分な報道をする前に二週間で終わった。それがイランでは、人質にとられるまでは早かったが、それから事態が停滞し、二、三日間の暴力が続き、その後は待つことと心配することしかできない長い時間が続いた。

ニュースメディアは窮地に陥った。一方では、アメリカ人が外国で重大な危険にさらされている。もう一方では、何も起きていない。コメディアンのシェヴィー・チェイスが『サタデー・ナイト・ライブ』で毎週、「スペインのフランシスコ・フランコはまだ死んでいます」と言ったように、ネットワークのニュースアンカーたちは、「人質はまだ人質にとられています」と言う以外、何も言うことがなかった。

ＡＢＣテレビジョン・ネットワークは新しい試みとして、毎日のイランの状況報道を深夜に移動させることにした。当時ABCには、ライバルのNBCが放送していたジョニー・カーソンの長寿トークショーに対抗できる深夜番組がなかった。そしてニュース番組は、比較的製作費が安かった。ABCは新しい番組名を『ナイトライン』として、もっぱらイランのアメリカ大使館占拠事件を報道した。毎晩、ABCは画面に「人質にとられたアメリカ」と派手に書きたて、拘束されて何日目かを示した。それからニュースアンカー（通常はABCニュースのベテラン記者、テッド・コッペル）が専門家、ジャーナリスト、その他事件に関係のある人々にインタビューを行って放送時間を埋めた。

一年以上経って人質たちは帰国したが、コッペルと『ナイトライン』は継続が決まり、その後何年間も続いた。その後のケーブルテレビの技術によって模倣番組がいくつもつくられたが、モデルを提供したのは『ナイトライン』だった。「速報」アラートとテロップ――現在のニュース番組の画面の下を流れている、ファクトイドの帯――そうしたものは全部、危機に急いで対処してつくられた番組から始まった。

『ナイトライン』時代とニュースの二四時間放送の到来によって、メディアにおける専門家の助言の価値は低下した。二〇一五年、陸軍戦略大学の教授スティーヴン・メッツはそれ以前の時代についていみじくもこう述べている。「人々は、経験と専門知によって影響力をもった国家安全保障専門家、選出された議員、軍首脳、政治任用官、学者、メディアの人間、シンクタンクのアナリストらの意見に敬意を払った」。しかしそれが変わった。

ラジオやテレビの放送時間が何時間もあったり、オンラインで意見を交わす掲示板があれば、苦労して獲得した専門知は不要だ……もう何十年も前から、政治の分野において権威に対する敬意は低下しつづけている。情報の豊富さとコミュニケーションテクノロジーは、昔なら権威の意見を尊重した人々に、発言機会と自信を与えた。(12)

そうした人々は「ちょっとした情報で武装して、拡大する一方の広範囲の問題に意見を述べる」とメッツは結論づけた。プロデューサーやリポーターは、そうした自称専門家に対して、何か、何でもいいから話すようにと促す。それは断れない誘惑だ（その点では、わたしも身に覚えがある）。

『ナイトライン』は成功したが、それでもテレビ局は、昼夜を問わずにニュースを放送しようとは思わなかった。ニュースばかり見たいと思う視聴者なんているはずがないと考えたからだ。ところが一九八〇年、起業家のテッド・ターナーが、人々はきっと絶え間なくニュースを見たがっているはずだという可能性に賭けて、ケーブル・ニュース・ネットワーク（CNN）を創設した。CNNは、大手テレビ局の報道局の幹部たちに「チキン・ヌードル・ネットワーク」と揶揄された。見出しと記事のインスタント・ヌードルというわけだ。しかし最後に笑ったのはターナーだった。CNNはケーブルテレビで巨大な存在になっただけでなく、いくつもの競争相手を生みだし、そのなかのひとつフォックス・ニュースはやがて視聴率でCNNを上回るようになる。

ターナーは、従来のニュース番組のように年嵩の白人男性に力強い声でニュースを読みあげさせるのではなく、より華やかな見た目をCNNに与えた。一九八〇年六月一日、ロイス・ハートとデイヴィッド・ウォーカーはCNN初のニュースアンカーを務め、ジミー・カーター大統領が、入院中の公民権運動指導者ヴァーノン・ジョーダンを見舞ったというニュースを伝えた。ニュースは、ジョン・チャンセラーやフランク・レイノルズのような、アメリカ人が安心する中年の小父さんの声を三〇分間聞くことから、若くてより魅力的なアンカーたちが昼も夜も代わる代わる登場するリアルタイムの視聴体験へと変わった。

こうして登場した二四時間のニュースサイクルは、一九八〇年代から一九九〇年代初めまでの一連の危機や大災害を経て、ようやく視聴者を獲得することができた。ロナルド・レーガン大統領の暗殺未遂、ワシントンDCのポトマック川へのジェット機の墜落、テロリストによるトランスワールド機の乗っ取りなどの事件で、アメリカ人は何時間もテレビをつけっぱなしにしてニュースチャンネルを見るということが証明された。前もって決められた時間にテレビの前に座ったり、「放送の途中ですが」という言葉に慌ててテレビの前に駆けつけるというやり方はすたれ、ニュースは一種のビュッフェのようになり、視聴者は一日中いつでも好きなときに行ったり来たりする見方をするようになった。

一九九一年の、最高裁判事候補クレランス・トーマスにセクシャル・ハラスメントを受けたと主張するアニタ・ヒル法学部教授の証言は、アメリカ人が危機や災害だけでなく、政治的な法廷ドラマでも――そこにセックスまたは殺人が含まれている場合、いちばんいいのは両方が絡んでいる場合に――テレビの前に釘づけになることがわかった。一九九一年、法廷内カメラ取材の規制が緩和されると、ケーブルテレビにコートTV〔犯罪・司法に特化したテレビ局。二〇〇八年からはトルゥーTVとなっている〕が登場した。アメリカ人はレイプ、殺人、その他の不正行為の裁判を延々と見つづけることで、安楽椅子に座った司法専門家になった。

その時点でCNNは、平均的な視聴者が一日に何とか処理できる以上のニュースを放送していた。だがコートＴＶのようなケーブルテレビ放送局の増加は、専門家にとっての悪夢だった。一九九一年、『エンターテイメント・ウィークリー』誌は新たなニュース・ネットワークのコートＴＶを「シースパン」〔議会中継など、政治を専門とするケーブルテレビ局〕のようでもあり、「マンデー・ナイト・フットボール」でもあると述べた。もっともそれは、喩えに使われた両者にとっては褒め言葉ではなかった。ついに一九九五年、Ｏ・Ｊ・シンプソンが殺人罪に問われた見世物的裁判で、大勢の一般の人々が、ＤＮＡ鑑定の結果から靴跡の証拠としての確度まで、自分が理解できないことにも真剣な意見をもつことがわかった。同裁判は次々と高視聴率を叩き出し、人々がニュース放送にほんとうに求めているのは、何時間も続く退屈なニュースではなく、緊張感のあるドラマだということを証明した。

　ＣＮＮがヘッドラインのみに絞ったチャンネルを始めたのは一九八二年のことだった。ニュース報道に特化したこのチャンネルは、三〇分でひと通りのトップストーリーを伝える形式だった。もちろん、それは平均的な視聴者にはあまりにもそっけなく、間もなく改称されたＨＬＮでは、セレブリティ判事ナンシー・グレースが長時間番組を担当するようになった（ケンタッキー・フライド・チキンがＫＦＣに改称して同社が鶏に何をしているか——端的に言えば、フライにしている——をオブラートにくるんだように、ＨＬＮもどうやら「ニュース」を名前からはずす必要があったようだ）。

　どぎついニュースに時々グレースの司法に対する大げさな怒りを差しはさむ方式が、ＨＬＮの看板だった。二〇〇八年にあったぞっとする事件では、フロリダ州に住むケイシー・アンソニーという名前の母親に、幼児だった自分の娘を殺した容疑がかけられた。ひどい事件で、シンプソン裁判の再放送のように、人々はすぐに賛否異なる立場をとった。しかしＨＬＮはアンソニーの裁判を報道しただけではなく、グレースたちはこの事件をＨＬＮのメイン「ニュース」にして、約五〇〇ものニュース・ストーリーを放送した。[13] 二〇一三年にアンソニーが無罪放免になるころには、ＨＬＮの視聴者たちは、自分たちの権利が書かれている憲法よりもフロリダ州刑法に詳しくなっていた。

ジャーナリズムと専門知の死の関係について論じるには、一九九六年のフォックス・ニュースの登場に代表される革命的変化を考えないわけにはいかない。保守派のメディアコンサルタント、ロジャー・アイレスがつくりだしたフォックスは、ニュースを早く、見映えよく――実際に美女コンテスト優勝者をキャスターに起用して――美しくした。これはアメリカ的サクセス・ストーリーであり、良い意味でも悪い意味でも、そうしたマーケティングの成功の典型だった（アイレスは自分がつくりだしたメディアで、自分に対する複数のセクシャル・ハラスメント申し立てを詳細に報じられて、まさに彼のキャリアのテレビ向きな最終章にふさわしく、二〇一六年にフォックスから追放された）。

フォックスの歴史は専門知の死と重要な意味で交差している。フォックスの登場はある意味、新しい電子マーケットにおける人々のニュース情報源の探し方が党派によって分かれるということの端的な表れだった。リンボーがラジオやシンジケート方式のテレビでやろうとしたことを、アイレスはネットワーク・テレビで実現した。もしアイレスがフォックスをつくらなくても、きっと誰かがつくっていただろう。トークラジオの例が示すように、マーケットはすでにそこにあったからだ。作家でありフォックスの保守派コメンテイターでもあるチャールズ・クラウトハマーがよく皮肉るように、アイレスは「ニッチの視聴者を見つけた。アメリカ国民の半分だ」。

フォックスは、名目上は政治とは無関係にその日のできごとを報道するという従来型のニュース放送にとどめを刺した。保守派の雑誌『ファースト・シングズ』の編集者であるＲ・Ｒ・リノは二〇一六年、ロジャー・アイレスは「ともすれば、過去一〇年間に政治をエンターテイメントに変えた最大の功労者かもしれない」と述べたが、アイレスには大勢の助っ人がいた。

フォックスだけではない。ＭＳＮＢＣなどのネットワークも、自分たちの政治シャウト・ショー〔ゲストが政治や社会評論などについて激しく討論する番組〕――ワールド・ワイド・レスリングの言葉版の試合――をつくった。語り手たちが怒鳴りちらしたり、相手の話を遮ったり、好き放題に無礼を働く。視聴者はその見世物をよろこぶ。広告が売れる。金がもうかる。[14]

フォックスの「公平公正」というモットーは、自分たちはあらゆる議論を超越していると宣伝していた伝統的なメディア（その時点ではＣＮＮも含まれていた）の偽善に対する痛烈な一撃だった。フォックスは、トークラジオのホストたちがしたように、みずからを主流派に代わる選択肢として位置づけ、主流派クラブに属さず利害関係もない監視役として売りだした。

もちろん、フォックスだけが違うとか、大手ネットワークはどこも政治的に偏りがないというのも絵空事だ。メディアのバイアスは、さまざまな形であらゆる場に存在する。フォックスも他のネットワークと同様に、証拠に基づいたニュースと意見番組の間に線を引こうとしているが、やはりたいていは失敗に終わっている。ＣＮＮ、フォックス、ＭＳＮＢＣ、その他のネットワークはどこもすばらしいニュース組織を有しており、いずれもある程度は、狙いの視聴者層の好みに合わせるためだとしても、バイアスがかかっている。視聴者の獲得競争では、「ニュース」をただ放送するだけではだめなのだ。

多数の視聴者をもつフォックスの影響力は大きいが、今ではどのネットワークでも特定の党派に偏った「インフォテイメント」〔インフォメーションとエンターテイメントを合わせた造語〕を放送スケジュールに入れている。それよりも大きな問題は、大手のどのネットワークでも、ニュースとエンターテイメントの切れ目がなく、ほとんど見分けがつかないということだ。昼間の軽い番組から午後のニュースアップデートとトーク、続いて夕方の硬派のニュースから芸能人番組に——そうやって数時間のあいだに移り変わる。

トークラジオが隆盛を極め、その後ケーブルテレビが導入され、次にインターネットが規模でも速度でも成長して、既存のニュース報道機関だけでなく、参入したがっている自称ジャーナリストたちにも開かれた新しい競争の場が生まれた。インターネットとニュースメディアの増殖は専門家にとってすでに問題になっていたが、ニュースとインターネットの組み合わせによる相乗効果は、難攻不落の要塞並みの難問を専門家に突きつける。なにしろ、地下鉄に乗りながらスマホを見ることで世界のできごとについていっているつもりの一般の人々と意思疎通を図ることになるのだから。

誰も信用しない

わたしは三〇年近く、学部生や大学院生に教える授業の最初にはいつも、他に何をしてもいいから、毎日バランスのとれたニュースを摂取するように指示している。主要紙を追いかけ、少なくともふたつのテレビ局を視聴し、（オンラインでもオフラインでも）少なくともひとつは自分と常に意見の異なる雑誌を購読しなさいと。

だがそれが上手くいっているかどうかは疑わしい。わたしの学生たちが他のアメリカ人と同じなら、自分と同じ意見の情報源を追いかけているはずだ。たとえば二〇一四年、ピュー研究所はアメリカ人に対して、「政治および時事問題についてもっとも正確な情報を提供すると信用している」テレビ情報源は何かを質問する調査を行った。分裂したメディアのマーケットで予想されるとおりの結果が出た。人々は自分と同じ意見の情報源に引き寄せられていた。

アメリカ人の間で、公然と保守派を称するフォックス・ニュースが伝統的なニュース放送（長い歴史のあるABC、CBS、NBCなどの三大ネットワークのニュース放送）を押しやり、「もっとも信用できる」情報源に選ばれた。だがその差はほんの数パーセントだった。CNNが僅差の三番目に入った。回答者一〇人中四人が、フォックスまたはCNNを「もっとも信用できる」と答えたが、政治的に保守派だと自称する人々のあいだでは、フォックスを「もっとも信用できる」と答えた人は驚きの四八パーセントにのぼった。穏健派の人々が「もっとも信用できる」としたのは、三大ネットワークのニュースとCNNがほぼ同数（それぞれ二五パーセントと二三パーセント）で、フォックスと公共テレビ放送が二番目と三番目だった。リベラルを自称する人々の「もっとも信用できる」情報源は、三大ネットワークのニュースが二四パーセント、CNNと公共放送がほぼ同数の一六と一七パーセントだった。

この調査で何と言っても驚きだったのは、『ザ・デイリー・ショー』が「もっとも信用できる」情報源のなかにあったことだった。『ザ・デイリー・ショー』はコメディアンのジョン・スチュワートが長年司会を務めてきたニュースを風刺する番組だ。リベラルのうち一七パーセントが『ザ・デイリー・シヨー』を「もっとも信用できる情報源」としてあげ、スチュワートをCNNや公共テレビ放送と同列にし、進歩的なMSNBCを七パーセント上回った。MSNBCは（かつてそのモットーは、どんな意味かは定かではないが、「前傾」だった）二〇一四年の調査ではもっとも信用されていない情報源だった。調査対象の全グループがMSNBCを最下位にランクし、保守派の回答でも、スチュワートの『ザ・デイリー・ショー』を信用する人は、MSNBCを信用する人より一パーセント多かった。

若い世代は上の世代とくらべて非伝統的な情報源を視聴することが多いという世代差がある。しかしニュースをエンターテイメントにする動きは、どの年齢層でも起きている。情報を入手するという営み全体が、ある意味、ポストモダンの皮肉と冷笑主義の営みになってしまった。「真実」や「情報」といった言葉は、人の望みどおりの意味をもつようになった。ジョンズ・ホプキンズ大学の教授であるエリオット・コーエンが二〇一六年に書いた文章によれば、ウォルター・クロンカイトやデイヴィッド・ブリンクリーからニュースを聞いた世代と、ジョン・スチュワートや仲間の喜劇俳優スティーヴン・コルバートからニュースを聞いた世代の違いは、「若くて皮肉屋なヒップスターといっしょに笑うか、真面目な大人の話に耳を傾けるかの違いだ」[15]。

もちろん、そんな文句は中年のつむじ曲がりが言いそうなことに聞こえる。しかしそれとは別に、テレビのニュース番組が無味乾燥だから若い視聴者たちが代わりの選択肢を選ぶのだという反論もある。ロサンゼルスを拠点にする作家の（ジェネレーションXのかなり若い世代でもある）ジェイムズ・プラスは二〇一六年、このように述べた。「驚きだよ。三〇歳以下の人間は誰も信じなかったベビーブーマーたちが、顔立ちが整っていてビジネス・カジュアルに装った人間ならどんな馬鹿でも信じるようになるなんて」。スチュワートはコメディアンだが、彼の番組を見ている若い人々は、同じ世代で何もニュースを見ていない人々よりは情報に通じている。

問題はそうしたネットワークや芸能人の存在ではなく、視聴者がさまざまなネットワークのなかから選り好みしたものを見て、情報を得た気になってしまうことだ。特定の考え方に合わせてつくられた選択肢が数多く存在する現代のメディアは、巨大な確証バイアス実践の場になっている。つまりアメリカ人は、情報が不十分なだけでなく、間違った情報を受けとっているということになる。

このふたつの悪弊には大きな違いがある。二〇〇〇年にイリノイ大学は人々の知識に関する調査を行い、のちに政治学者のアン・プルータはその結果についてこう述べている。「情報不十分な人々はまったく何も情報を得ていない。間違った情報を受けとっている人々は優れた証拠や専門家の意見に反する情報を得ている」。そうした人々は、「自分たちの知識基盤の隙間を、すでにもっている信念で埋めようとする」が、やがてその信念が「たしかなデータと見分けがつかなくなる」。そしてもちろん、もっとも間違った情報を受けとっている人々は、「もっとも自分の考えに自信があり、強固な党派心の持ち主だという傾向がある」(16)。

アメリカ人がニュースやニュースに似た番組を少しは見たとしても、それをあまり信用しないのは、それが一因だ。多くの人々が、自分たちはその問題についてよく知っているという考えを前提にしたうえでニュースに接する。彼らは情報を求めているのではなく、確証を求めており、自分たちの気に入らない情報に接すると、その情報源は間違っているか嘘をついていると考え、自分の好みの情報源に引き寄せられていく。昔はそういった代わりとなる情報源を見つけるのは大変だった。少ない情報源しかなかった時代の人々は、自分の偏見にぴったり合わせてつくられたわけではないニュースで我慢するしかなかった。ところが今日では、数百を超えるメディアが、どんなに範囲の狭い話題やバイアスにも応じるようになっている。

この考え方と、それに尽くすマーケットが、一般の人々の心に根拠のない自信と根深い冷笑主義の組み合わせを植えつけた。そうした思考の習慣は、同胞を啓蒙しようとする専門家の最大限の努力も挫折させる。大部分の人々がすでに答えを知っていると考えていたら、専門家は質問に答えることはできないし、人々が使者を撃とうと――そこまでいかなくとも、使者を無視しようと――待ちかまえていたら、専門家がメッセージを届けることは難しい。人々がニュースについていっていないだけでもまずいのに、彼らが接したニュースを信用せず、自分の求めるニュースが見つかるまで探し回るのはもっとまずい。

ひとつには、アメリカ人のメディア不信は、より大きな悪弊の一部でしかないということがある。アメリカ人はどんどん誰のことも信用しなくなっている。メディアを含むすべての制度や機関を蔑視している。誰でもメディアは嫌いだ――少なくとも、誰でもメディアは嫌いだと主張する。世論調査によれば、ニュース報道機関はアメリカでもっとも信用されていない機関のひとつだ。二〇一四年のギャロップ世論調査では、メディアが「十分に、正確に、公平に」ニュースを報道していると考えるアメリカ人は一〇人のうち四人で、史上最低だった。(17)

もちろん、人々は本当にメディアを嫌っているわけではない。自分の気に入らないニュースを報じたり、自分とは異なる意見を発したりするメディアを嫌っているだけだ。二〇一二年のピュー研究所の調査では、アメリカ人の三分の二は、ニュース報道機関は一般的に「しばしば不正確」だと答えたが、自分が「いちばん利用している」報道機関について同じ質問をされると、その数字は三分の一以下になった。(18) これは——長年にわたりくり返し指摘されていることだが——誰でも連邦議会を嫌いだと言うのに似ている。実際には、自分の支持政党以外の連邦議会議員が嫌いだということだ。同様に、「メディア」を嫌う人々も「ニュース番組」を視聴し、「新聞」を購読する。ただしそれは、自分が信用する番組や新聞なのだ。

民主主義社会において、メディアに対するこれほどの冷笑主義は害になる。専門家も含めて誰にとっても、ニュースは必要だ。ジャーナリストはわたしたちの世界のできごとや情勢を伝え、わたしたちの意見、見解、信念の材料となる素材として豊富な事実を提供している。我々には彼らの判断と客観性が頼りだ。なぜなら、我々がそれまで知らなかったできごとや事実を最初に知るのは、ジャーナリストの報道を通して知るのが普通だからだ。ジャーナリストたちは世界中で、ときに命を危険にさらしながらも、すばらしい仕事をしている。それでもアメリカ人の大多数は、彼らが提供する情報を信用していない。

視聴者は専門家よりも賢いのか？

視聴者や読者の不信はもっともなのだろうか？　自分も専門家の一人であるわたしの直感は、ジャーナリストたちは彼らの分野のプロであり、きちんと仕事をしていると考える。たいていのジャーナリストの報道や記事は信用していいと思っている。それに彼らを雇っている編集長やプロデューサーもきちんと仕事をしていると信じている。他の人々と同じく、わたしはジャーナリズムの訓練を受けたわけでもなく、報道で読む大部分のテーマの専門知識ももっていない。

ジャーナリストも専門知識が欠けている場合、それは能力不足ということになる。ジャーナリストが報道する事柄の専門家である場合も、もちろんある。外国特派員には派遣先の言葉を流暢に話せたり文化に深い理解があったりする人間もいる。科学リポーターにも、科学者だったり、かなりの科学的訓練を積んだりした者もいる。議会担当記者のなかには、立法手続きについて議員よりも上手く説明できる人もいる。

だが一方には、ガザに橋がかかっていると考えたり、イーヴリン・ウォーは女性だと勘違いしたりするようなジャーナリストもいる。この浅はかさは、無知な人がジャーナリズムに引き寄せられているからではなく、あらゆることがジャーナリズムになり、誰でもジャーナリストになったために、否応なくジャーナリストの水準が下がったことが原因だ。かつてはある程度狭き門だった職業の門戸が今は大きく開き、医療、警察、航空、考古学が突然素人芸になったら起きそうなことが実際に起きている。

この原因の一端は、最近の多くのことにあてはまることだが、職人の仕事を「学問化」したことにある。見習いとして死亡記事を書いたり、退屈な町民議会を取材したりする代わりに、ジャーナリズムやコミュニケーションは、今や学生たちが大学で学ぶ専門分野になった。そうした学部や教育課程が、自分が報道するものごとについてあまり知識のない若者を次々と業界に送りだしている。彼らは記事の構成については勉強しても、職業上の習慣や規範については学んだことがない。その多くは高校生のころからネットに自分の考えを載せるのには慣れているが、「ジャーナリズム」と「ブログ作成」の違いを理解していない。

一方、ベテランのジャーナリストたちは、クリック数を稼ぐ若手に場所をあけるために、ニュース編集室から押し出されている。二〇一六年、『ザ・ネイション』誌の記者であるデール・マハリッジは以下のように書いた。

かつてジャーナリズムは職人の仕事だった。昔気質のジャーナリストは、ブログ記事を書いたり、他人の記事をまとめたり、常にソーシャルメディアにおけるプレゼンスをキュレートしたりする昨今のパーソナリティー・ジャーナリズム（ゴシップ・ジャーナリズム）にただ違和感を覚える。上層部の人間は新しい偏見をもっている。ある有力誌の主筆は、彼自身四〇歳をとうに過ぎた年齢だが、年配のジャーナリストは雇いたくないとわたしに打ちあけた。「一週間に一本記事を書けばいいという考えから抜けだせない」し、ソーシャルメディアを使いたがらないからだ。(19)

内容よりも形式を重視するマーケット、スピードの必要性、現代の大学で流行っている偏見は、誤情報の三大原因となっている。作家であり、『ニューヨーク・タイムズ』や『ワシントン・ポスト』のジャーナリストでもあったジョー・エンゲルのようなベテラン記者が、「「ジャーナリスト」が高校を卒業したての記者だった時代」のほうがアメリカにとってはよかったと嘆くのも無理はない。

そうした経験不足の記者たちが、情報源はおもにソーシャルメディアだという多くの人々が入手する情報に重大な影響を及ぼすことがある。たとえばフェイスブックは、ニュース・キュレーターたちにフエイスブック・ニュースのフィードに載せるニュースを決めさせている。二〇一六年のギズモード・ドットコムの暴露記事によれば、フェイスブックはそうした記者たちを低レベルの請負業者として扱う一方で、ニュースに関しては彼らに大きな裁量を与えていた。

(フェイスブックの) トレンドになっているニュースのセクションは、二〇代から三〇代の人々によって運営されていた。そのほとんどはアイヴィーリーグやコロンビア大学やニューヨーク大学のような東海岸の私立大学の卒業生だった。彼らの前職はニューヨーク・デイリー・ニュース、ブルームバーグ、MSNBCやガーディアンだった。キュレーターのなかには、フェイスブックを退職してニューヨーカーやマッシャブルやスカイスポーツといった組織に就職する人もいた。

ギズモードが取材した元チームメンバーたちによれば、この少人数のグループはトレンディング・トピックの欄に載せるニュースを選べたし、さらに重要なことに、そのトピックからどのニュースサイトにリンクするかも選べた。「我々がトレンドになるものを選ぶ」。あるメンバーは言った。「あることがニュースになるかならないかを測る基準は何もなかった。ニュース・キュレーターが勝手に決めていた」。[20]

これに対する明らかな解決策は、フェイスブックのニュースを信用しない、ということだ。だが大勢の人々は信用しているし、ツイッターも信用している——ツイッターはユーザーのタイムラインに何が、どんな優先順位で現れるかを変えるアルゴリズムを研究している。

公正を期して言えば、若い記者たちはマーケットの特徴のせいでしばしばどうしようもない状況に追い込まれている。オンライン雑誌『スレート・ドットコム』の記者ウィル・サレタンはわたしに、複雑な問題の報道は、クリック狙いの考えなしの文章よりもずっと手間暇がかかると語った。サレタンは遺伝子組み換え作物（ＧＭＯ）の食品安全性について報道するためのリサーチに一年間を費やした。無知が科学を負かしたという意味ではワクチン論争の上をいく問題だ。[21]「最近一般的に許容される期限で、このような問題を解き明かすのを若い人に求めるのは無理です」。スレートに彼の――ＧＭＯに対する反対の陰にある偽科学のインチキを暴いた――記事が掲載された後で、サレタンは言った。こうした記事を書くには、時間だけでなく、リサーチして退屈な細部に集中しつづける努力も必要だ。サレタンの言うとおり、「（ＧＭＯのような）トピックのリサーチをしつこく続けるには、頑固でないとできません。政治的な問題として情熱をかきたてられるとはいえ、問題を深く掘りさげると、信じられないほど専門的で退屈に感じられます」。

間違いがくだらなくて愉快で済む場合もある。たとえば「チョコレートは減量に効果的」というでっちあげでは、やった人間たちはあれほど大事になるとは思っていなかった。「科学の知識のない記者たち」でも、本物の科学者に話を聞けば、その作り話が「笑えるほど根拠薄弱」だとすぐに気がつくはずだと思っていたからだ。だが彼らは間違っていた。誰も本物の科学者にその話の信頼性を確かめようとはしなかった。でっちあげの犯人の一人は後に、「成功の鍵は、ジャーナリストの信じられない怠惰につけこむことだ。情報を正しくレイアウトすれば、まるで自分で書いたかのようにその記事をメディアに載せることができる。実際、人々がやっているのはまさにそういうことだ。多くの記者は、我々の記事をコピペしただけだった[22]」。

減量に役立つチョコレートという馬鹿げた記事は、それほど多くの人間を傷つけることはない（チョコレート好きは科学的な理由がなくてもチョコレートを食べる）。しかしこれがもっと深刻な問題になると、テーマに夢中になって観念的バイアスにとらわれているジャーナリストは、笑いではなく混乱を引き起こすことになる。作家のジョシュア・ファウストは数年前、ジャーナリストを軍隊について海外へ「派遣」することが、実際には自分がどこにいるのかもよくわかっていないような記者たちに経験を積んだ錯覚を抱かせるという問題に迫った。

あまりにも多くの外国特派員が、自分たちが派遣される国のことを何ひとつ知らない。ジョージアでもアフガニスタンでも、報道記事に基礎知識が決定的に欠けている（ジョージアにいたあるフリーランスの記者がわたしに語ったことによれば、ある社員記者は軍の人間に「アブハジアというのはどこにあるんだ?」と訊いていたそうだ）。わたしの個人的な経験から言うと、アフガニスタンでも状況は同じだった。「どうせ派遣は一週間だ。そんなに一生懸命やる必要はないだろう——行ってから学べばいい」という考えらしい。(23)

基礎知識がない若い記者たちは大学で学んだジャーナリズムしか頼るものがなく、それはジョエル・エンゲルの言葉を借りれば、「同質化プロセス」であり、「協調を確保し」、「自分の信じるものを見て」大学を卒業した若いジャーナリストを生みだす。

こういった種類の完全な無知もしくはプロとしての過誤は、現実の人々とそうした人々が住む地域共同体にひどいダメージを与えることもある。たとえば二〇一四年、『ローリングストーン』誌は、今や悪い意味で有名になったヴァージニア大学の集団レイプ事件報道において、報道機関として重大な失敗をおかした。サブリナ・アーデリーという記者が、アメリカのエリート大学内で起きている性犯罪の記事を書こうと決意し、ある事件を見つけた。編集部の彼女の上司たちは、生々しい詳細を報じたこの記事を承認し、雑誌に掲載した。しかしすぐに記事の不備が見つかり、事件はでっちあげだったと判明した。その結果彼女に残ったのは、賠償請求訴訟と地に落ちた評判だった。

『ローリングストーン』は記事を撤回し、コロンビア大学ジャーナリズム大学院に調査を依頼した。コロンビア大学の調査によって、記者サブリナ・アーデリーと彼女の上司たちは、あまりにもすごいスクープだという理由だけできちんとチェックも行わず、ジャーナリズムの基本ルールを破っていたことがわかった。[24] この事件では、記事のなかで名前をあげられた大学職員――最初のレイプ申告時の対応がまずかったとされた女性――が名誉毀損で『ローリングストーン』を訴え、勝訴した。

問題の記事の一部は、アメリカのカレッジや大学の女性の四人に一人（時には五人に一人とされることもある）が性的暴行の被害を受けているという研究に基づいていた。そうした主張が『ローリングストーン』のでっちあげ記事につながった。そうした数字やその元になった研究を疑ってかかるべきだったのに、見過ごされた。『スレート・ドット・コム』のエミリー・ヨッフェが二〇一四年に書いたとおり、「四人に一人という数字は、アメリカの若い女子大学生が、レイプが戦争の武器として利用されているコンゴの女性と同じ割合でレイプされているということになります」。[25] 後でわかったことだが、この悲惨な主張の中心になった別の研究では、「大学生の年齢層の男性」に七一歳の男性も含まれ、平均年齢は二六歳以上で、そのいずれも大学キャンパスには住んでいなかった。ともあれ、問題の数字は事実というよりスローガンとして存在し、それを主張する人々は当然のことながら、「ニュースで見た」と言うだろう。

「四人に一人」の統計と同様に、今やよく知られていて、アメリカのメディアでくり返し報じられているのが、ふたつの大きな戦争を戦ったストレスが原因で、米軍退役軍人が驚くべき割合で自殺しているという問題だ。「一日に二二人」――二四時間で二二人の退役軍人が自殺しているという意味――は、退役軍人サービス組織および反戦グループのマントラになった。二〇一三年以降、ネットおよび紙の複数のメディアで、退役軍人の自殺という「疫病」が、劇的な見出しや、みずから命を絶った若い男女の制服姿の写真とともに報じられた。そうした記事の意味するところは明らかだった。長期の戦務がアメリカの兵士たちを自殺に追い込んでいるのに、冷血な政府は何もしていない。

最初にその数字を目にしたとき、わたしは個人的に、その元になった研究を探そうと思った。わたしは毎日、戦闘を経験した将校たちとともに働いている。若いときに短期間ボランティアに従事したので自殺予防カウンセラーの資格を有している。少なくとも自殺予防に多少の経験をもつ者として、人々の自殺に懸念を抱いた。軍人とともに働いている者として、学生や友人のことが心配になった。社会科学者として、ありえないような数字が主張されていることが気になった。

あいにく、メディアはまったく役に立たなかった。実際、メディアはこの問題の元凶の一部だった。二一世紀に入ってから、退役軍人が以前よりも高い割合で自殺しているというのは正しかった。しかしそれは、人口の全体が前よりも高い割合で自殺しており――その原因について疫学者たちは今なお議論している――退役軍人も「全体」の一部だからだ。混乱に拍車をかけたのが、「退役軍人」の自殺について調べた研究は、予備役から長期間の戦闘まで、何らかの形で一度でも軍務についたことのある人間を、年齢を問わずに全員対象にしていたことだ。つまり、戦闘地域から帰還したばかりの若者も、三〇年前に数年間地元の州兵に登録されていた中年も、いつでも自殺すれば、この新たな「疫病」の一部として数えられていた。

激しい批判を受けた復員軍人援護局——国内でも人気があるとは言えない政府機関——は、二〇一二年に行われた大規模研究によれば、退役軍人の自殺は一九九九年からそれほど変化していないと主張したが無駄だった。『ニューヨーク・タイムズ』は「アメリカの自殺率上昇、退役軍人は全体より低め」という見出しで、この研究について正確に報じた。一方『ワシントン・ポスト』は、「復員軍人援護局の調査によれば自殺する退役軍人は増加傾向」という見出しで、逆の結論を示唆した。驚くべきことに、どちらの見出しも同じ調査について書かれたもので、どちらも、厳密に事実かという意味では正しかった。

メディアの、少なくとも一部の報道機関は、論文を執筆した科学者に取材を行ったが、彼の答えは事態を何も変化させせなかった。「退役軍人の自殺という疫病が蔓延しているという認識が存在します。わたしはそれがほんとうだとは思いません」。研究を行った疫学者のロバート・ボッサートはそう言った。「自殺率はアメリカ全体で上昇しています。退役軍人はその一部です」(26)。ほとんどの報道でこの言葉は引用されなかったし、アメリカ全体の自殺率や、戦務から戻った若い退役軍人と同じ年齢群の男性の自殺率といった大事な基準値が示されることもなかった。軍人と他の職業との比較も行われなかった。ひょっとしたら、たとえば医師などの他グループの相対的に高い自殺率が示されたら、ニュースの切迫感に水を差すことになったからかもしれない。

間違った報道は続き、二〇一二年の軍人の自殺者数は戦闘による死者数を上回るという話も紹介された。つまり、アメリカ兵は敵に対してよりも自分に対して危険だということだ。恐ろしい事態だが、ひとつ小さな問題がある。これは統計学的に意味がない。「戦死より自殺のほうが多かった」という言い方は、米軍が大規模な戦闘を行っていない年では、自明のことだが常に正しくなる。

戦闘があまり行われていない年ならいつでも、この統計的なトリックを実際にやってみることができる。たとえば一九五〇年代後半の軍人の自殺者数と戦死者数でもいい。この点で『タイム』誌は正しい記事を掲載し、その見出しは「軍人の自殺者数が戦死者数を上回る——ただそれは戦争が終わりつつあるからだ」というものだった[27]。とはいうものの、誰でも少し時間をとって考えてみればこれはあたりまえのことであり、そもそも『タイム』でもどこでも、そんな記事を掲載しなければならなかったこと自体が驚きだ。

結局、心から退役軍人の自殺について心配している人々は、そうした記事を読んだところで、読む前とくらべて、退役軍人の現状についての知識はまるで増えない。だが彼らは増えたと思っている。そういう人々の義憤に対して、どのような分野の専門家でも、疑念を差しはさんだり詳しく説明したりするのは困難だ。退役軍人たちは精神を病み、自殺している。以上。人々はそう言うだろう。何しろ、新聞にそう書いてあったのだから。

ではどうするべきか

最終的には、ジャーナリストが報道する事柄について専門家になれるかどうかが問題だということになる。もしなれない場合、専門家がもっと役に立つためにはどうすればいいのだろう？　わたしはここで若いジャーナリストに対して、記事のテーマについての素養を身につけたほうがいいという以上の助言はできないし、するつもりもない。それはありきたりな助言だが、わたしが他のプロの仕事のやり方について言ってもいいと思うのはそこまでだ。同時に、たとえどれほど質の良い情報が入手可能になったとしても、人々は情報源を選り好みするのをやめないだろうということもわかっている。

だがわたしは専門家にはひとつ、ジャーナリズムの消費者にはいくつか、忠告がある。

専門家には、ノーと言うべきときを心得るように求めたい。わたしの最悪の間違いのいくつかは、若くて意見を述べる欲求に抗えなかったときにおかしたものだ。ほとんどの場合、自分のほうが記者や読者よりもよくわかっていると思ったし、それは間違いではなかったが、ポイントはそこではない。避けるべきだった不利な立場に立ったこともある。ジャーナリストに公正を期して言えば、彼らは取材相手の意見を尊重して正確に報道する——これまでわたしが曲解や誤解をされて引用されたことは二、三度しかない——が、相手がこれは自分の専門ではないからと取材を拒否すれば、それも尊重する。その判断をする責任はジャーナリストではなく、専門家のあなたにある。

ニュースの消費者にも、心がけるべきことがいくつかある。わたしはニュースを受けとる際の態度として、四つのことを読者に提案したい。より謙虚になること、バランスよく摂取すること、冷笑主義を抑えること、情報を選ぶこと。

より謙虚になること。つまり、少なくともニュース記事を書いている人々は、欠点はあるにせよ、問題について読者よりもよく知っているということを前提とする。ほとんどの場合、記事を書いている人はその事柄にあなたよりも多くの時間を費やしているということを頭に置いておく。自分がその事柄について誰よりもよく知っているという姿勢でメディアの記事や情報源に接するなら、いくらニュースを視聴しても、それは時間の無駄に終わる。

バランスよく摂取すること。食生活と同じだ。一日中同じ食品ばかり食べないのと同様に、一日中同じメディアばかり消費するのはやめよう。国政分野で働いていたころ、わたしは常時、政治的に幅の広い定期刊行物を六冊ほど購読していた。狭い地域に限定するのもよくない。他の国のメディアも試してみよう。アメリカ人には思いもよらないニュースや考えを報じている。「そんな時間はない」とは言わないこと。時間はあるはずだ。

冷笑主義を抑えること——少なくともある程度は。誰かが故意にあなたを騙そうとするなんて、そうそうあることではない。たしかに記事を書いている人々には意図があり、サブリナ・アーデリーのような人間も世の中には存在する。それにあなたが読んでいる記事を書いたジャーナリストが間違っていることもあるし、驚くほどその自覚が欠けていることも多い。ジャーナリストだけが真実を知っているわけではないのはそのとおりだが、彼ら全員が嘘つきでもない。彼らは自分なりに仕事に最善を尽くしており、そのほとんどはあなたが他のニュースや情報に照らしてチェックするのをよろこぶはずだ。

情報を選ぶこと。主流メディアの報道でおかしいと思ったときには、中途半端なウェブサイトを閲覧しても解決にはならない。政治的運動のウェブサイトや、もっと悪いのは、狂信者や愚か者向けにつくられているウェブサイトは、正確な情報探しには益よりも害が大きい。メディアを消費するときに、自問してみよう。この記事を書いているのは誰か？　この記事を編集した人間はいるのか？　この雑誌や新聞は報道内容を支持しているのか、それとも政治的な動きの一部なのか？　その報道は検証可能なのか、他のメディアがその記事を立証または反証しているか？

陰謀論者やインチキ薬の信奉者は自分たちの考えに反するものは何ひとつ信じないが、我々はもっと冷静になれるはずだ。忘れないでほしい。ニュースを視聴して理解するのは、練習することによって上達するスキルのひとつだということを。ニュースの賢い消費者になるためのいちばんの方法は、定期的にニュースを消費することだ。

わたしはこれまで、アメリカ人の基礎知識のレベルの低さにも、彼らが学ぶのをさまたげているナルシシズムやバイアスにも、無知を直すどころか肯定している大学業界にも、自分たちの仕事はエンターテイメントだと考えているメディアにも、怠惰や経験不足のせいでまともな記事を書けないジャーナリストにも、容赦ない批判を浴びせてきた。専門知の死に責任があったり、我々が今こそ必要としている確立された知識を傷つけたりしている集団に対して怒りを表明した。

まだ責任を追及していない集団はあとひとつ、専門家だけだ。

専門家が間違ったらどうなるのか、そして専門家の言うことを聞くべきときと、彼らを無視するべきとき、それを誰が判断するべきなのか？　次章ではその問題に取り組むことにする。

第6章　専門家が間違うとき

専門家全員が同じ意見でも、彼らが間違っている可能性はある。

バートランド・ラッセル

専門家の応募お断り

二〇〇二年、ある高名な歴史学者が、一九世紀には「アイルランド人の応募お断り」という看板があったというよく知られた話は作り話だとする論文を書いた。その学者というのはイリノイ大学の教授リチャード・ジェンセンだ。彼は、そうした看板があったというのは作り話で、アイルランド系移民が子孫に伝えて、ついには確固たる都市伝説と化した「被害の虚構」だと述べた。一〇年以上のあいだ、ほとんどの歴史学者はこの件についてのジェンセンの研究に納得していた。彼の論文に反対意見を述べた者は、ときにはジェンセン自身によって、アイルランド系アメリカ人の支持者だとしてしりぞけられた。

二〇一五年、専門知の死の典型例のようなことが起きた。レベッカ・フリードという名前の中学二年生がジェンセンは間違っていると主張したのだ。それもグーグルでリサーチした結果を元にして。彼女は丁重だが、毅然としていた。「わたしが生まれる何十年も前から研究してきた方ですから、彼とその研究に対して敬意を欠くようなことはしたくありません」。フリードは後にそう語った。早熟な子供が経験豊かな教師――それも歴史学の名誉教授――に対して下調べが足りないと指摘している、例のケースかと思われた。

だが蓋を開けてみれば、フリードが正しくて、ジェンセンは間違っていた。そうした看板は存在したし、探せばすぐに見つかった。

他の学者たちはずっとジェンセンの主張を検証してきたが、彼らの反論はプロの歴史科学という茂みの中から出ることはなかった。そのあいだに学界のそとでは、ジェンセンの主張が受け入れられ、アイルランド系アメリカ人の想像がつくりあげた不満の種として吹聴された（『Ｖｏｘ』はもちろんジェンセンの論文を大いに気に入っていた）。

しかし若いフリードは、分別のある人間ならするであろうことをした。新聞のデータベースを調べたのだ。彼女は看板を見つけた。『デイリー・ビースト』が報じたところによれば、「最初は五つほど、それから一〇以上、さらにその数は増えた。彼女はできるだけ多くの新聞のデータベースを調べた。そして思った。『こんなことは誰かがすでにやっているはずだろう』と」。ところがジェンセンも他の人々も、この基本的な事実確認を怠っていた。

ジェンセンはその後、反撃に出た。自分の主張は正しかったが、もっと正確を期すべきだったと述べ、中学生の論文をしりぞけようとした。雑誌『スミソニアン』が報じたように、ジェンセンの論文をめぐる論争はインターネットのさまざまな「コメント欄で今も盛んに行われているかもしれない」が、フリードの論文は「好奇心をもち、リサーチに鼻が効く人間なら誰でも歴史の現状に異議を申したてられる」ということを証明した。(1) ミス・フリードは『ジャーナル・オブ・ソーシャル・ヒストリー』に論文を発表し、その後高校に入学した。

一九七〇年代、アメリカの栄養学者のトップが政府に対して、食品のなかでも卵は命取りになりかねないと警告した。納屋の前庭から死体保管所まで続くこの道のり以上に、「オッカムの剃刀」がよくあてはまる例はない。卵にはコレステロールが多く含まれている。コレステロールは血管を詰まらせる。血管が詰まると心臓発作が起きる。心臓発作で人が死ぬ。結論は明らかだ。アメリカ人の食生活からコレステロールをゼロにすること。

そしてそうなった。すると思いがけないことが起きた。アメリカ人の体重が増加し、他の死因で死者が増加した。卵はそれほど危険な食品ではない、少なくとも他の食品ほど危険ではないということがわかった。二〇一五年、政府は、卵には害はなく、ひょっとしたら健康的な食品かもしれないと認めた。コラムニストの(鶏卵の産地であるヴァーモント州の住人でもある)ジェフリー・ノーマンは、当時、以下のように書いた。

(太った)人々の多くが、自分たちは政府の承認した食生活を送っていると考えていた。政府が卵を食品のブラックリストに載せて以来、卵の消費は三〇パーセント減少した。人々は何か食べなければいけないので、卵の代わりに他の食品を食べた。その食品が人々を肥満させた。彼らが食べるのをやめた卵には、血管を詰まらせて命を奪う効果はないと判明した。ところが人々が卵の代わりに食べた食品には、二型糖尿病やそれよりも深刻な病気を引き起こす可能性があった。(2)

卵の恐怖は、一連の欠陥ある研究に基づいていたが、そのなかには五〇年前の論文もあった。もちろん、卵を避けたいと思う人々は避けてもかまわない。また、新たな研究によって、これまでずっと科学者がよくないとしてきた朝食を抜くことも、考えられていたほど悪いことではないとわかってきた。(3)

一九八二年、ソヴィエト連邦の専門家のトップであるセヴェリン・ビアラーは一流誌の『フォーリン・アフェアーズ』の読者たちに対して、当時のUSSR（ソヴィエト社会主義共和国連邦）は見かけよりも強い国だと厳しい口調で警告した。

ソヴィエト連邦は現在も、これから一〇年先までも、真の体制の危機に苦しむことはない。なぜなら同国は、手つかずの政治的また社会的安定の莫大な蓄えを誇り、それで十分、もっとも困難な時期を乗り切ることが可能だからだ。ソ連の経済は、知的な熟練のプロによって管理されている他の巨大経済と同様に、破綻することはない。効率が悪くなったり、停滞したり、一、二年は完全な下降を経験したりするかもしれないが、政治体制と同じで、破綻することはけっしてない。(4)

一年後、ビアラーはマッカーサー基金から「天才助成金」を贈られた。その二年後、ソ連の共産党は――明らかに真の体制の危機に直面して――ミハイル・ゴルバチョフを書記長に就任させた。ビアラーが激しい口調で講演を行ってから八年もたたないうちに、USSRは消滅した。

ソ連が崩壊する少し前、マサチューセッツ工科大学の教授スティーヴン・メイヤーは、アメリカ合衆国上院外交委員会で証言した。USSRで起きているできごとを注視していた上院議員らは、アメリカに向けられている数千の核兵器の安全性について懸念をいだいていた。彼の世代におけるソ連の軍事に関する権威の一人であったメイヤーは、みなさん落ち着いてくださいと言った。ゴルバチョフは事態を掌握しています、と。ソ連国内の「軍事クーデターの気配」は、「純粋な空想の世界」だと言って、彼は上院議員たちを安心させた(5)。

メイヤーがその証言を行ったのが一九九一年六月六日。その九週間後、ゴルバチョフは、国防相および恐怖の諜報機関KGB議長を含むグループが率いるクーデターで、書記長の座を辞任することになった。モスクワ市街に戦車が進入して大混乱となった。ともあれ、ソ連が崩壊して一年後、メイヤーはロシアと核兵器の研究から完全に手を引き、生物多様性の研究に転じて、二〇〇六年に早世するまで、マサチューセッツ州漁業野生生物局のさまざまな委員会で委員を務めた。

ビアラーとメイヤーは、けっして少数派というわけではなかった。歴史学者ニック・ヴォスデフが数年後に述べたように、ソヴィエトの専門家の多くが、「現場の事実を批判的に分析する」よりも、自分の信じていること、または自分の信じたいことに固執した。

国際関係の学者二人も、他の学者たちの間違いに気づいた。「自分たちの尺度で測れば、(学問の)プロの成績は恥ずかしいほどひどいものだ」。リチャード・ネッド・ルボウ教授とトーマス・リッセ＝カッペン教授は一九九五年にそう述べた。「当時あった国際関係の論文はいずれも、現実に起きたような変化が起きる可能性を認識していなかった」[6]。

専門家が間違えるのはいつものことだ。そうした間違いの影響は、多少の恥から時間と金の無駄まで幅があり、まれには死者や国際的な大失敗といった結果に終わることもある。それなのに専門家はいつも自分の判断を信用するように人々に求め、間違いはめったになく、たとえ間違えたとしても専門家はその間違いに気づき、そこから学ぶと思わせようとする。

日常において、一般の人々は専門家を信用するしかない。我々が生活している社会には、プロが自称どおりのプロであり、彼らがその仕事をきちんとやるように保証する社会・政府の制度の網が張りめぐらされている。専門家の水準を維持するため、大学、認定機関、免許発行機関、証明機関、州の検査官その他の制度が存在する。能力の劣る医師が患者を殺してしまったというニュースに我々がショックを受けるのは、毎日数百万人の医師たちが安全な医療を実践しているこの国で、そういう事件が珍しいからだ。

しかしこうした日常的なプロへの信用は、退屈だが必要なことだ。同様にわたしたちは、バスの運転手は酔っぱらっていないし、レストランのウエイトレスは手を洗っているはずだというふうに、他人を信用して日々の生活を送っている。しかしそれは、公共政策に関わるプロを信用するのと同じことではない。かかりつけの医師が正しい処方箋を書いてくれると信用することと、医療のプロならアメリカが国民皆保険制度をもつべきかどうか判断できると信用することは違う。大学教授が学生に第二次世界大戦の歴史をきちんと教えるだろうと信用することと、歴史学者なら戦争と平和についてアメリカ合衆国大統領に助言できるはずだと信用することは違う。

そうした大きな決断には、免許も証書もない。もし間違ったとしても、罰金を科されたり免許停止になったりすることもない。実際、直接的な説明責任がほとんどないのだから、一般の人々が専門家の影響を懸念するのも当然だ。民主主義国家では、専門家の助言を受け入れた——または拒絶した——議員が説明責任を果たす。その点については次の節と最後の節で扱う。だが説明責任は事後に生じるものだ。誰かを責任に問えば道義的な満足を得ることはできるかもしれないが、誰かを責めたとしてもケガ人を治すことや平和をとり戻すことはできない。ジャーナリストのサリーナ・ジートは、次のように述べた。「専門家が自分の専門分野を理解していないのを見ると驚いてしまいます」。そして一般の人々にとっては、少し不安どころではないだろう。専門家が間違えたときに、人々に何ができるのか？　そして専門家のコミュニティーに対する信用をどのように維持すればいいのか？　逆に、専門家は自分が間違ったときにどのような責任を負い、クライアントである社会との関係をどう修復すればいいのか？

失敗のさまざまな顔

専門家の間違いにはいくつか種類がある。もっとも悪気がなく、よくあるのが、科学の平凡な失敗だ。個人あるいは業界全体が、ミスによって、またはその分野の限界のせいで重要な判断を間違える。科学者は現象を観察し、問題を分析して、学説や解答を導きだし、それを検証する。合っていることもあれば、間違っていることもある。その過程には袋小路や実験の失敗も多々ある。間違いが見過ごされることもあるし、他の専門家によって間違いがひどくなることもある。

アメリカ人のある世代が卵の摂取を避けて肥満したのはその一例だ。アメリカが最初に打ちあげを試みた人工衛星が発射台で大爆発を起こしたのも。外交政策の専門家のトップたちが何十年間も東西ドイツの平和的な統一はありえないと信じ込んできて、解放されたベルリンで打ちあげられる花火を見て考えを改めたのも。

また科学は実践から学ぶものだ。アメリカは一九四五年に核爆弾を製造したが、世界中の科学者や研究者たちがＥＭＰ、つまり「電磁パルス」について理解するまでに一〇年間、試験装置を爆破しつづけなければならなかった。ＥＭＰは核爆発によって発生し、電子機器に大きな被害を与える。一般の人々がＥＭＰについて知ったのは一九六二年で、アメリカが太平洋上で行った核実験の影響で、一〇〇〇キロ以上離れたハワイの街灯が消え電話が使えなくなったときだった。科学者たちは影響があると考えていたが、その規模を過小予測していた。

専門家も含めて、こうした間違いに対してできることはあまりない。なぜならこれは間違いではなく、科学や学問に欠かせない一部だからだ。一般の人々はあいまいさが苦手で、警告よりも答えを求める。しかし科学は過程であり、結果ではない。科学は入念な一連のルールに従って常に試され、理論はより正確な理論によって置き換えられる。一般の人々は、専門家がけっして間違わないと考えるべきではない。専門家の仕事がそれほど正確なら、そもそも研究したり実験を行ったりする必要はない。政策の専門家が千里眼ですべてを見通せるのなら、政府が財政赤字に陥ることもなければ、戦争は狂人の煽動でしか起こらない。

時には、専門家の間違いが有益な結果をもたらすこともあるが、そういう例は命や金に関わる間違いほど大きく扱われることはない。たとえば、科学者が経口避妊薬を開発したのは、女性の望まない妊娠を防ぐことが目的だった。子宮がんのリスクを下げることが直接の狙いではなかった——だがある種の避妊薬にはその効果があり、それもかなり高率だった。つまり経口避妊薬は一部の女性にはリスクがあるが、他の女性の寿命を延ばすことができる。もちろん、もし経口避妊薬にがんのリスクを高める効果しかなかったら、人々は科学の失敗を嘆いていただろう。だがこの有益な副作用は、他の多くのことと同じく、五〇年前にはわかっていなかった。

同様に、一九五〇年代の終わりに全面的な核軍拡競争を予想した専門家も間違っていた。しかし彼らが間違うことになった原因の一部は、核兵器拡散防止を目指す自分たちの努力の効果を過小評価したことだった。ジョン・F・ケネディ大統領は、一九七〇年代までに二五カ国が核保有国になるだろうと懸念した（二〇一七年の時点で、核を保有したことがある国は一〇カ国であり——そのうち南アフリカは放棄した）。ケネディの予想は、もっとも優秀な専門家の助言に基づいており、ありえない数字でも馬鹿げた数字でもなかった。むしろ、そうした専門家たちが主張した政策によって、核保有国の数が抑えられたと考えられる。[7]

要するに、専門家は結果を保証することはできない。けっして間違わないとも、人間なら誰でも陥る可能性のある思考の欠陥から逃れられるとも、約束することは不可能だ。専門家に約束できるのは、そうした間違いを減らすルールや手順を設けて、一般の人々がする場合よりも大幅に間違いを減らすということだけだ。我々が専門職の仕事の成果を受けとるということは、完璧ではないものを、ひょっとしたら多少のリスクも一緒に受けとることを意味している。

しかし専門家の間違いのうち他のものは、もっと厄介だ。たとえば専門家が自分の専門をある分野から別の分野にまで広げようとするとき、間違う可能性がある。それはミスにつながるだけでなく、他の専門家にとっては腹立たしい。一部のケースでは、専門分野を越えて他人の分野を侵害しているのが明らかだ。たとえばエンターテイナーが——もちろん彼らも自分の分野の専門家だが——作品の世界と現実を混同して複雑な問題について説明しはじめる場合など。

他のケースでは、境界線はあいまいで、専門分野ではなく、その程度が問題になる。生物学者は医師ではないが、概して一般の人々よりも医療問題を深く理解できる。それでも、生命科学に携わる者なら誰でも、その分野の任意の問題について他の人々より深い知識をもっているということにはならない。たとえば糖尿病について時間をかけて熱心に文献を読んだ人のほうが、そのテーマについて植物学者よりも精通している可能性はかなりある。専門が狭く深い人の、専門以外のことに関する知識は、他の人々と変わらないかもしれない。ある特定の分野の教育と実績は、あらゆる分野の専門知を保証するものではない。

また別種の間違いは、専門家が自分の専門の範囲にとどまってはいるが、説明ではなく予言をしようとするときに起きる。予言に重きを置くのは科学の基本ルールを破ることだが——科学の仕事は説明することで、予言することではない——クライアントとしての社会は、説明よりも予言を求めることが多い。もっとひどいことに、一般の人々は予言がはずれると専門知が役立たずだという証拠だと見なす。

この点において専門家は難しい仕事に直面する。学者が何度、自分の仕事は世界を説明することであり、個別の事象を予言することではないとくり返しても、一般の人々や政策立案者は予言を聞きたがる

（そして専門家も、よくないとわかっているのに進んで要求に応えたりする）。これは専門家とそのクライアント間にもともと存在する解決できない葛藤だ。たいていの人は、問題をふり返って説明するより、予測して避けたいと願う。たとえ臆測だとしても、診断があたっている見込みのほうが、検死の絶対的確実さよりも歓迎される。

最後に、間違いが完全な詐欺や不正行為だということもある。これはもっとも珍しいが、もっとも危険だ。専門家が個人的な理由で（たいていはみずからのお粗末な仕事を世に出すために）故意に結果を偽る。一般の人々は間違いだとわからないし、同僚の専門家は気づかず、気づいても悪気のないミスだと思うだろうと期待する。

このもっとも極端な種類の間違いはもっとも対処が簡単だから、そこから始めることにしよう。

専門家が不正をするとき

二一世紀初めの数年は科学者にとってつらい年だった。科学雑誌のリトラクション（論文撤回）が記録的な割合に高まったのだ。捏造や不正行為の事例は今や日常事のように思える。

専門家によるごまかしを定義するのは難しくないが、見つけるのは難しい。明らかな不正行為は、研究者や学者が結果を偽ったときや、専門家志望者が資格や免許をもっていると偽りその分野で営業したときに起きる（科学者はそれらをまとめて、「捏造（ファブリケーション）」「改竄（ファルシフィケーション）」「剽窃（プレイジャリズム）」の頭文字をとって「ＦＦＰ」と呼ぶ）。そうした不正行為を突きとめるのは難しい。具体的には、同じ専門家でないと無理だ。一般の人々には科学研究を分析する能力はないし、壁にかかっている証明書や免許を注意して見ることもない。

専門家だと思ったら違うこともある。資格や免許について嘘をつく、それも堂々と嘘をつく人間がいるからだ。その一例が実在の「大詐欺師」フランク・アバグネイルが一九六〇年代に行った、パイロットや医師になりすます等の鮮やかな詐欺だ（後に映画『キャッチ・ミー・イフ・ユー・キャン』になって広く知られるようになった）。もっと多く、わかりにくい詐欺に、本物の専門家が偽の表彰や誇張で自分の資格を実際よりよく見せることがある。職能団体に所属しているとか、パネルやシンポジウムに出席したとか、受賞または入賞したとか、その他、ほんとうではない粉飾をする。たいがいは、何かのできごとがあって、他の人々が彼らの経歴を詳しく調べることで詐欺が発覚する。

専門家が嘘をつくことは、自分の職業を傷つけるだけでなく、そのクライアントである社会の福祉も損なう。彼らはごまかしの直接の影響と、そうした不正行為が見つかった場合の社会的信用の低下の両方によって専門知を脅かす。だからこそ、職能団体、学術研究財団、シンクタンク、専門雑誌、大学は故意の不正行為に対して、（虚言や詐欺に対する法的制裁以外に）厳しい罰則を定めている。

一般的なイメージには反するが、そうした罰則は存在する。アメリカでは、研究者や大学の教員を解雇することはできないと思われている。それはまったく根拠のない噂ではない。実際、終身教授〔終身在職権を与えられている教授〕を解雇するのは非常に難しい。多くの教授の雇用契約には「不道徳行為」条項があるが、二一世紀の社会規範によってその基準はぐっと低くなり、教授が教室や私生活で何をしても終身在職権を取り消されるおそれはなくなった。それでも学生の身に危害を加えようとしたり、完全に出勤を拒否するなど明らかに解雇に相当する行いはある。だがその他の私的な行為は通常問題にならない。

だが学術上の不正行為は、今も多くの学校で越えてはならない一線だ。学問の自由は、不人気な意見や型破りな考えを表明する権利を保証しているが、それはずさんだったり故意に誤解させたりするような研究への許可ではない。たとえばコロラド大学が、ウォード・チャーチルという、9・11のニューヨークの犠牲者をナチになぞらえた教員を解雇したのは、彼が無神経な人物だったからではなく、彼のコメントによってその「研究実績」にあらためて注目が集まり、その一部が「剽窃」だったからだ。当然、チャーチルは、自分は政治的バイアスの犠牲者だと訴えた。彼はコロラド州職員解雇の取り消しを求めてコロラド州最高裁まで争い、敗訴した。

チャーチルの経歴が精査されたのはその政治的見解が原因だったことは間違いない。チャーチルはそれを根拠にして解雇取り消しを求めた。彼の剽窃は悪意のない誤りであり、それが発見されたのは論議を呼ぶ意見を表明したからだったと訴えた。しかしその主張そのものが、憂慮すべき見解だった。チャーチルが言ったように、ツインタワーで犠牲になった人々を「小さな［アドルフ・］アイヒマン」と呼んだりしなければ、大学教授の研究実績が精査されることはないのだろうか？　剽窃が見つかったのはその教授が憎むべき発言で注目を集めたからだと主張することは、大した弁護にはならない。

チャーチルのケースは世間の大きな注目を集めたことなど、いくつかの点で独特だった。学者による不正行為のほとんどのケースは、人々に知られることはない。データをごっそり捏造していた二〇一四年の同性婚についての研究は例外で、大きな関心を呼んだが、それはおもに研究結果のもつ政治的影響力が大きかったからだ。ほとんどの学業研究は、話をすることで同性愛恐怖症が治るとする研究ほどおもしろくないので、同じレベルの注目を集めることはない。

だが広く報じられないからといって、重要でないということではない。二〇一一年、アメリカ政府の助成金を受けていたコロンビア大学のポスドクの研究者が、アルツハイマー病に関連する細胞生物学研究においてデータを改竄していたのが発覚した。その研究者は三年間政府の助成金を受けないことに同意したが、その時までに彼の論文は他の科学者たちに少なくとも一五〇回引用されていた。二〇一六年、心臓血管疾患を研究していたスペイン人研究者も、詐欺を働いたとして研究所を解雇された。

もっと劇的なケースでは、ワクチンと自閉症を関連付けて物議をかもす論文を発表した医師のアンドリュー・ウエイクフィールドは二〇一〇年にイギリスで医師免許を剝奪された。イギリスの医療当局によれば、彼の免許が剝奪されたのは、物議をかもす議論を行ったからではなく、そうする上で科学的行為の基本ルールを多々破ったからだった。イギリスの医事委員会（GMO）は、ウエイクフィールドが「倫理審査による承認を得ずに子供たちの権利を侵害する研究を行い、子供たち各人の臨床的な利益に反するふるまいに及び、利益相反を開示せず、研究費を流用した」と突きとめた。(8)

ウォード・チャーチルのときと同じく、ウエイクフィールドの支持者たちは彼が魔女狩りの犠牲者にされたと主張した。だが論文が撤回されることと不正行為は違う。たとえば、エイズ否認論者の中心人物の一人であるピーター・デュースバーグは、学術上の不正行為を働いているとの批判を受けたが、その告発は二〇一〇年に大学による調査の上で却下され、彼はカリフォルニア大学バークレー校に残っている。

それでも、事実は認めざるをえない。無視できない数の科学研究が、よくてあやふや、悪くてでっちあげだ。一般の人々にはそれほど慰めにはならないかもしれないが、不正行為が行われているとわかるのは、あらゆる分野の科学者がそれを認めたからだ。二〇〇五年に行われた研究で、科学者たちに問題のある研究手法を用いたことがあるかと質問したところ、約二パーセントの科学者が少なくとも一度は捏造、改竄、データの「調整」をしたことがあると自己報告した。一四パーセントは同僚がやっているのを見たと答えた。改竄のような重罪とまではいかないが重大な不正行為についての質問では、回答者の三人に一人が、それほど目立たないが、自分の結論に反する調査結果を無視するといったよからぬ行為の経験があった。七〇パーセント以上は同僚がそうした行為をするのを見たことがあると答えた。[9]

こうした不正行為のほとんどはあまりにも退屈なので一般の人々には見えない。『エリン・ブロコビッチ』や『インサイダー』といった映画に出てくるような劇的な大規模詐欺ではなく、科学雑誌の撤回のほとんどは、狭いテーマの論文の小さなミスや不正確な表示が理由だ。自然科学のほうが撤回は多いようだが、それは検証しやすいからだろう。

実際、自然科学者は、論文撤回それ自体がプロとしての責任と監視のしるしだと指摘するかもしれない。そうした分野でもっとも影響力をもつ科学医学雑誌――たとえば『ニューイングランド・ジャーナル・オブ・メディシン』――は、撤回率が高い。だがその理由はよくわからない。[10]多くの人々が結果をチェックするから、ということかもしれないし、もしそうであるなら喜ばしい傾向だ。一方、多くの人々が中間を端折ってトップの雑誌への掲載を目指しているからということなら、気が滅入る現実だ。また、一流雑誌の効果だという可能性もある。多くの読者がいれば、なかにはその論文を自分の研究で利用したいと思う人もいて、その際に不正行為を見つける可能性がある。

科学研究の究極の判断基準は、その実験が再現可能か、少なくとも再構成可能かどうかという点だ。だから科学者や学者は補注をつかう。剽窃に対する保険というより――もちろんそれもあるが――他の研究者が自分の行程をたどって同じ結論に達するかどうかを確かめられるように。もし科学者がごまかしていたら、結果を再現することは難しくなり、研究の価値が損なわれたり偽りが立証されたりする。

だが、このような検証はそもそも、誰かがわざわざ再現しようとするという仮定で成りたっている。通常の査読では、実験の追試は行われない。査読者は、研究および手順が基本的水準を満たしているという前提で論文を読む。彼らが判断するのはおもに、テーマは重要かどうか、データの質が十分かどうか、提示された証拠は結論を支持するかどうかだ。

もちろん、化学や物理学のようなハードサイエンスでは、再現可能性の条件はより確実性が高くなる。社会学や心理学のような社会科学は、人間の被験者を扱うため、同じ結果を再生することが難しい。少なくとも、自然科学は明確な基準があると言える。あるプラスティックが一〇〇度で溶けると誰かが主張したとき、同じ素材のサンプルとブンゼンバーナーさえあれば誰でもその結果を確かめられる。だが一〇〇人の学生ボランティアに調査や運動への参加を依頼した場合、ことはそう簡単にはいかない。調査の結果はその時点、その地域、あるいは他の要因によって歪められた一瞬のスナップショットかもしれないからだ。研究設計によってそうしたブレは説明できるはずだが、確かめるには実験を再現してみるしかない。

心理学分野の研究者がまさにそれに取り組んだ。結果は、控え目に言っても驚くべきものだった。二〇一五年の『ニューヨーク・タイムズ』の報道によれば、心理学の一流学術誌三誌に掲載された一〇〇の研究を「入念に」再現したところ、半分以上が追試で再現性が確認されなかった。

分析は科学的研究に従事する心理学者によって行われた（多くの学者は彼らが重要だとみなす研究をボランティアで検証した）……追試された研究は性格、関係性、学習、記憶の力学を科学的に理解するうえで核となる知識の一部と考えられていた。セラピストや教育者はそれらの研究結果をふまえて指針を決定しており、これほど多くの研究結果に疑問が投げかけられたことで、彼らの仕事の科学的土台に疑いの種が植えつけられるおそれもある。(11)

この結果は懸念すべきだが、これは詐欺だろうか？　ずさんな研究は不正行為とは違う。こうしたケースの多くにおいて問題は、追試が違う結果になることではなく、研究そのものが本質的に「再現不可能」だということだ。つまりその結論は有益だが、他の研究者が人間を対象にした調査をくり返したとき、いつも同じ結果になるとは限らない。

実際、心理学の研究は質が低いというわけでもないかもしれない。別の学者グループがその後、検証そのものを調査して――科学はそのように動くものだ――その結果、ハーヴァード大学の学者ゲイリー・キングの言葉を借りれば、「完全に不公平で――無責任でさえある」と結論づけた。再現性は科学者を「悩ます」ほど「非常に重要」な問題だが、「社会心理学者が結果をでっちあげているわけではない」。(12)こうした反証の反証を含めたいきさつはすべて、あるべき場所、つまり雑誌『サイエンス』のページ上に記録され、その議論は専門家の評価を受け、今後の分析の対象となる。

それでは自然科学では、社会科学より、お粗末な研究やでたらめな研究が発覚するのが多いということなのだろうか？　そうではないだろう。がんの研究者が専門分野の研究の再現を試みたときも、心理学者と同じ問題に突きあたった。オンライン雑誌『スレート・ドットコム』のライターであるダニエル・エングバーは二〇一六年に、心理学分野と同様に「再現性の危機」にある生物医学研究の一群について記事を書いた。「ある推計によれば、すべての研究のうち半数以上は根拠があやふやで、他の研究室では再現不可能のおそれがある。それらのがん研究は治療法を発見できないだけでなく、役に立つデータひとつ提供していないかもしれない[13]」。再現を妨げる障害は、社会科学につきまとう障害とほぼ同じだ。すなわち、ずさんさ、時間の経過、最初の実験とまったく同じ条件をつくりだせないことなど。

ここで話は不正な研究から、ただずさんな研究に移る。複雑すぎてここで詳しく述べることは不可能だが、学者のコミュニティーにおける「再現性の危機」の原因は詐欺だけではない。完璧な再現性の物理的また時間的制約はもちろん、助成金の監督不行き届き、出版可能な結果（どれほどささいなものでも）を求める学術機関からの強いプレッシャー、学者たちの、ひとたび論文や研究が出版されたら前の研究は箱詰めにして投げ捨てる傾向なども原因だ。

社会科学や人文科学の研究の再現が難しいのは、それが基づいているのが実験手順ではなく、個別の研究やできごとについての専門家の分析だからだ。文芸批評の本は、まさに批評そのものだ。科学ではない。だがそれは、そのテーマについて深い知識を必要とする専門的な見解なのだ。同様に、キューバ・ミサイル危機も、自然科学の実験とは違う。一九六二年一〇月のできごとを何度もやり直すことはできない。そこでキューバ危機の結果を調べる研究者は、あるひとつの歴史的なケースについて専門家としての分析を示す。そうした研究には多くの間違った結論が含まれるかもしれないが、それは専門家による不正行為ではなく、さらなる議論の原料になる。

とはいえ、社会科学および人文科学の分野において、完全な詐欺のケースもあった。二〇〇〇年、エモリー大学の歴史学者マイケル・ベルサイルズは、『武装するアメリカ』（*Arming America*）という本で、コロンビア大学が授与する権威あるバンクロフト賞を受賞した。その本のなかでベルサイルズは、アメリカ人の銃所有は植民地時代初期に起源をもつという説の誤りを暴き、実際には一世紀近く後の時代の影響によるものだと主張した。初期のアメリカでは個人による銃所有はめずらしかったとするこの研究への反応は、発表直後から賛否にはっきりと分かれた。

この場合も、本来なら誰にも気づかれなかったはずの研究が、そのテーマの重要性によって大きな注目を集めた。銃規制賛成派と銃所持賛成派はベルサイルズの説をめぐって賛否に分かれた。他の学者らが、ベルサイルズが研究に利用した資料を探して、結局、彼は資料を誤用したかでっちあげたかのどちらかだと断定した。コロンビア大学はバンクロフト賞を撤回した。エモリー大学は独自の調査を行い、ベルサイルズの間違いの一部は能力不足によるものだったが、彼の学術的公正性に避けがたい疑いがもたれた。彼の本はもともとの出版社から拒絶され、後に小さな出版社から復刊された。

二〇一二年、デイヴィッド・バートンという名前のライターがトマス・ジェファソンについての本を出版した。バートンには歴史学の専門家としての経歴はなかった。彼が世間に知られていたのは、福音主義運動で有名だったからだ（二〇〇五年、『タイム』は彼をもっとも影響力のある福音主義者二五人の一人にあげた）。彼の本は、二〇一二年大統領選立候補者マイク・ハッカビーや歴史学者から政治家に転身したニュート・ギングリッチをはじめとする保守派指導者らから称賛と推薦を受けた。
ベルサイルズの銃所有研究と同様に、バートンの著作も、著者の知名度に加えてその政治的影響から、かなりの注目を集めた。タイトルも歯に衣着せぬ、『ジェファソンの嘘——あなたが信じているトマス・ジェファソンについての嘘を暴く』（*The Jefferson Lies: Exposing the Myths You've Always Believed about Thomas Jefferson*）というものだった。バートンはこの本で、現在の歴史学者らはジェファソンの私生活を中傷しただけでなく、彼の考えの多くが現代の保守派の見解の裏付けとなっていることを無視していると説いた。ジェファソンの革命フランスへの称賛と、のちの自由主義への傾倒を考えれば、大胆な主張だ。

専門の学者たちは、アマチュアの歴史家が書き、学術出版社ではなく宗教出版社で出版されたこの本を黙殺した。同書はそもそも読者として学者を想定した本ではなく、そうした本を読みたがっている人々が対象だった。バートンの狙いはあたった。『ジェファソンの嘘』は『ニューヨーク・タイムズ』のベストセラーリストに載った。

まもなく本の内容の正確さへの疑問が、研究大学に所属する神を認めないリベラルたちからだけでなく、ペンシルヴァニア州にある小さなキリスト教大学、グローブ・シティ・カレッジの学者二人からも出された。厳密な調査の結果、バートンの主張は崩壊した。『ヒストリー・ニュース・ネットワーク』〔歴史学者が時事問題について執筆するポータルサイト。二〇一七年からジョージ・ワシントン大学が運営している〕の読者たちは、この本を「出版されたなかでもっとも信用できない本」に選んだ。さらに決定的だったのは、出版社が同書の欠陥を認め、市場から回収したことだった。『アトランティック』のライターであり法学部教授であるガレット・エップスは、この問題について痛烈に総括し、次のように語った。「(バートンの)本の大部分は自費出版であり、回収されることはない。だがキリスト教学者とキリスト教出版社による非難は、彼が今後背負いつづけていく不名誉となる」(14)。

こうしたすべての事例で、詐欺や不正行為は発覚した。だが当然のことながら、一般の人々にとっては、そうした論文の最終的な評価はさほど重要ではない。本題は、どの分野においても研究が信用できるのかどうかということだ。

ある意味、それは間違った問いかけだ。ひとつの研究によってあるテーマ全体が左右されることはめったにない。世間一般の人は、特定のある研究の結果に頼ることはない。たとえば細胞研究。一群の研究がまとめられて薬や治療法に結実し、その一部に信用できない研究が入っていたとしても、それによって薬や治療法の安全性や効能をさらに調べようと思われるだけだ。あるひとつの研究を捏造することは可能かもしれない。だが数百の研究を捏造して完全に詐欺的で危険な結果をもたらすことは、とうてい不可能だ。

同様に、公共政策についての研究でも、ひとつで専門家の資質のあかしとなるわけではない。学者がある本やある記事によって政策コミュニティーに注目されたとしても、その影響力は、研究の科学的再現性によるのではなく、その研究が打ち出すアイディアによるものだ。社会科学の分野においても、化学や物理学のようなハードサイエンスと同様に、あるひとつの研究が、他の専門家らの再考察なしに、世間一般の人の生活に影響を与えることはない。

どの分野においても詐欺が問題になるのは、それが時間を無駄にして進歩を遅らせるからだ。詐欺や不正行為は、複雑な方程式に早い段階で埋め込まれた間違いのようにその後の計算を難航させ、誰が事実を間違えた――もしくは故意にごまかした――のかが特定されるまでずっと、プロジェクト全体の足をひっぱることになる。そしてそうしたケースが世間に公表されると、当然のことながら、人々は不正行為の規模とその影響の大きさという疑問をもつ。税金が支出されている場合はなおさらだ。

医学部進学課程じゃなかったっけ？

専門家の間違いの原因は、故意の詐欺や驚くべき能力不足以外にもある。専門家がおかすもっともよくある間違いは、あることについて他の人々よりよくわかっているからといって、何でも他の人々よりわかっていると思い込むことだ。自分の専門知識を、あらゆることについて人々に高説を垂れる免許だと考えてしまう（これについても、わたしには真っ先に非難する資格はない）。高度な専門的教育と経験が一種の包括的な自信となって、ほぼすべての分野のことを熟知していると思い込む。

そうした専門家は、古典的なコメディー映画『アニマル・ハウス』に出てくるエリック・ストラットンと似ている。ストラットンは自分の所属する乱れた男子大学生社交クラブを学生による裁判で弁護する役を買って出たが、クラブの友人たちに大丈夫なのかと訊かれて、「心配するなって、ぼくは法学部進学課程だぞ」と答えて安心させた。それに対してある友人が「医学部進学課程じゃなかったっけ？」と尋ねた。「大差ないだろ」とストラットンは答えた。

こうした過信によって専門家は、自分の車線をはずれて自らの専門から遠くかけ離れたことについて意見を述べたりするだけでなく、自分の一般的な専門の範囲内でもより広い専門知を「過大申告」することもある。専門家やプロは、他の職業の人々と同じく、従来の成功や業績は自分の優れた知識の証拠だと考え、あらゆる専門家が言いたがらない「わかりません」という言葉を口にするよりは、限界を押し広げることを選ぶ。誰だって無知だと思われたくはないし、自分の知識に隙間があるのを知られたくない。一般の人々も専門家も、自分がまったく知らないことについて自信満々な意見を述べたくなることはあるが、専門家はそんなことをしない分別をもつべきだ。

専門の越境が起きる理由は、悪気のない間違いから知的虚栄心まで、さまざまだ。その動機はときには、名声によって与えられた機会という単純な場合もある。その最たる例が芸能人だ（たしかに、芸能の分野において彼らは専門家だ。演劇学校は化学工学技術者によって運営されているわけではない）。芸能人は有名であるがゆえに、時事問題や論争に関わることが多く、また専門家や政策立案者にも近づきやすい。なぜなら、誰でも有名人が電話をかけてきたらそれに応えたくなるし、彼らに協力したいと思うからだ。

しかし芸能人に話をすることは、彼らを教育することと同じではない。だがこれで、ある分野――芸能――の専門家がその他の分野の重要な問題について論説を述べるという、奇妙な状況が生じることになる。アメリカにおけるこの奇妙な現象の歴史はそれほど古くはないが、芸能人たちが気の向くままにツイッターや自分のウェブサイトで大げさな意見を言うようになるよりずっと前からあった。

たとえば一九八五年、カリフォルニア州選出の民主党下院議員のトニー・コエーリョは、下院農業委員会の農場問題についての公聴会に、女優のジェーン・フォンダ、シシー・スペイセク、ジェシカ・ラングを招いた。彼女たちの資格は？　三人とも、八〇年代に人気があった映画で農場主の妻役を演じたということだった。もちろん、これはすべて人目を引くための行為で、コエーリョはなぜそんなことをしたのかと問われて、共和党のロナルド・レーガン大統領をあてこすった。「彼女たちはたぶんホワイトハウスにいる俳優よりも農業問題について詳しいからだ」。コエーリョはそう答えた。[15]

しかしこれは、一度限りのできごとではなかった。芸能人たちは長年にわたり、ほとんど何の知識ももたない論争に首をつっこんできた。彼らは流行をつくりだしたり、根も葉もない虚報を発したり、多数の信じやすいファンの日常習慣を変えたりしている。

カナダの保健政策専門家のティモシー・コーフィールドは、もうたくさんだと思っている多くの専門家の一人だ。彼は確立された知識をないがしろにする芸能人、とりわけ一人の芸能人をやり玉に挙げて批判する本を書いた。『グウィネス・パルトロウはあらゆることについて間違っているか？　芸能人文化と科学が衝突する時』（*Is Gwyness Paltrow Wrong about Everything? When Celebrity Culture and Science Clash*）（本書では第4章で、パルトロウの女性のケアについてのアドバイスに言及している）。コーフィールドは二〇一六年に行われたインタビューで以下のように語っている。

グウィネス・パルトロウは乳がんのリスクについての情報源として信用できるだろうか、と誰かに質問してみたらどうだろう？　ほとんどの人が、できないと答えるはずだ。栄養学については？　ほとんどの人は、疑わしいと思うだろう。しかし彼女は文化に非常に大きな足跡を残し、自分のブランドをつくりあげており、人々はそのブランドに共感する。

利用可能性バイアス〔availability bias〕の問題もある。芸能人はとにかく目立つ。彼らが目立つということとは、彼らの影響力がそれだけ大きいということだ。『タイム』誌に掲載された、グルテン・フリーについて話す（パルトロウの）写真のほうが、実際のデータがどうなっているのかということより強く記憶に残る。そうやって、芸能人は我々の生活に大きな影響力を及ぼしている。(16)

こういうことは無害ではない。女優のジェニー・マッカーシーのアドヴァイスに従って、子供にワクチンを接種させない人もいる。マッカーシーは『プレイボーイ』のピンナップガールで、そういうことすべてを「グーグル大学」で深く学んだと言っている。パルトロウやマッカーシーを見て、その馬鹿げたアドヴァイスを聞く人々は、二人とくらべたらまったく魅力的ではない腫瘍学者や感染症学者を見る――または辛抱強くその話を聞く――人々よりも多い。

開かれた民主的な社会では、誰でも政治的活動をする権利を有する。しかし、政治的活動と有名人がその知名度を乱用することは基本的に別物だ。一般の人々のあいだの政治的活動は、支持する専門家を選び、望ましい政策を推薦する必要がある。しかし芸能人が専門家の判断を自分の判断に置き換えようとするのは――事実上、自分が有名だから信じるようにと要求することであり――微生物学者が現代美術論に首をつっこんだり、経済学者が薬理学を論じたりするようなものだ。

一部のケースで、専門家は、自分の専門分野に十分に近く、プロとしての判断を少し拡大しても無理がないと思われる分野に立ち入ることがある。とりわけ自分の分野における業績を称賛されている専門家にありがちだ。しかしながら、社会がより複雑になると、あるとあらゆる分野で通用する天才は考えにくくなる。ユーモア作家のアレグザンダー・ペトリは、このように言っている。「ベンジャミン・フランクリンはたぶん、「あなたはストーブを発明した。例の税金についてはどうするべきだと思いますか?」のような質問をしてもよかった最後の天才の一人だろう」。[17]

ノーベル賞を受賞した化学者ライナス・ポーリングは、一九七〇年代にビタミンCが魔法の薬だと確信した。彼は普通の風邪をはじめとしてさまざまな病気を予防するために、ビタミンCの大量摂取を勧めた。ポーリングの主張を裏付ける証拠はなかったが、彼はノーベル化学賞の受賞者であり、ポーリングがビタミンの効能を断言したことは多くの人々に、彼の専門の無理のない範囲での延長だとみなされた。

ところがポーリングは、ビタミンの推奨を始めた当初から、自分の職業の科学的基準を適用していなかった。彼がビタミンCを摂取し始めたのは、一九六〇年代、自称博士のアーウィン・ストーンに勧められたからだった。ストーンはポーリングに、一日にビタミンCを三〇〇〇ミリグラム——推奨されている摂取量の五〇倍——を摂取すれば、二五年長生きすると言った。しかしストーン「博士」の学位は、正式認可を受けていない通信大学とカイロプラクティック医療大学の名誉学位だけだった。[18]

ポーリングはその治療法を信じて、大量のビタミンを摂取し始め、すぐに奇跡的な効果を実感した。公平な観察者だったら、「プラセボ効果」を疑ったことだろう。プラセボ効果とは、たとえばある人に気分がよくなる薬だと言って与えると、思い込みによって実際に気分がよくなるという現象だ。だがポーリングの科学への輝かしい貢献を考慮して、仲間の学者たちは彼の意見を真剣に受けとめ、実験を行った。

すべての実験で、ビタミンCの効果は証明されなかったが、ポーリングはけっしてそれを認めなかった。ペンシルヴァニア大学の小児科医で感染症の専門家であるポール・オフィット博士は後に、「次々と彼が間違っているという結果が出ても、ポーリングはそれを信じることを拒否して、スピーチや一般紙の記事や本でビタミンCを推奨しつづけた。時々、見るからに風邪の症状を示して人前に姿を現すと、彼はアレルギー症状だと説明した」。

ポーリングは一九七〇年代を通じて、主張を膨らませつづけた。ビタミンは万能薬であり、がん、心臓病、ハンセン病などさまざまな病気を治せると主張した。後にはビタミンCをエイズとの闘いに応用できないか試してみるべきだと訴えた。もちろん、ビタミン剤のメーカーはノーベル賞受賞者が守護聖人となってくれて大喜びだった。まもなくビタミンのサプリメント（「抗酸化剤」も含む。当時「抗酸化剤」は、現在の「グルテン・フリー」や「非ＧＭＯ」のようにもてはやされた言葉だった）が大きな商売になった。

しかしやがて、ビタミンを大量摂取すると、ある種のがんや心臓発作のリスクを高めるおそれがあることがわかった。つまりポーリングは自分の評判だけでなく、多くの人々の健康を損なった可能性もある。オフィット博士が指摘したように、「あれほど明晰で二度もノーベル賞を受賞した男が」、「これほど見事に間違えたのだから、「世界最大のいかさま師」と言ってもいいでしょう」。ところがいまだに、大きくて飲みにくいビタミン錠で病気を予防できると思っている人々がいる。科学はポーリングの主張を追試してその誤りを証明するという、まさにすべきことをしたという事実にもかかわらず。

ポーリング自身はがんで九三歳で亡くなった。ストーン「博士」が約束した二五年分長生きできたかどうかは、永遠にわからない。

ときには、専門家がある特殊な実績や功績を利用して、自分の専門分野から遠くはずれ、重要な政策論争に影響力を及ぼそうとすることがある。一九八三年の秋、ニューヨーク市のあるラジオ局が核軍拡競争についての番組を放送した。一九八〇年代は冷戦の緊張が高まった時期であり、一九八三年はなかでもひどい年だった。ソ連は韓国の民間機を撃ち落とし〔大韓航空機撃墜事件〕、ジュネーヴで行われた米ソ核軍縮交渉は決裂し、ＡＢＣの放送したドキュドラマ〔実際に起きた出来事をドラマ化した映画やテレビドラマ〕『ザ・デイ・アフター』はそれまででもっとも多くの人々に視聴された。そして選挙の年がすぐ迫っていた。

当時、わたしはニューヨークでソ連学を専攻する大学院生で、公共政策の分野でのキャリアを目指していた。あるときわたしのラジオから、オーストラリア訛りの強い英語が流れてきた。「もしロナルド・レーガンが再選されたら、核戦争は数学的に確実に起きる」。核戦争が不可避だという断言にわたしは興味を引かれた。レーガンは一九八四年に大した困難なく再選されるだろうと見られていたので、なおさらだった。我々がアルマゲドンに突入することは数学的に確実だとまで断言するこの人物は、いったい誰なのだろう？

その人はヘレン・カルディコット博士という女性だった。物理学や政策や国際関係の専門家ではなく、オーストラリア出身の小児科医だ。彼女自身の回想によれば、核兵器についての懸念は、ネヴィル・シュートが一九五六年に著した終末後世界の小説『渚にて』（彼女の母国が物語の舞台になっている）を読んだことから生じたそうだ。子供たちの世界がいつ灰燼に帰すともわからないのに、子供の病気の治療をしている場合ではないと思うようになったという。彼女はすぐに、軍縮と核政策の論争で大きな発言力をもつようになった。もっとも、そうした主題についての実績や経験はまったくもたなかった。

カルディコットは高度に技術的なことについて断定的な発言をすることが多かった。アメリカのミサイルサイロの強度について、民間防衛策について、ソ連外交機関の内部の仕組みについて、彼女は自信満々に話した。カルディコットは一〇年近くアメリカに居住し、メディアで反核活動家のコミュニティーを代表する常連になった。

彼女の専門を横断した影響力は、一九八五年に出版した『ミサイル羨望』(*Missile Envy*)で最高潮に達した。軍拡競争の「診断」といった医療用語が満載された本だった(章タイトルも「病因」「検診」「症例研究」などとなっている)。本のタイトルが内容を伝えている。カルディコットは、冷戦の心理的土台はソ連とアメリカの男性の精神にあると考えた。アメリカ人女性は参政権を勝ちとったのに「事実上それをまったく活かしていない」。当時イギリスの首相だったマーガレット・サッチャーもそうだが、政権内の女性たちは、「大多数の分別ある賢い女性たちを象徴していない」[19](わたしがニューヨーク市のラジオでカルディコットの発言を聞いたとき、彼女はもっと歯に衣着せず、「マーガレット・サッチャーは女ではない」と言い切っていた)。カルディコットは一九八〇年代後半にオーストラリアに帰国して公職に立候補したが、落選した。

専門家の世界にはこうした例がごまんとある。なかでも、もっとも有名で、地球規模で人々に大きな影響を与えているのが、マサチューセッツ工科大学教授のノーム・チョムスキーだ。彼は世界中の多くの読者から崇拝されている。チョムスキーは政治や外交について多数の本を執筆し、存命中のアメリカの知識人のなかでは世界でもっとも多く引用されている人物と言えるだろう。だが大学での彼のポストは、言語学教授だ。チョムスキーはその専門分野における草分け、あるいは偉人とさえ見られているが、外交については、故ジョージ・ケナン〔アメリカの外交政策立案者〕が人類の言語についてまったく疎かったのと同じく、門外漢だ。しかし世間には、彼は自分の専門よりも、政治について書いた本によってよく知られている。実際、チョムスキーのことは知っていても、彼が言語学の教授であることはまったく知らないという大学生は昔からよくいる。

だがチョムスキーは、ポーリングやカルディコットと同様に、人々の要求に応えている。一般の人々は、伝統的科学や社会的に優勢な考えに対して自分たちからは異議を唱えにくいと感じており、そうした意見を遠慮なく発言し、しかも専門家の信用を漂わせる人物を支持する。たぶん医師たちは人間の食生活におけるビタミンの役割をもっとよく調べるべきなのだろう。核兵器の役割について現在行われている見直しにもっと人々が参加するべきなのだろう。だがその提唱者に化学の学位や、小児科の研修医の資格があったとしても、そうした難解なテーマについては、その他の独学者と同程度の信頼性しかない。

こうした学者の専門外分野への侵入に世間は驚くほど寛容で、そのこと自体が逆説的だ。専門家の本来の専門知識を尊敬しない人々がいる一方で、専門知や業績を一般的なものと見なし、専門家や知識人はほぼ何についても口をはさむ権限があると考える人々がいる。ワクチンの安全性についてかかりつけ医の言葉を疑う人々が、著者の肩書に魔法の「ＭＤ」（医学博士）がついているからという理由で、その人物が核兵器について論じている本を買う。

残念ながら、自分の専門外の意見を求められたときに、謙虚に辞退するという責任を果たせる専門家はあまりいない。わたしもこの間違いをおかして後悔した経験がある。おかしなことに、ある当面の問題についてわたしがコメントする能力を完全に具えていると考える人々に対して、みずから異論を唱えたこともある。わたしにその能力があると考える記者もしくは学生に対して、彼らの質問に自分が何らかの権威をもって答えるのは無責任なことだと説得するのは奇妙な気分ではある。そう認めるのは気まずいものだが、言語学教授や小児科医やその他の多くの専門家もそうしてくれたらと思わずにはいられない。

わたしは予言する！

一九六〇年代前半、テレビやラジオの番組の常連ゲストに、「アメージング・クリズウェル」という名前の芸人がいた。クリズウェルの持ち芸は、「わたしは予言する！」という劇的な言い方で馬鹿げた予言をすることだった。たとえば一九八〇年代にはニューヨークが水没するとか、一九八一年にはヴァーモント州が核攻撃されるとか、一九八九年にデンヴァーは自然災害で壊滅するといったものだ。クリズウェルの予言は純粋な大ぼらだったが、視聴者はそれを楽しんでいた。だがクリズウェルも予想できなかったのは、彼自身のキャリアが一九六〇年代の終わりころには先細りになり、友人で史上最低の映画監督と言われるエドワード・D・ウッド・Jrが制作した低予算のポルノ映画に端役として出演して終わったことだった。(20)

専門家にとって予測は厄介だ。世間は予測を求めるが、専門家はたいてい予測を苦手としている。それはたぶん、専門家はそもそも予測が得意でなくてあたりまえだからだろう。科学の目的は説明することで、予測することではない。それでも予測は、専門外の分野への侵入と同じく、専門家の大好物だ。

専門家も一般の人々も、専門家はある分野について他の人々よりよくわかっているのだから、予測もよくあたるはずだと考える。ハードサイエンスの専門家は、結果が予測どおりになるような条件を確定する実験方法を用いているので、より強くそう思っている。予測不可能なことが起きると、それは科学者にとって研究の新たな出発点になる。もう亡くなっているが、ＳＦ作家の（生化学の教授でもあった）アイザック・アシモフは、これまで偉大な科学的発展を促してきた言葉はたぶん「エウレカ」ではなく、「あれ、おかしいな」であろうと述べている。

しかし専門家のなかには、予測をすることを受け入れ、それに高額の料金を請求する者もいる。たとえば世論調査専門家は選挙に立候補する政治家にサービスを提供しているし、マーケティング専門家は新たなサービスや商品の売れ行きを調査する。『リテラリー・ダイジェスト』誌が（おもに自誌の読者を調査して）アルフ・ランドンはフランクリン・ローズヴェルトを負かすと予測した一九三六年以来、世論調査は長い歴史がある。現在、世論調査は専門家も学会誌も存在する科学の一分野だ。なかには特定の政党への支持から結果を歪曲する専門家もいるが、ほとんどの世論調査専門家は、統計や、おおむねかなり正確な結果を導きだす方法を学んだ学識経験がある。

しかし世論調査やマーケティングは、とんでもない間違いをおかすこともある。一九八〇年代半ばにコカコーラ・カンパニーが新発売した「ニューコーク」は大失敗で、「ニューコーク」という名称が世論の読み間違いの代名詞となった。もっと最近の事例では、政治世論調査の専門家らは二一世紀初めに行われた重要な選挙をいくつか読み誤った。二〇一四年に行われたアメリカの中間選挙と二〇一五年に行われたイギリスの総選挙もその一部だ。

実際、二〇一五年に世論調査専門家を対象に行われた調査によれば、彼らはミスの連続で自分たちの評判が下落したと考えていた。その原因は、(成功よりも失敗を報道したがる)メディアの偏向のせいだと考えている人もいたが、技術的また人口統計的な変化のせいで、正確な世論調査が従来とくらべて難しくなったことを理由にあげる人もいた。「世論調査は間違っていると言うほうが、世論調査が合っていると言うより、話としてはおもしろい」と、世論調査専門家バーバラ・カルヴァーリョは『ファイブサーティーエイト』で語った。一方、同じく世論調査専門家のマシュー・タワリーは二〇一五年、「明らかに、ここ三年のあいだにいくつかの際立った大失敗があった」と認めた。(21)

ここで問題になるのは、世論調査ではなく――生身の人間が関わっている調査の正確性は限られている――人々が世論調査に何を求めているのかということだ。世論調査は、未来に何が起きるかの保証書ではない。予見不可能なできごとから広告まで、さまざまなもので人の考えは変わる。専門家の仕事全般に言えることだが、その能力は、総合的な成績と、その専門家が自分の間違いを慎重に調べるかどうかという点で測られる。同様に、ニューコークはたしかに大失敗だったが、新製品の発売や正確な選挙予測が成功した例がごまんと存在する。しかし世間の人々は――結果が気に入らない場合はとくに――間違った判断ばかりよく憶えていて、正しかった多数の事例を無視する。

人々は専門家の予測に過大な期待をしているが、専門家のなかにも洞察力に自信をもち、それを売り込む人々がいる。政治学教授のブルース・ブエノ・デ・メスキータは数十年間にわたり、政府や民間の顧客のために、「プロプライエティ・ソフトウェア」によって世界のできごとを予測している。この三〇年間、彼の会社の顧客のなかにはアメリカ中央情報局（ＣＩＡ）もあった。一九九三年に発表された研究によれば、数百件の予測において、ブエノ・デ・メスキータはＣＩＡのアナリストの二倍の確率で予測を「的中させた」。

他の専門家はブエノ・デ・メスキータの予測を検証できていない。彼の方法やモデルは、事業資産として保護されており、研究として公表されていないからだ。二〇〇九年の『ニューヨーク・タイムズ』で彼は次のように紹介されている。

> ブルース・ブエノ・デ・メスキータは学術誌に数多くの予測を公表しているが、彼の予測の大半は民間もしくは政府の顧客のために非公開で行われており、無所属の学者がそれらを検証するのは困難だ。「彼の予測が一〇回に九回、一〇〇回に九回、一〇〇〇回に九回合っているのか、我々にはわかりません」と（ハーヴァード大学教授スティーヴン）ウォルトは言う。
>
> ウォルトはまた、ブエノ・デ・メスキータの予測が九〇パーセント的中したとするＣＩＡの研究にも感心していない。「ＣＩＡの中堅職員の一人が「これは便利な道具だ」と言っているにすぎない。ブレント・スコウクロフト〔ブッシュ政権の国家安全保障担当大統領補佐官〕が「ブッシュ政権では、必ずブエノ・デ・メスキータの意見を聞いてから政策を決定していた」と言っているわけではない」[22]。

ブエノ・デ・メスキータの正確性はわからないが、より重要なのは、彼の予測を求める市場があるということだ。大きなもの――生命、金、その両方――がかかっている組織は、リスクをとる前に熱心に情報を求める。未来のことがわかると主張する専門家は、限られた助言しか与えない専門家より需要が高い。

世論調査の専門家やブエノ・デ・メスキータのようなコンサルタントは、予測することで報酬を受けとっており、その仕事の価値を決めるのは顧客だ。だが他の専門家や一般の知識人も予測はする。専門家による予測が何度もはずれたことは、学者や専門家に対する世間の信頼の低下に大きく影響した。ソ連の終わりを予見できなかったり、イラクとの戦争は楽勝だと断言したりした人間が、再び生死に関わる判断について助言しようとしても、世間が懐疑的になるのは当然だ。

専門家が予測をするべきなのかという問題を脇に置くにしても、専門家は予測することをやめないし、彼らの予測は驚くほど間違っていることも多い。「ブラック・スワン」的できごと——歴史を変えうる予見不可能な瞬間——について書いた、広く読まれている研究のなかでナシーム・ニコラス・タレブは、そもそも予測しようとすることの「認識的傲慢」を非難した。

それなのに、私たちは歴史的な事件を予測できるかのように振る舞っている。もっと悪くすると、歴史の行く末を左右できるかのように振る舞っている。社会保障制度の赤字だの石油価格だのを三〇年先まで予測するとき、来年の夏にそういった数字がどうなっているかさえ、自分たちがろくに予測できないのを忘れている。政治や経済に起こることを読み誤り、そうした予測の誤りが山のように積み重なっている。実績を調べるたびに、悪い夢でも見ているんじゃないかと頬をつねらないといけないほどだ。(23)

不確実性の永続性に関するタレブの警告は重要な意見だが、予測の虚しさを受け入れるべきだという彼の主張は非現実的だ。専門知を予測の手段として応用する可能性があるのに、人間がそれを諦めることはありえない。

問題は専門家が予測を行うべきかどうかではない。それはもうするとわかっている。専門家が所属する社会とその社会を運営している指導者たちも、それを要求する。つまり問題は、専門家が予測するとしたら、いつ、どのようにするべきか、それが間違っていたときどうしたらいいのか、ということだ。

二〇〇五年、フィリップ・テトロックという学者が社会科学分野における専門家による予測のデータを集めたところ、多くの人々が疑っていたとおりの結果になった。「専門家をごく最低基準のパフォーマンス――科学愛好家、ダーツを投げるチンパンジー、補外法をもちいたさまざまなアルゴリズム――と比べたところ、専門知識が「上手く調整された」り、「分析的な」予測に結びつくというしるしはほとんどなかった」[24]。どうやら、専門家の未来を予測する能力は、ルーレットを回すのと大差がないらしい。テトロックのこの発見は、一般の人々の多くが前から疑っていたこと、つまり専門家は自分がしていることを理解していない、という説を裏付けた。

しかしテトロックの研究に対するそうした反応は、一般の人々が専門家を誤解する典型的な例だ。テトロック自身が述べているように、「急進的な懐疑論者はこの結果をよろこぶだろう、しかし誰が何を正しく予測したかについて一貫したパターンが見え始めると、彼らは困った顔をし始める。急進的な懐疑論者は、何も予測できないと主張している……。しかしデータをちゃんと見れば、予測者の成績は安定しており、偶然ではないとわかる[25]」。

実際、テトロックがしたのは、専門家の予測をその他すべての人々の予測と比較することではなく、専門家の予測を基本的なベンチマーク、とくに他の専門家の予測に照らして評価することだった。つまり彼が調べようとしたのは、専門家が他のすべての人々とくらべて予測が下手なのか否かではなく、なぜ一部の専門家は他の専門家よりも予測が上手いのか、ということであり、それはまったく別の問題だ。ジェイムズ・スロウィッキー（『みんなの意見は案外正しい』（*The Wisdom of Clouds*）の著者）が指摘するように、「認知的多様性」は大切だ――つまり集団の意見は個人の意見よりも優れている可能性がある――ということは、「多様だが何も知識をもたない人々を集めれば、彼らの集団としての知恵は一人の専門家の知恵より優れている」ということとは違う。(26)

テトロックの研究でわかったのは、専門家の予測が一般の人々の当て推量並だということではなく、一部の専門家は、他の専門家よりも、知識を仮説に応用するのが上手いということだった。テトロックはイギリスの哲学者アイザイア・バーリンの使った「キツネ」と「ハリネズミ」の喩えにならい、広く包括的な知識をもつ専門家（「キツネはたくさんのことを知っている」）と狭く深い専門知を有する専門家（「ハリネズミは大きなことをひとつしか知らない」）の違いを説明した。テトロックの研究は、専門家がどのように考えるかについての非常に重要な研究であり、通読する価値がある。しかしあえて要約するなら、彼の興味深い発見のひとつは、専門家は説明から予測への移行で苦労するが、おおむね「キツネ」のほうが「ハリネズミ」よりも上手くできて、それには多くの理由があるということだ。

ハリネズミは、専門範囲外の状況に対しても自分の専門知識を集中させようとするが、キツネはより多くの情報を受け入れ、新しいよりよいデータを示されたら考えを変えることも得意だ。「キツネは自己批判的で複眼的なその思考法のおかげで、ハリネズミ、それも豊富な知識をもつハリネズミがしばしば示すような、自分の予測についての過剰な熱意をもたずにすむ[27]」。

まさにハリネズミの典型である技術者は、予測だけでなく、自分の専門外の情報を処理する広範な能力を身につけるのも苦手だ。非常に明確に定義された知識をもつ人々は、自分の専門を越えた道具をあまりもたないため、自分の専門分野と当面のテーマがどれほどかけ離れていても、とにかく自分の知っていることを一般化して当てはめようとする[28]。彼らは自信をもって予測するが、その予測はしばしば間違っている。なぜなら古典的ハリネズミである科学者は、自らの狭くて高度に複雑な専門分野外の情報を受け入れたり処理したりするのが苦手だからだ。

これまで見てきたことから、専門家も、専門家の予測を評価——ときには非難——する一般の人々も、いくつか学ぶべき点がある。

もっとも重要なのは、予測がはずれても、それは専門知を評価する参考にはならないということだ。専門家はたいてい、予測（およびその分析の重要な部分）に但し書きを付けている。なぜなら世界は予見不可能なできごとだらけで、それが連鎖反応を引き起こす可能性があるからだ。歴史は、心臓発作やハリケーンのように単純で偶発的なできごとによって変わることもある。但し書きの重要性にもかかわらず、一般の人々はそれを気にしない。天気予報で降水確率は七〇パーセントと言われても気にしないのと同じだ。一〇回に三回の確率で雨が降らなければ、人々は天気予報が間違っていたと考える。

だからといって、専門家、とりわけ専門家の業界が、洞察力の欠如の責任から逃れられるわけではない。一九七〇年代、ソ連の専門家は誰一人として、一九九一年までにＵＳＳＲが崩壊するとは予想していなかった。専門家たちはその反対の見方——ソ連の崩壊は事実上ありえない——で凝り固まっていた。それは大きな判断の誤りであり、学界は深刻にそのことを受けとめるべきだ（が、残念なことにそうなってはいない。この二〇年間、ロシアの専門家らは互いの間違いを分析することを避けつづけている）。

しかし専門家による予測が間違っていたとしても、専門家が一般の人々より多くの知識を有しているという事実をさかのぼって否定することはできない。一般の人々は、「専門家でも予測を間違えるのだから、誰の意見にも等しく価値がある（または価値がない）」という結論に飛びつくべきではない。世論調査の専門家であるネイト・シルヴァーは、二〇〇八年と二〇一二年の大統領選を驚くほど正確に予測して名声を確立したが、二〇一六年ドナルド・トランプが共和党の大統領候補に指名されると当てられなかった自分の予測は欠陥のある前提に基づいていたと認めている。[29] シルヴァーをはじめとする専門家たちはトランプ現象を予測できなかった。それでも、彼がその他の選挙で示した洞察力は本物だ。コラムニストのノア・ロスマンは後にこのような文章を書いた。「トランプは、政治のプロたちがキャリアを費やして研究してきたルールの多くが今年の予測には役に立たなかったということを示した。だが、「わたしたちが政治について知っていたことはすべて間違いだった」ということが、「政治について何も知らなかった」に劣るということにはならない[30]」。

他の専門家にくらべて予測を間違うことが多い専門家は、責任を問われても仕方がない。だが何の工夫もないイエス／ノーで予想させる質問をして、一般の人々は専門家と同じくらい正しいということは、専門知の役割そのものを根本的に誤解している。実際、そうした画一的な質問をすることは、専門家を責任から解放することでもある。二〇世紀のイギリスで外務省に長年勤めた公務員についての笑い話がある。経験豊かな外交官である彼はこう語った。「毎朝、わたしは首相のところに行き、今日は戦争が起きることはありませんと明言しました。さいわい、四〇年間のキャリアのなかで、間違ったのは二度だけでした」。確率だけを見れば、この男性はかなりいい成績を納めたと言えるだろう。

専門家の助言や予測の目標は、コインを投げて裏表を当てることではなく、ありうる将来について何かを決定する際に役に立つことだ。一九八〇年代に、二〇〇〇年までにソ連が崩壊するかどうかと訊くのは、イエス／ノーの質問だ。しかしそれ以前の数十年間に、ソ連に平和的崩壊をもたらし、その確率をあげる（その他の見込みを減らす）ためにはどうするのがいちばんいいのかという問いかけは、それとはまったく違う。

わたし自身の専門はロシア研究なので、読者のなかには、わたしも間違ったソ連専門家の一員なのに、他人事のように批判しているのではないかと疑っている向きもあるかもしれない。いい質問だ。

わたしはソ連の崩壊については間違わなかった――だがそれは、間違うチャンスがなかったからだ。一九八八年に大学院を卒業したが、そのときにはすでにUSSRが分裂する兆しがはっきりと見えていた。ロシアの政治についてわたしがとんでもない間違いをしたのは、それから一〇年後のことだった。わたしが下手な予測をする危険性を理解しているのは、自分も責めを負うべき間違いをおかしたことがあるからだ。

二〇〇〇年の初めにわたしは、ウラジーミル・プーチンという無名の官僚がロシアの新たな指導者として台頭したことは、ロシアの民主化を進める一歩になるかもしれないと書いた。もちろん、それは大間違いだった。プーチンは独裁者となり、現在も世界の平和を脅かしている。なぜわたしは間違ったのか？　それは今もわたしの仕事や、同業者、それも同じ間違いをした学者らとの話し合いの時間を占めている問題だ。二〇〇〇年に我々はプーチンに騙されたのだろうか？　それとも我々の楽観は正しかったが、いつしかプーチンが変わり、我々はそれを見逃したということなのだろうか？　それとも、クレムリンのなかで外部にはわからない何かが起き、ロシアの指導部全体が独裁政治と他国への侵攻の道を進むことになったのだろうか？

そんなことは一般の人々にとってはどうでもいいことであり、それでいい。問題は、（我々ロシア専門家の多くがそうだが）わたしはプーチンについて判断するように求められた際に、まだ結論を出すには早いという、おもしろ味には欠けるがより慎重な立場をとるのではなく、断定的な意見を述べてしまったことだ。だが現在のロシアを解明するにあたり、二〇年近く前のわたしの大間違いのせいで、今のわたしの分析や意見の価値が下がるのだろうか？　プーチンの動機について意見を述べるにあたり、わたしは、博識の一般人と同程度の能力しかないことになるのだろうか？

わたしはプーチンについては間違ったが、普通の人はロシアの政治の複雑さを説明するのも手に負えないし、そのテーマの入門クラスを教えることも不可能だろう。なぜわたしたちロシア専門家が間違えたのかは重要な問いかけだが、なぜ重要かというと、そう問いかけることによって我々は自らの思い込みを見直し、専門家のコミュニティーの務めである討論と自己修正を行うことになるからだ。多くの人々はプーチンに関して悲観的な見方をしているが、その一部は反射的なロシア恐怖症もしくは単なる推測であり、そのいずれも政策策定には役に立たない。知識の裏付けのない意見がたとえ合っていたとしても、筋道立てて導き出された見解のほうが有用性の高い場合が多い。もし間違っていたとしても、詳細に分析し、研究し、修正することが可能だからだ。

関係を修復する

専門家の間違いについては、専門家にも一般の人々にも責任がある。専門家は自分の間違いを認め、公表し、それを修正するための手段を明らかにするべきだ。一方で、一般の人々は、専門家に対して予測を求めることに慎重になり、失敗と詐欺の違いをわかるようにならなければならない。

概して専門家は自分の間違いの分析はしても、世間の人々の目にふれるような形での公表はしていない。普通の人は医学専門誌や社会学の統計分析についての記事を読むことはない。正直なところ、ほとんどの専門家や学者はおそらく、一般の人々は読まなくていいと思っている。なぜなら読んでも書かれていることを理解できないだろうし、彼らが専門家による議論についていこうとする努力は、人々を啓発するより混乱させるからだ。

ここは、専門家と一般の人々のギャップを橋渡しできる知識人がより大きな責任を担うのが望ましい。新しい治療法について話すのが、専門知識を簡単な言葉で説明するのを苦手とする（立場もある）医師や、科学的な素養がなく、複雑な科学的主張を正しく評価することのできないジャーナリストだけでは困る。もしそうなったら、大きな隙間が——通常はネット上に——出現し、素人、詐欺師、ほら吹き、陰謀論がそれを埋める。

知識人はしばしば自分の分野内ではただの「解説屋」として嘲笑されることがあるが、そこには一片の真実が含まれている。たぶん我々にはもう、地球温暖化について教えてくれるビル・ナイ（「サイエンス・ガイ」）は必要ない。外交政策業界も、増えたテレビ局や増えた放映時間を埋めるためにテレビによく出演している元官僚や比較的若い退役将校の深い意見は必要ない。だが一般の人々と専門家のあいだの溝が広がりすぎると、専門家は仲間うちでしか話さなくなり、一般の人々は、いずれ自分たちの生活に影響してくる決定から除外されてしまうことになる。

だがほんとうは、そうした一般の市民がもっとも重要な役割を受け持っている。人々は自分たちにとって大事なことについて、さらには誰の意見に耳を傾けるのかについて、みずから勉強する必要がある。たとえばテトロックが、有識者や専門家たちによりよい助言をさせる方法として唱導しているのは、その予測成績に注意することで、彼らに「同じ考えの人々のグループをよろこばせるだけではなく、自分の商品の知識（真実）としての価値を向上させることを競い合うインセンティブをもたせる」というやり方だ。[31]

しかし悪い学者の成績を公にしても、人々が関心をもたなければ何の効果もない。一般の人々が情報の受動的な受け手でありつづけたり、相変わらず自分の信じたい情報だけを積極的に探したりするなら、何をしても大きく変わることはない。一般の人々は、ここで、大事な問いかけを自分にしなければならない。自分は問題についてどこまで学びたいと思っているのか？　自分の信念を危うくするような事実と本気で向き合う気があるのか？　人々は情報の出所について今以上によく吟味し、耳を傾ける専門家の経歴をよく考える必要がある。

ある人がビタミンCでがんが治ると思いたがっているなら、研究でも予測でもすばらしい成績をおさめた専門家が何を言っても、薬の写真を掲載したウェブサイトにかなわない。十分な知識をもたない人が、他国への侵攻（または国境に壁を築くこと）でアメリカの問題が解決すると本気で信じていたら、専門家の論文がいくらあっても関係ない。一般の人々は自分の知識について、または知識の欠如について、より大きな責任を引き受けるべきだ。世界は複雑すぎるし情報源が多すぎると言い訳しながら、政策は大衆の意見を見下す誰ともつかぬ専門家たちの手に握られていると嘆くのは無責任だ。

人々は懐疑主義と謙虚さの両方を組み合わせて専門家の助言に接する必要がある。哲学者のバートランド・ラッセルが一九二八年にある随想で書いたように、一般の人々は自分の論理を使って専門家の言うことを評価するべきだ。

わたしが唱導する懐疑主義は簡単だ。（1）専門家のあいだで意見が一致している場合、その反対意見を信用することはできない。（2）専門家のあいだで意見が分かれている場合、どの意見が正しいかを非専門家が判断することはできない。（3）専門家が全員、肯定的な意見に十分な根拠がないと考えている場合、非専門家は判断を保留したほうがいい〔ラッセル『懐疑論』柿村峻訳、角川文庫、一九六五年、九頁。ただし訳文は使用していない〕。

専門家がどんな意見で一致しているのかを知るだけでは十分ではない。同じくらい大事なのは、専門家の意見の一致の限界を理解し、専門家の見解が裏付ける重要性以上の結論を引きださないようにすることだ。

さらに、専門家は政策立案者ではないということを知っておくべきだ。専門家は国家の指導者に助言し、その言葉は一般の人々の言葉より大きな影響力をもつが、専門家が最終決定をすることはない。民主主義国家においては、高度に統制されて官僚化されたアメリカ合衆国のような共和国でさえ、専門家が政策を決定することはほぼない。医薬品の承認から戦争抑止まで、我々の生活に関するもっとも重要な決定を行うのは、下は市議会から上はホワイトハウスまで、政治家と決まっている。一般の人々が市民としての義務を真剣に担うことを拒み、自分にとって重要な問題についてみずから学ぼうとしなければ、民主主義は、高度の専門的知識をもった官僚が政治や社会の支配権を握るテクノクラシーに変異するだろう。一般の人々がひどく恐れる専門家による支配が、簡単に拡大する。

一般の人々が専門家の助言を利用し、彼らを支配者ではなく奉仕者にしておくには、自分たちの限界も受け入れる必要がある。民主主義は全員が専門家になったら機能しない。それでも、専門家たちが、有権者をないがしろにして民主主義を運営していけると思うのはとんでもないうぬぼれであり、一方で一般の人々が、自分たちよりも知識と経験のある専門家の意見に耳を貸さずに大きな先進国を維持できると思うのは無知な自己愛だ。

ちょうどいいバランスを見つけて、専門家とそのクライアントである人々とのあいだで最近増加している気懸かりな衝突を減らすにはどうしたらいいのか、次章ではその問題について扱う。

結論——専門家と民主主義

みずからの統治者たらんとする人民は、知識がもたらす力で武装しなければならない。

ジェームズ・マディソン

おれは無知でいる権利を留保する。それが西側のやり方だ。

映画『寒い国から帰ったスパイ』

ジョン・ル・カレ

「専門家はだめだ」

二〇一六年、イギリスが欧州連合（ＥＵ）から脱退すべきかどうかという「ブレグジット」論争の際、ＥＵ離脱派は専門家——そのほとんどはブレグジットをひどい考えだと警告していた——を、一般の有権者の敵と見なした。ブレグジット推進派のリーダーであるマイケル・ゴーヴは、事実よりもイギリスの有権者の気持ちのほうが重要だと主張し、「この国の人々は、専門家にはうんざりしている」と、鼻であしらった。

しかしアメリカ人作家で外交の専門家でもあるジェイムズ・トラウブは、ゴーヴの専門家への非難攻撃に関して以下のように指摘している。

「専門家」という言葉は、言うまでもなく、自分が話すことを理解している人間を貶める軽蔑語だ——ゴーヴもその一人で、彼はオックスフォード大学を卒業して、長年、保守党政権の閣僚を務めてきた。要するにゴーヴが言わんとしたのは、人々は不愉快な事実から解放されて楽しい空想にひたれるべきだということだ。(1)

移民排斥主義のイギリス独立党党首ナイジェル・ファラージは、さらに踏み込んで、「専門家」はイギリス政府、または欧州連合そのものから金をもらっているとほのめかした。(2) 二〇一六年六月、国民投票の結果、「離脱派」は五二パーセント弱の票を集めて勝利した。

専門家への非難攻撃は、多数のイギリス有権者の政治的無知と、圧倒的に離脱に反対していた知識人エリートへの本能的な反感につけこむ戦略の一環だった。投票から数日のうちに——もちろん集計が終わってから——離脱派は自分たちの主張の多くが誇張もしくは事実に反していたと認めた。「正直に申し上げると」。イギリスの政治家でブレグジット賛成派のダニエル・ハナンはイギリスのテレビ番組で述べた。「これをご覧になっているみなさんが、離脱に投票したから欧州連合からの移民がゼロになると考えているなら、がっかりすることになります」。ハナンはこの発言で、まさにそうした政策を選んだと考えていた人々から強い反発をくらった。「一部の人々は何をしても満足しない」。ハナンはそうこぼして、「一カ月間ツイッターを休む」と発表した。[3]

イギリスが実際に欧州連合から脱退するのは数年先だ。しかし反知性主義と専門知に対する不信は、アメリカの二〇一六年大統領選挙において、より即効的で中心的な役割を果たした。二〇一六年初めに行われた共和党のウィスコンシン大会で、候補者のドナルド・トランプは専門家に対する攻撃をしかけた。トランプは以前のディベートでは、公共政策についての基本的問題について言葉に詰まることが多かったが、ここにきて反撃に出たのだ。「よく人は、「トランプには専門家がいない」と言います」。彼は聴衆に語りかけた。「だが、わたしが前から言いたかったのはこういうことです……専門家はだめだということです。人は「ドナルド・トランプには外交顧問が必要だ」と言います。だがわたしが顧問をもたなかったとしましょう。それは現状より悪いことでしょうか?」[4]

トランプの専門家に対する嘲笑は、昔からアメリカ人が抱いている、専門家や知識人は一般の人々の生活に口を出し、しかもそれがひどく下手くそだという確信に上手く働きかけた。二〇一六年のトランプの勝利は多くの要因の結果だった。その一部(たとえば、候補者が乱立すると、当選するのは、最高得票を得ても過半数には達しない候補になるということ)は、純粋に状況的なことだった。しかし最終的にトランプが当選したことは、もっとも最近の――もっとも高らかに響く――トランペットの音であることは間違いなく、それは迫り来る専門知の死の先触れだ。

トランプのやり方がさまざまな形で、確立された知識に一人で挑む男の戦いのように見えたことを考えてみてほしい。トランプは、オバマ大統領はアメリカ生まれではないと主張して彼がアメリカ市民である証明を要求した「バーサーズ」の初期メンバーの一人だった。また別のときには、ニュースの情報源として、堂々とタブロイド紙『ナショナル・エンクワイアラー』をあげた。また彼は反ワクチン運動を支持している。さらに外交に関する情報は、おもに日曜日午前中の「番組」から得ていると認めている。二〇一六年に自然死した最高裁判所のアントニン・スカリア判事は殺された可能性があるとも言った。そして対立候補（テッド・クルーズ）の父親が、あらゆる陰謀論の母とも言える、ジョン・F・ケネディ大統領暗殺に関わっていたと非難した。

遊説中の街頭演説で明らかな間違いを言ってしまうのは、政治家候補の職業上の災害のようなものだ。バラク・オバマも上院議員だったときに、五七州すべてを訪問したと主張した——しかし選挙期間中のトランプの無知は意図的で、何度もくり返された。彼は政策についての初歩的な質問にさえ答えられなかったが、自分の知識の欠如を恥じるどころか、得意然としていた。大統領に任される戦略核戦力の三本柱について質問されたトランプは、こう答えた。「核に関して我々はきわめて注意深く、きわめて慎重になる必要があります。核はまったく状況を変えてしまう」。いったいどういう意味かと訊かれて、トランプはさらに述べた。「思うに——思うにわたしにとって、核はつまり力であり、その破壊が非常に大事です」。

これは言い間違いではない。トランプの発言について明確な説明を求められた彼の広報担当者は、どうでもいいことのように、手を振ってこの話題を終わらせた。トランプはタフであり、重要なのはそれだけだと、カトリーナ・ピアソンはフォックス・テレビで、「三本柱を保有していても、それを使うのを恐れていたら、何の役に立つんですか?」と問いかけた。ピアソンとともにゲスト出演していた弁護士兼政治コメンテイターのカート・シュリックターは、化学および核兵器関係が専門だった退役陸軍大佐でもあり、どこからどう見ても超保守派だ。そのシュリックターが見るからに驚いていた。「戦略核態勢で重要なのは、それを使うのを恐れることだ」と、彼はきっぱりと言い切った。

トランプはこうしたことすべてを切り抜け、共和党の大統領候補に指名され、当選した。それはなぜかというと、アメリカの核抑止力といったことを知っているなどと言うのは限られたインテリのたわごとだと考えるある特定の有権者層の心を、トランプがつかんだからだ。

さらに悪いことに、有権者はトランプが無知だったり間違ったりしても気にしないだけではなく、彼の無知や間違いを見分けることができていない可能性が高い。心理学者のデイヴィッド・ダニングと同僚のジャスティン・クルーガーが発見したダニング＝クルーガー効果では、無知または能力の劣る人々のほうが、自分の知識の欠如や能力不足に気づきにくいとされた。ダニングは、自分たちが描写したような力学が有権者たちに働いており、それは二〇一六年の大統領選挙の奇妙な特質を理解するうえでもっとも肝心なことかもしれないと考えている。

多くのコメンテイターたちが、（トランプの）自信満々の間違いをトランプのナルシシズムやうぬぼれのせいだと指摘した。わたしの見解はその逆だ。間違いを間違いとしないことが、潜在的なナルシシズムやうぬぼれを歯止めなく膨張させる。有権者に専門知が欠如していることは残念だが、人々がみずからの市民としての知識が完全ではないとわかっていれば、それほど懸念することではないだろう。わかっていれば、それを修正することができる。しかしダニング＝クルーガー効果によれば、現実はそうなっていない。ダニング＝

クルーガー効果が示唆するのは、一部の有権者、とくに人生において多大な苦難に直面している人たちは、トランプが言っていることを気に入っても、彼の発言が深刻な失言だと気づくほどの知識を有していないということだ。(5)

別の言葉で言えば、トランプの支持者たちは、トランプがとんでもなく無知な発言をしたときに、大目に見ているのではなく、ダニングが言うように、「彼らはそうした失言を間違いだと気づいていない」。二〇一六年の大統領選におけるトランプのもっとも強固な支持者は、当然、教育レベルの低い人々に集中していた。ネヴァダ州党大会で勝利したトランプは意気揚々とそう述べた。「わたしは低学歴の人々を愛している」。(6)その愛は明らかに両想いだった。あやしげな勢力が自分たちの生活を破壊しており、国の指導者が目に見える知性を有していたらそれ自体が信用ならない性質だと思い込んでいる人々は、トランプに自分たちのために戦う闘士を見た。だが彼らはいったいどこで、エリート政治家や彼らに協力する学者が企んで自分たちを陥れようとしているといった考えを仕入れたのだろうか?

ひとつ考えられるのは、彼らはエリート政治家や彼らに協力する学者の行動を観察した結果、そういう考えをもつようになったということだ。たとえば、トランプが専門家は役立たずだと非難した一カ月後に、オバマ政権の外交顧問のトップの一人が、まさにそうした疑念を裏付けるようなことをして、専門家の国政への関与に対する批判を煽ることになった。オバマ大統領副補佐官で国家安全保障問題担当のベン・ローズが、イランとの核合意を連邦議会と国民に承認させたオバマ政権の報道戦略についての『ニューヨーク・タイムズ・マガジン』のインタビューのなかで、政権は「この問題についての議論を盛り上げる」必要があるとわかっていたと述べた。

ローズのインタビューを行ったのは『ニューヨーク・タイムズ・マガジン』の記者デイヴィッド・サミュエルズで、記事掲載後にその客観性（イランとの合意に関して、および記事に登場した人物数名について）が問題視された。(7) とはいえ、ローズの説明は驚くほど率直だった。彼はシンクタンク、専門家、ジャーナリストらの名前をあげて、彼らは政権とともに合意を売り込んだと認めた。

「我々は「エコーチェンバー」を作りだした」。わたし〔サミュエルズ〕が彼に、新人の専門家たちがこぞって合意を応援していることについて質問すると、彼はそう認めた。「彼らは、我々が与えた情報を認証する発言をした」。

わたしが、そうしたスピン・キャンペーンを他の政権が行う可能性について恐ろしいと思わないのかと訊くと、彼は恐ろしいと答えた。「もちろんわたしも、国民による穏健で合理的な議論が行われ、連邦議会が熟慮の上で投票するほうが望ましいとは思う」。彼は肩をすくめた。「でもそれは不可能だ」。(8)

政府高官が、一部の、とくに国家安全保障の分野における問題はあまりに重要かつ複雑だから、無知な国民の議論に任せることはできないと発言するのは珍しいことではない。秘密外交や、世論を味方につける宣伝は、アメリカをはじめとする民主主義国家の政治史の本質的な一部だ。

しかしローズが言ったことはそれとは別物であり、専門家と公共政策の関係をひどく傷つけるものだった。ありていに言えば、彼は、イランとの合意が受け入れられたのは、専門家のあいだでの議論を歪め、国内報道の主流になりつつある新しいメディア、とくに若いジャーナリストたちの無知を利用したからだと自慢した。「我々が話をしたジャーナリストの平均年齢は二七歳で、彼らの記者としての経験はほぼ選挙報道だけだ。ずいぶん変わったものだよ。彼らは文字通り何も知らないんだ」。

ローズの言わんとするところは明らかだ。彼は一般の人々が合意を理解するほど賢くないと考えているだけではなく——それは間違いではないが、ローズは彼らを賢くする努力を何もしなかった——議員を含めて他の人間も全員、理解できるほど賢くないと考えている。ローズにとって、誤情報によって議論を汚染することは、大義のために必要なことだった。

トランプもローズも、それぞれのやり方で、国民の無知を自分に都合よく利用している。違うのはその戦術だけだ。トランプは二〇一六年の大統領選挙で、有権者のなかでももっとも怒っている、もっとも無知な人々を結集させた。ローズは作り話的な物語を人々に投げ与えてイラン合意を演出し、完全に有権者をないがしろにして、その裏で彼と仲間たちはこっそりと自分たちが最善だと思うことを実行した。

どちらも容認しがたい状況だ。アメリカ社会における専門家の役割が危うくなっていることについては、さまざまな理由が考えられ、本書ではそのことに多くのページを割いた。専門家自身、教育者、ジャーナリスト、娯楽メディア企業などがそれぞれ一役買っている。しかし結局、現在の状況の最終的な責任を負わなければならないのは、あるグループであり、彼らだけがこの状況を変えることができる。そのグループとは、アメリカ合衆国市民のことだ。

専門家と民主主義——死のスパイラル

専門家と政府は、とくに民主主義国家においては互いに依存し合う関係だ。人々の幸福を確保するための技術的また経済的発展には労働分担が必要であり、そのために職業（プロフェッション）が生みだされる。プロ意識（プロフェッショナリズム）が専門家に、全力でクライアントに仕え、おのれの境界を守り、他の人々にも境界を守るように求めさせる。そういったことすべてが、専門家の最大のクライアント、つまり社会全体に対するサービスの一環なのだ。

独裁主義国家も専門家に同じサービスを要求するが、彼らは脅しでサービスを引き出し、命令でそれをやらせる。独裁制が効率と生産性で民主制に劣るのはそれが原因だが、アメリカ人の多くはいまだに、ナチドイツのような国家は効率がいいという間違った思い込みをしている。[9] 民主主義社会では、専門家の国民全体へのサービスは社会契約の一部だ。市民はさまざまな問題の決定権を、選挙で選ばれた代表者と彼らに助言する専門家に委任し、専門家は、知識を身につけて合理的判断ができる市民に対して、専門家の仕事を誠実に受けとめるように求める。

専門家と市民の関係は、民主主義国家のほとんどすべての関係と同様に、信頼という土台の上に築かれている。信頼が崩壊すれば、専門家と一般の人々の対立が生じる。そして民主主義自体が死のスパイラルに突入し、たちまち衆愚政治か、エリート支配によるテクノクラシーに陥りかねない。いずれも権威主義的な結末であり、現在のアメリカにはその両方の影が忍びよっている。

専門家と市民間の関係崩壊は民主主義そのものの機能不全だというのはそういう理由だ。あらゆる問題の土台に、政治および一般的なことがらに関するアメリカ国民のリテラシー（基礎能力）の低さがある。その土壌にあらゆる機能不全が根を張って繁茂している。二〇一六年の大統領選はそのもっとも最近の表出例でしかない。ジャーナリストのダニエル・リビットが書いているように、アメリカの公共政策専門家たちは二〇一六年大統領選を、「アメリカの有権者の鈍感さを思い知らされる、がっかりするような経験」だったと受けとめた。[10] しかしその前兆は、それよりもずっと前から表れていた。

作家のスーザン・ジェイコビーが二〇〇八年に書いたように、アメリカの無知への行進でもっとも憂慮すべきは、「知識の欠如そのものではなく、知識の欠如に対する傲慢さだ」。

問題は我々が知らないことではなく（アメリカ国立科学財団によれば、成人アメリカ人の五人に一人は、太陽が地球の周りを回っていると考えている）、驚くほどの数のアメリカ人が、そもそもそんなことを知っている必要はないと勝手に結論付けていることだ。［中略］反合理主義と無知との有害な組み合わせは、医療から税制まで、アメリカの公共政策のさまざまな議論に害を与えている。[11]

普通のアメリカ人は知識人や専門職といった階級を好ましく思うことはないが、それでも最近までは、知識それ自体を悪いものとして嘲ることはなかった。現在の現象を「反合理主義」と呼ぶのは寛大すぎるかもしれない。むしろ反進化と言ってもいいもので、確立された知識から遠ざかり、口承で――現在ではネットで――伝えられる民俗的知恵や通説へと後退している。

リテラシーの低下と無知をよしとする風潮は、市民と公共政策との乖離という悪循環の一部だ。人々は、自国の政治がどのように行われているのか、あるいは経済、科学、政治構造等が実際にどのように機能しているかについてほとんど知らず、あまり気にしていない。それでも、そういったあらゆるプロセスがますます理解不能なものになっているせいで、市民は疎外感をつのらせている。人々は圧倒され、学ぶことや市民として政治に関わることに背を向け、他のことに引きこもっていく。そうすることで彼らは市民としての能力が低下し、そのサイクルは続き、強化されていく。人々の逃避への欲求が多くの娯楽産業によって簡単に満たされる今はなおさらだ。

アメリカ人は（公平を期して言えば西側諸国の市民の大半も）、生きているうちに実現するとは想像もしていなかったような道具や便利さに囲まれて、まるで子供のように、自治に十分な知識を学ぶことや、みずからの生活に関わる政策を監督することを拒否している。これは社会の一員としての務めを担う市民層の崩壊であり、それをきっかけに有害な結果を招きかねない。

知識をもつ市民が不在となれば、知識にまさる行政エリートや知的エリートが国や社会の日々の管理を引き受ける。西側諸国の保守派、とくにアメリカのリバタリアンが好む文章に、オーストリア人経済学者F・A・ハイエクの書いた一節がある。「今日、自由にたいするもっとも大きな危機は、現代の政府においてもっとも必要でもっとも有力な人たち、すなわち公共の利益とみなすものに独占的にたずさわっている有能な専門行政官から生じているといっても誇張ではないであろう(12)」。

アメリカのあらゆる層の、極めて知的な思考をする人々も、ハイエクと同じ意見のはずだ。官僚と政策専門家は選挙で選ばれていないにもかかわらず、多くの領域で人々の日常生活に多大な影響を及ぼしている。しかし現在のこの状況は、意図してそうなっているというより、惰性でそうなっているにすぎない。実際、ポピュリズムはこのエリート支配を強化している。無知の礼賛は、通信衛星を打ちあげたり、海外のアメリカ市民の権利を交渉したり、効果的な薬品を提供したりといった、今やどんなにぼんやりした市民でもあたりまえのように政府に求めることを実現できないからだ。ほとんどのものごとの仕組みをまったくわかっていない人々に対して、専門家もまた関与する気持ちを失い、一般の人々に話をするより、おもに専門家どうしで話すことを選ぶようになる。

同時にアメリカ国民は、自国の政治経済制度がもたらすものについて、ますます現実離れした期待を抱くようになっている。この権利意識は、人々が「専門家」、とくに「エリート」に対して常に腹を立てている一因となっている。エリートとは、現代アメリカの慣用では、何かしらの教育を受けていて、人々の間違った考えを甘やかさない人間を指す言葉だ。貧困を終わらせることやテロを防止することは見かけより難しいと言われると、アメリカ人はあきれた顔をする。自分の周囲のものごとの複雑さを理解することができない彼らは、何も理解せずに専門家、政治家、官僚が自分たちの生活を支配していると非難することを選ぶ。

知る人間と決める人間

それによって、民主主義と専門知が陥っている死のスパイラルに拍車をかける別の問題が浮き彫りになる。市民は、専門家と選挙によって選ばれた政策立案者との区別を理解できないし、理解しようともしないという問題だ。多くのアメリカ人にとってエリートというのは、教育を受け、金持ちで、権力のある人々の集合として認識されている。これは明らかに間違っている。金持ち全員が権力者ではないし、権力者全員が金持ちでもない。知識人や政策専門家は金持ちでも権力者でもないのが普通だ（これはわたしの言うことを信用してもらいたい）。

ジョージ・W・ブッシュが大統領任期中にどのような失敗をおかしたとしても、アメリカ国民に対して政権の動きについて説明した際、自分が「決める人間」だと言ったのは正しかった。専門家にできるのは提案することだけで、決めるのは選挙で選ばれた議員たちだ。実際、選挙で選ばれた議員が政策立案の専門家でもあることは、ほぼない。両立は無理だ。議員は、市会議員であれ小さな州の州議会議員であれ（まして大統領は）ひどく多忙で、現代の政策策定に必要な問題すべてに精通するような時間はない。だから議員は専門家――知る人間――を雇って助言を得る。

専門家と議員が力を合わせても、上手くいかないこともある。専門家が間違いをおかし、政治指導者に助言した行動指針が、悲惨な結果に終わる。専門家の役割に批判的な人々は、ヴェトナム戦争のような国のトラウマをその例として指摘する。そうした批判をする人は、後知恵で、一般の人々の賢明な意見を聞いていたらそんな残念な決断を避けられたと主張することが多い。

しかしこのような、一般の人々の知識と徳を頼みにすべきだという意見は、美化された妄言にすぎない。リチャード・ニクソンの伝記を執筆したジャーナリストのエヴァン・トマスは、政治学者ヘンリー・キッシンジャーのような「ザ・ベスト・アンド・ザ・ブライテスト」やロバート・S・マクナマラのような「大物経営者」たちは「完璧とはほど遠く」、「ヴェトナム戦争と、五万八〇〇〇人のアメリカ兵と、数百万人のヴェトナム人の死に責任がある」と認めた。(13) しかし同時に、トマスが指摘したように、

「核戦争の瀬戸際できわどいバランスをとっていた世界の秩序を強化したのも、そうした専門家とエリートたちだった。彼らは貿易を拡大し、同盟を深化させて、数十億ドルの対外援助を行った」。そうした政策はいずれも、彼ら自身にも他の人々にも人気はなかったが、それらの政策のおかげで、アメリカと西側諸国は冷戦の終わりまで生き延びることができた。だがそれよりも重要なのは、非専門家やポピュリストだったらどんな政策を選んだのかということだ。トマスは読者に対して、「一九六〇年代の失敗と、政府が外交政策を世論によって決定した時代を比較」してみてほしいと求めた。

一九三〇年代、連邦議会は国内産業の保護のため自由貿易をやめ、有権者の声を聞き入れ、しがらみとなる同盟を結ぶことなく軍事力を縮小して軍事費を削減した。その結果はどうなったか? スムート・ホーリー法〔多くの輸入品の関税を大幅に引き上げた法律〕は大恐慌を深刻化させ、国際連盟の失敗はファシズムの台頭と世界戦争を許した。

これは重要なポイントをついている。つまり昔も今も、アメリカ国民が外交やマクロ経済政策について考えるのは、ものごとが上手くいっていないときだけということだ。それ以外のときには、国がきちんと仕事をしている限り、日々機能している政策やその実施を意識することはない。

だが、アメリカ国民がほんとうに、現在のように数多くの専門家を必要としているのかという疑問は依然として残る。とくに専門家らの助言があまりに多くの人々に広まり、惨事となったときに誰も責任をとらないような現状では。たとえば、アンドリュー・ベースヴィッチは、少なくとも公共政策においては、現代の専門家を打倒すべきだと主張している。

政策知識人――実際に公職選挙に立候補するような凡人を教え導くとされているインテリたち――は、共和国に害を及ぼしている。彼らは外来生物のように現在のワシントンＤＣにはびこり、その存在は常識を押し殺し、現実を認識する大切な能力を絶滅させようとしている。温厚そうな見た目――いい身なりをして議会で証言したり、出版物やテレビで偉そうに意見を述べたり、行政機関の重要な役職に就いていたりする――の下に悪意の影響を隠している。まるで五大湖に放たれたアジア産の鯉のようだ。(14)

皮肉なことに、ベースヴィッチ自身も多作の作家で、元陸軍高官であり、大学教授を退任後は同種の凡人（つまり公職選挙に立候補するような人々）にきわめて具体的な指示を与えている。だが彼の言うことにも一理ある。アメリカ政府のトップレベルにいる五、六〇〇人の政策立案者たちの後ろには数千人の専門家がいて、実際それほど優秀ではないかもしれないからだ。

専門家は責任を逃れることはできない。「知る人間」は、何か問題が起きるたびに、選挙で選ばれた公職者の陰に隠れて、自分たちではなく「決める人間」を責めてくれというだけでは済まされない。専門家が間違ったら、人々を代表してその助言を信用した政治家はその間違いを判定して、どのような修正が必要かを決めなければならない。

専門家の失敗を正すには、昔ながらの問題を調査する諮問機関をつくり、その助言を採用するべきかもしれない。誰かをクビにすればいいのかもしれない。しかし、フィリップ・Ｅ・テトロックは、専門家に関する画期的な著作のなかで、専門家と一般の人々の関係を完全に切り捨てるのではなく、別のやり方でもっと専門家に責任を課す方法を提案している。いろいろな案がある。たとえば透明性と競争を促し、あらゆる分野の専門家が自分の仕事を記録して、どれくらい自分が合っていたか、または間違っていたかを正直に公開し、専門誌や大学といった監視役は、今以上に同業者に間違いの責任を負わせるようにする。ただ、そうした方法で上手くいくのかどうかはまた別の話であり、テトロックもそれらの解決策には多くの障害があると認めている。

もっとも厄介な障害は、世間の人々の怠惰だ。専門家の仕事を監視して成績をつけたとしても、普通の人々がそういうことに対して基本的な興味をもつことさえなかったら、まったく意味がない。テトロックも指摘しているが、あいにく一般の人々は、優秀な実績をもつ専門家を探すことをあまり重視しない。彼らが重視するのは、その専門家は簡単に会うことができるか、すでに自分と同じ意見をもっているかどうかということだ。テトロックの言うとおり、「知的商品の消費者に、専門家たちの主張の目利きになる気がなければ」、「知的商品の提供者」の説明責任（アカウンタビリティ）を促すだけでは足りない。そうした消費者は、「冷静に真実を追求すること」より、自分の偏見を強化することにより興味があるだろうし、その場合、人々は専門家の役割を「セミナールームではなくスポーツ競技場にいるような心理状態で」見ることになる。(15)

専門家がしなければならないのは、自分の助言の責任を認め、同業者どうしでも責任を課し合うことだ。いくつかの理由――学位の過剰供給、世間の関心の欠如、情報化時代の知識の生産についていく能力不足など――から、専門家たちはこれまで、社会がその特権的な立場に求める誠実さでその義務を果たしてこなかった。もっとがんばるべきだ。たとえその努力が、たいていは気づかれずに終わるとしても。

専門家が説明責任をしっかり引き受けるためにできることはいくつかある。だがその他の、人々との関係における問題は、専門家だけではどうしようもない。一般の人々は、自分たちが民主主義の共和国における専門家の役割をどのように誤解していたのかを考える必要がある。人々が専門家と政策立案者に関してする勘違いのなかでも、次にあげる五つは一考に値する。

第一に、専門家は裏で糸を引く人形使いではない。公職者がいつ専門家の助言を採用するかをコントロールすることはできない。選挙で選ばれた政治家と専門家の顧問がどれほど親しい関係であっても、完全に意見が一致することはない。ニクソンとキッシンジャーでも――オバマとローズでも――政治家は専門家が考えを実現するための器ではない。

まともな専門家なら、政策の仕事での挫折経験のひとつやふたつはあるはずだ。わたしは何年も前に、あるベテラン上院議員の側近として働いていた。彼はわたしを顧問として信頼してくれたが、一九九一年の湾岸戦争直前の緊張した時期に起きた見解の相違から、わたしに激しい悪態を浴びせて部屋から放り出した。多くの場合、政治家と専門家スタッフは、利害と意見がほぼ一致しているものだが、政策立案者や選挙で選ばれた公職者は専門家にはないプレッシャーと責任を感じており、衝突は避けられない。

第二に、専門家は、公職者がどのようにその助言を実行するかをコントロールすることはできない(『猿の手』は二〇世紀初めに出版された小説で、最悪の形で願い事をかなえてくれる魔法の護符が出てくる。主人公が金を願うと、息子が事故死して、その損害賠償金という形で願いがかなう)。専門家は政策立案者に何をすべきかの助言をするが、その助言が思いもよらない形で採用されることもある。たとえば経済学者で環境問題専門家でもある学者が減税を訴え、後になって自分の助言が、ガソリン減税をしようとしている下院に採用されたことを知って驚くといったことだ。

第三に、専門家が一人で政策の構想から実施までを監督することはない。一般の人々はこの事実を知ると困惑し、腹立たしく思う人が多い。しかしだからこそ政策分析はそれ自体で完全に学術的な学問になっているのであり、政府や企業といった大きな組織の研究ではとくにそうだ。「知る人間」と「決める人間」で何かを決めたとしても、彼らの下の組織が、まるで大人数でやる「伝言ゲーム」のように意図した政策を台無しにしてしまい、ついに実現したときには、予想に反して何か別のものに変わっているということがある。

第四に、専門家は、自分の助言のどの程度が政治家に採用されるかをコントロールすることは不可能だ。専門家が助言を行っても、政治指導者は自分の聞きたいことしか聞いていないことがよくある――具体的に言えば、自分の選挙区の有権者に人気のある部分しか聞いていない。次は気に入ったメッセージを強調するために専門家を動員する。たとえば、一部の専門家は減税を主張し、別の専門家は社会の安全から国防まで、あらゆるプロジェクトで財政支出を増やすように主張しているとする。どちらの立場も――減税も財政支出増も――合理的基盤に基づいているかもしれないが、通常そのふたつを同時に採用するのは不可能だ。だが専門家は、選択肢が互いに矛盾していたとしても、政治家が構わずすべて採用することがあるという事実をコントロールすることはできない（その後、別の専門家集団が呼ばれて、巨額の財政赤字という謎を解明するように依頼される）。

残念ながら、世間の人々も似たようなものだ。栄養学者が悪者食品のリストから卵をはずしたとき、彼らは人々が毎朝、健康的な朝食の一部として、ファストフード店で卵サンドウィッチを注文するとは思っていなかった。人々は自分が聞きたいことだけを聞いて、他のことは聞こうとしない。不完全な形で採用された専門家の助言が悪い結果をもたらすと、人々は専門家の能力不足を非難する。誰かのせいにしなくては気がすまないからだ。

最後に、専門家にできるのは選択肢を提示することだ。価値判断を行うことはできない。専門家は問題を説明することはできるが、人々にその問題をどのように解決するべきかを指示することはできない。たとえその問題の性質上、幅広く合意が存在していたとしてもだめだ。

地球の気候は変動しているだろうか？　大部分の専門家は変動していると確信しており、その原因もわかっていると思っている。ただ、過去数十年間または数世紀のデータから予測した彼らのモデルが正確かどうかは、当然議論すべきことだ。だが、専門家は、気候の変動についてどうすべきかということに答えることはできない。五〇年後にはボストン、上海、ロンドンが水没する可能性があるとしても、有権者たちは——彼らには間違う権利もある——現在失業するリスクよりは、将来の世代に問題を先送りすることを選ぶかもしれない。

専門家は、どうなるかという可能性を提示することはできるが、その問題に関わり、自分たちが優先させるものを明確にして何をなすべきかを決めるのは、有権者の仕事だ。ボストンが海に沈むのはわたしの希望する結果ではないが、人々が専門家の助言を無視してその結果を招くのなら、それは専門知の失敗ではない。むしろ市民の関与の失敗だ。ボストンがヴェネツィアになるのなら、それは予想外のことではなく、意図したことであるべきだ。有権者が、難しすぎるとか不愉快すぎるとかいう理由で重要な問題を理解する努力をしようとしない現状が変わらなければ、専門家は人々に話をする気をなくして、政策の世界における自らの立場を利用して、自分がいいと考える解決方法を主張するようになるだろう。

専門家がひどい助言をしたり、間違いをおかしたりすることもある。それでも、先進社会とその政府が専門家なしではやっていけないという事実は、ますます多くのアメリカ人がそんなことはないと考えていたとしても変わらない。専門家の助言を無視するという選択肢がまったく非現実的なのは、政策策定の複雑さのせいだけではなく、もしそうしたら、自分の生活に直接影響を及ぼす問題について学ぶという市民の責任を免除することになるからだ。それに、市民がもはや専門家と政策策定者を区別せずに、気に入らない結果について政策に関わる人間全員を非難したがっているなら、その結果は「よりよい政策」ではなく、「専門家の政治化」の進行だ。政治家が専門家を頼りにしなくなることはない。だが、その専門家は政治家に対して——そして政治家の事務所のドアを叩く怒った人々に対しても——相手が聞きたがっていることしか言わなくなる。

そうなったら、民主主義も専門知も堕落した世界最悪の状況になる。なぜなら民主国家の指導者も、彼らに助言する専門家も、無知な有権者と面倒な関わりをもとうとは思わないからだ。そこまでいくと、専門家は公共の利益のためではなく、いつでも人々の機嫌を伺っている政治派閥の利益のために働くようになる。今のアメリカはすでに、そんな結末に危険なほど近づいている。

共和国だ、と言ってあなたにわかればの話だが

専門家が説明責任を果たすことは、大多数のアメリカ人が自分たちの政治制度を理解していないとい

う事実のせいで、いっそう困難なものになる。アメリカ合衆国は共和国であり、民主主義ではない。最近では「共和国」という言葉を聞くこともほとんどなくなったが、それはつまりアメリカ人が、一般的な政治哲学である民主主義を、その表現である政体としての共和国といかに混同しているかを示しているのだろう。一七八七年、ベンジャミン・フランクリンは、フィラデルフィアで開かれた憲法制定会議から何が生まれるのか訊かれたとされている。「共和国だ、維持できればの話だが」とフランクリンは答えた。今では、共和国とはそもそも何なのかを理解している人間を見つけることのほうが難しい。

しかしこれは大事なことだ。一般の人々は忘れがちだが、共和政体は、複雑な問題を大勢の人間による意思決定で決めるようには設計されていない。もちろん、一握りのテクノクラートや専門家によって支配されるようにも設計されていない。それは本来、知識をもつ選挙民――ここでのキーワードは「知識をもつ」だ――が、自分たちの代表者を選び、その人間が選んだ人々に代わって意思決定をする手段だった。

古典的なアメリカ思想はアテナイの栄光に根差しているのかもしれないが、アメリカ合衆国はアテナイのアゴラ（広場）ではないし、元来そうなるはずでもなかった。そのことをアメリカ人はありがたく思うべきだ。作家のマルコム・グラッドウェルが二〇一〇年に指摘したように、大きな組織は、見かけがいかに「民主的」であっても、所属する全員の意見を聞いて意思決定をしているわけではない。

自動車会社は数百の部品製造会社を組織するにはネットワークを使うが、それを車の設計に使うことはない。一貫したデザイン哲学の明確な表現を、幅広い人々による指導者のない組織システムに任せるのがいいなどとは、誰も思わないからだ。ネットワークには中心となるリーダーシップ構造も明確な権限系統もなく、意見をまとめたり目標を設定したりするのは大変だ。ネットワークには戦略的思考は不可能で、慢性的に対立と間違いを起こしがちになる。

全員が平等な発言権をもっていたら、戦術や戦略についての難しい選択や冷静沈着な決定をすることは不可能だ。(16)

共和政治は、こうした課題を克服するために設計された。人々の大多数が自分の能力の範囲内で分別をもって議論したとしても、その意見を一貫した公共政策にまとめるのは、牛の重さを推測したり目標株価を算出したりするようにはできない。共和制では、少人数の代表者が民衆のしばしば解決不可能な要求を集約する。

しかし、選挙民がさまざまな時事問題をよくわかっていない現状では、彼らがほんとうは何を求めているのかを判断することは、どんどん難しくなっている。一般の人々は専門家による支配だとこぼし、複雑な国の問題に自分たちをもっと関与させろと要求するが、その多くは、一連の過程におけるみずからの大事な役割——自分たちの代表として動ける代議員を選ぶために世情に通じ、政治的な教養を身につけること——を放棄して、怒りをあらわにし、そうした要求を叫んでいるだけだ。イリヤ・ソミンの言葉を借りれば、「我々が無知に基づいて公職者を選べば、彼らは自分に投票した人々だけでなく社会全体を統治する。我々のすることが他の人々にも影響を及ぼすのだから、少なくともある程度の知識に基づいて選ぶ道義的責任が我々にはある」(17)。

本書はアメリカの議会制民主主義の形について考究する場ではない。『ザ・フェデラリスト』がまだ手軽に入手可能なのだからなおさらだ。だが専門知の死とそれに関連する知識への攻撃は、政府の共和制を根本から蝕んでいる。いっそう悪いのは、その攻撃を行っているのが、その制度をすげ替えたらもっとも困る人々だということだ。我々のなかでもっとも知識に乏しい人々が、もっとも専門家を否定的にとらえ、自分で学ぶ努力をほとんどしてこなかった事柄についてもっと自分に口出しさせろと要求している。

ここで、人々は、ある意見を誰が主張していると思うかによってそれに対する自分の意見を変えるという事実を考えてみよう。ふたたび仕掛け人はコメディアンのジミー・キンメルだ。彼は通りで人々を呼びとめ、ヒラリー・クリントンとドナルド・トランプの訴える税制案のどちらを支持するかと質問した。質問された人々には知らされていなかったが、キンメルはあらかじめ両者の案の内容を入れ替えていた。後日、政治専門紙『ザ・ヒル』が報じたところによれば、人々の答えは、彼らが自分は誰を支持していると思っているかに左右された。「狙いどおり、クリントンに投票した人々は、一人、また一人、自分が彼女の天敵の案を支持したのだと知って、言葉を失った」。ある男性は、クリントン案ではなくトランプ案を支持したのだと教えられても、最後まで押し通した。「へえ、それならわたしはドナルド・トランプを支持することにするよ」(18)。

結果的に、キンメルのおふざけは、世論調査専門家や選挙運動の専門家に昔から知られていた、「有権者はたいてい、候補者の意見や政策より、彼らの人物や人柄に興味をもっている」という真実の好例を示すことになった。『ハフィントン・ポスト』の世論調査責任者であるアリエル・エドワーズ＝レヴイは、以下のように述べている。

アメリカ人は、その政治観にかかわらず、どの時事問題についても確固たる意見はもっていない。その話が複雑だったり曖昧だったりする場合はとくにそうだ。人々は、無理もないことだが、党派を手掛かりにする傾向がある――彼らが支持している政治家がある法案に賛成していればいい法案だと思う可能性が高く、その逆もしかりだ。(19)

レヴィと同僚も、キンメルのものと同じだがもっと形式ばった調査を行って、同様な結果を得た。民主党の医療保険、イラン、アファーマティブ・アクション（積極的差別是正措置）についての考えに強く反対する共和党員は、同じ政策がドナルド・トランプの訴えるものだと思うと、あまり強く反対しなかった。民主党員は逆方向に反応した。彼らは自分の支持する党の政策がトランプのものだと思ったとき、その政策にあまり賛成しなかった。

少なくとも税制や医療保険は、現実の見解がついてくる現実の問題だ。二〇一五年、リベラル派の世論調査グループであるパブリック・ポリシー・ポーリングが、保守的と言われる共和党員とリベラルと言われる民主党員に、アグラバという国の空爆を支持するかどうかを質問した。共和党員の三分の一近くが空爆に賛成した。反対したのは一三パーセント、その他はわからないと答えた。民主党員は軍事行動には消極的だという結果が出た。空爆に賛成したのは一九パーセントだけで、三六パーセントははっきりと反対を表明した。

アグラバはどこにも存在しない。一九九二年に公開されたディズニー映画『アラジン』に出てきた架空の国だ。リベラルは得意然として、この調査結果は、共和党員の無知と攻撃性の証拠だと主張した。それに対して保守派は、民主党員は状況を何もわかっていなくても軍事行動には反射的に反対するのがよくわかったと言い返した。だが専門家たちが注目したのは、たとえ偶然とはいえ、この調査でとらえられた絶対的な現実だった。すなわち、共和党員の四三パーセントと民主党員の五五パーセントが、アニメのなかの国に対する空爆について、実際に明確な意見を表明したということだ。[20]

これらの調査のなかには、人々に対して不公平なものもある。普通の人々は日々忙しく生活していて、世論調査専門家やキンメルのようなコメディアンが自分にいたずらを仕掛けているのかどうかをつきとめようとしているわけではない（フォックス・ニュースのパーソナリティーであるジェシー・ワッターズも、通りで同様の抜き打ち調査をしたことがある）。有権者はメディアで、ある問題についての「あらゆる意見」を提示されているが、どの意見がどの意見より信頼できるかの情報がまったくないという現状ではとくにその傾向が強まる。心理学者のデレク・コーラーは、次のように書いている。

政府の行動は、ある程度、世論によって決まる。世論は、ある程度、専門家の考えによって決まる。だが、世論が専門家の意見とかけ離れることもありえるし、実際しばしばそうなっている。その原因は、人々がたんに専門家の正統性を認めていないから、ということだけではなく、専門家の大多数の一致した意見が何かということを、人々がわかっていないかららしい。[21]

たとえば、一人の科学者が遺伝子組み換え生物（GMO）は安全だと言い、一人の活動家が危険だというトークショーは、一見「バランスがとれている」ように見える。しかし現実には、それは馬鹿馬鹿しいほど偏っている。なぜなら科学者の一〇人に九人はGMOを食べても安全だと考えているからだ。激しい論争のなか、ある時点で人々はうんざりして、よりわかりやすい情報源に戻っていく。たとえそれが、フェイスブック上のインターネット・ミームであったとしても。

だが、これは市民の無知や無関心の――まして誰がその政策を推進しているかという理由だけで意見を変えるような超党派的な傾向の――言い訳にはならない。人々が問題の内容をまったくわからず、自分は何を「望む」かではなく、自分は誰が「好き」かに基づいて投票するとしたら、自分たちが混乱しているのを一方的に政策立案者と専門家のせいにするのは無理がある。戦争と平和の問題について決定する代表を選出している人々が、アグラバ、ウクライナ、シリアの違いをわかっていないとしたら、どうして共和制が機能できるだろうか?

別の言い方をすれば、人々が自分たちは誤解させられた、知らされなかったと主張するとき、専門家や政策立案者は思わず、「よくそんなことを言えますね?」と言いたくなるということだ。

一般の人々が専門知を軽視して、何もかも誰もかれもうんざりだと言い放つとき、彼らは自分たちが選んだ人々が、毎日、押し寄せてくる目前の問題について決定しなければならないことを忘れている。彼ら公職者には、専門家と世論調査にくたばれと叫んで、テレビやコンピュータの画面やゲームコントローラーにかじりつくという贅沢は許されない。彼らは航行権から保育まで、ありとあらゆる問題に対して自分の立場を表明し、時に人命を、常に資金を、投入しなければならない。こうした決断、そしてそれがどのように実施されるかは、知識をもつ人々だけでなく知識の乏しい人々にも、関心をもっている人にも無関心な人にも、等しく全市民の生活に影響する。

共和制において、一般の人々、専門家、選挙で選ばれた公職者の間の信頼が崩壊すると、あらゆる方面に影響が出る。とくに人々は、指導者と彼らに助言する専門家を信頼する必要がある。だが、一般の人々が自分たちは何を話しているのかも、何を望んでいるかもわからなければ、その関係を維持することは不可能だ。

信頼が崩壊すると、人々の無知が悪意ある人間の操作によって政治的な武器にされることがある。どの文化でも、安定した民主主義には、人々が実際にみずからの選択の意味を理解していることが必要だから、反知性主義はそれ自体が民主主義をショートさせる手段になる。一般の人々の大部分はすでに教育を受けた階層をうさんくさいと感じており、ほんの少し突つかれれば、すぐに専門家に反旗を翻す――悪意をもってその反乱を率いているのもまた知識人だったとしても。

一九四二年、フランクリン・D・ローズヴェルト大統領はラジオのリスナーに対して、彼の戦況報告をよく理解できるように、地図を買ってくださいと頼んだ。すぐに全国で地図が売り切れた。それから六五年近くたった二〇〇六年、全国調査で、アメリカの一八歳から二四歳までの若者――戦争で戦う可能性がもっとも高い年齢層――の半数近くが、重要なニュースで報じられている他国の位置を知る必要はないと考えていた。(22) 一〇年後、二〇一六年の大統領選の最中、ドナルド・トランプは中東のテロリストに対する姿勢をひと言でまとめて、人々の喝采を浴びた。「あいつらを完膚なきまでに空爆する。パイプを爆破し、精製所を爆破し、くまなく爆破する。何ひとつ残さない」。

共和国だ、それを維持できれば。もしくは地図の上にそれを見つけられたら。

わたしだってあなたと同じだ

最後に、そしてもっとも憂慮すべきことに、西側民主主義国の市民たち、とりわけアメリカ人はもはや、民主主義そのものの概念を理解していない。このことが、おそらく他の何よりも、専門家と一般の人々のあいだの関係を徐々に弱らせてきた原因だ。専門家と市民のあいだの関係は「民主的」ではない。すべての人が等しく才能に恵まれているわけでも、頭がいいわけでもないし、そうなることはありえない。だが民主社会は常に、この怒りに満ちた平等の主張に引きつけられてきたが、野放しにすればそれは耐えがたい無知と化す。

そして悲しいことに、それがアメリカの現在の姿だ。人々はもはや、民主主義が政治的平等の状態――つまり誰でも一票が与えられて、法の前では誰でもおおむね平等だということ――を意味しているのだと理解していない。アメリカ人は今や、民主主義は実際の平等を意味すると考えている。どんなテーマに関するどんな意見も等しく価値があるというわけだ。感情が事実よりも重みを増す。人々がワクチンは有害だと「思う」なら、もしくはアメリカの国家予算の半分が対外援助にあてられていると「確信する」なら、それを否定するのは「非民主的」で「エリート主義」になるらしい。

この問題は今始まったわけではないし、アメリカに限った話でもない。ずいぶん前のことになるが、イギリス人作家のC・S・ルイスは、彼が創造した人物のなかでもっとも有名な一人であるスクルーテイプが登場する一九五九年執筆のエッセイで、人々が政治的平等と実際の平等の区別がつけられなくなる危険について警告している。
地獄の高官であるスクルーテイプは、青年誘惑者養成所の晩餐会に招待されて、新卒業生を前にスピーチを行うことになった。そのスピーチのなかでスクルーテイプは、彼にとっては退屈な個人の誘惑の仕事は脇に置いて、世界の情勢を概観した。彼は人間の進歩（とりわけフランス革命およびアメリカ独立戦争、奴隷制度の廃止）に嫌悪を覚える一方で、民主主義の概念をつかみ、それを気高い意義から引き離すことに、大きな希望――地獄にとってで、人間にとってではない――をもっていた。「民主主義という言葉を振りかざして、諸君は個人を面白いように操ることができます」。スクルーテイプは陽気な調子で卒業生たちに助言した。そして民主主義という言葉を純粋に呪文として使えば、人間は明らかな嘘を信じるだけでなく、その嘘を大切な感情として育てるようになると請け合った。

小生がいう意味は、彼自身も自分が他人と同じだと思っていないということなのです。「おれだって、おまえとちっとも変わらないんだ」と言う人間は、同じだなんて思っていないのです。同じだと思っていたとすれば、そんなことを口にする気にもならないでしょう。堂々たるセント・バーナード犬はおもちゃの犬にむかって、学者は愚鈍な者にむかって、仕事のできる者がのらくら者にむかって、美しい女性は容貌の冴えない女性にむかって、けっしてそんなことは言いません。平等だという主張は、厳密に政治的な分野以外では、何らかの意味で劣っていると感じている人々の主張なのです。それが表明しているのはまさに、本人が受けいれることを拒んでいる、うずくような、チクチクした、身もだえするような劣等感なのです。それだから憤懣をいだくのです。そう、それだから彼は他人のうちのそうした点を腹にすえかね、それをおとしめ、消滅させてしまいたいと思うのです。[23]

これはホセ・オルテガ・イ・ガセットが一九三〇年の『大衆の反逆』で述べたのと同じ警告だ。「大衆はいまや、いっさいの非凡なるもの、傑出せるもの、個性的なるもの、特殊な才能をもった選ばれたものを席巻しつつある。すべての人と同じでない者、すべての人と同じ考えをしない者は締め出される危険にさらされているのである[24]」。「おれだって、おまえと少しも変わらない」スクルーテイプはスピーチの最後で、声高らかに述べた。それは「民主社会を破壊する有用な手段です」。

そのとおりだった。一般の人々が憤慨して、専門知を含む成果のしるしすべてを「民主主義」と「公平」の名の下に横並びにして平等にするように求めるなら、民主主義も公平もありえない。あらゆるものが意見の問題になり、あらゆる見解が平等の名の下にもっとも低俗なレベルに引きずり下ろされる。無知な人々が子供にワクチンを接種しないせいで百日咳が流行すればそれは寛容の証であり、偏狭な孤立主義者が地図で他の国を見つけられないせいで同盟が崩壊したら、それは平等主義の勝利になる。

二一世紀初頭のアメリカ合衆国で行われている民主主義は、恨みと怒りに満ちている。自己愛の強い大学生の傷つきやすい自尊心は、トークラジオ中毒者の自己認識と押し合いへし合いして、どちらも誰からも平等に真剣に受けとってもらうことを要求する。彼らの意見がどれほど極端だったり無知だったりしてもお構いなしにだ。専門家はエリート主義者であり、「我ら人民」（we the people）を虐げているとされる数多くの集団のひとつとして嘲笑される。「我ら人民」というのは、今どきの有権者が見境なく使う用語で、ほとんどの場合「わたし」を意味している。専門家の助言、および一般の人々がエリートと見なす誰か――つまり自分たち以外全員――による知識に裏打ちされた考えはどんなものであれ、第一の原則として却下される。どんな民主主義もこんなやり方ではやっていけない。

専門家の反乱

わたしはこのような悲観的な調子で本書を終わらせるつもりではなかったが、選択の余地はあまりないかもしれない。無知の原因のほとんどは解消可能だ。人々に学ぶ気さえあれば。しかし、現在のアメリカが、専門家やプロの努力に対して全身を覆う鎧のように身にまとっている高慢、ナルシシズム、冷笑主義の合わさった毒は、何をもってしても克服不可能だ。

伝統的解決策はもはや通用しない。教育は、生涯学習への壁を取り払うのではなく、若者たちに彼らの感情は他の何よりも大事だと教えている。「大学に行くこと」は多くの学生にとって、さらなる自己肯定経験のひとつにすぎない。メディアはあらゆるレベルで競争にはまりこみ、消費者に伝えるべきことは何かを考えるのではなく、彼らの知りたいことは何かと御用聞きをしている。インターネットは功罪相半ばで、知的サボタージュに相当するものによって汚染されている情報の井戸だ。

人々の断固たる無知に直面して、専門家は挫けている。「我々の多くは無力感に苛まれている」。MITの労働経済学者であるデイヴィッド・オーターはこぼす。「うちの大学の学生たちを教育することはできると思うが、うちの学生たちは一般の人々ではないし、一般の人々を教育するやり方はわからない」。イエール大学の教授であるダン・カハンは、さらに悲観的だ。「人々を知識攻めにしても役に立たない」。カハンは二〇一五年にそう言った。「人々にものごとを説明しても何にもならないのに、わたしは何度も何度も説明している。もしかしたらからかわれているのかもしれない」[25]。

少し希望がもてるのは、専門知への攻撃に対して、専門家たちが反撃に出ていることだ。たとえばジェイムズ・トラウブはブレグジットの結果を非難するなかで、西側のリベラリズムの擁護者は「無知な大衆に対して決起する」べきだと大胆な発言をしている[26]。もちろん、そうすることには「エリート主義者」という恐ろしい誹りを受けるリスクがある。その非難は階級的な文化のヨーロッパ等の地域より、平等主義のアメリカでより衝撃が大きいのは、トラウブ自身も認めている。「人々は思い違いをしていて、指導者の仕事はその思い違いを正すことだという必要がある。それは「エリート主義」だろうか？もしかしたらそうかもしれない。もしかしたら我々は、個人的信念なら何でもその正しさを賛美するのが行きすぎて、理性、専門知、歴史の教訓を信じるだけでエリート主義者ということになるのかもしれない」。

それでも、多くの国で幅広い分野の専門家たちがうんざりしているのは確かだ。そう言えば、「専門知の死」についてのわたしの最初の記事が掲載された後、アメリカだけでなく世界中の科学者、医師、弁護士、教師、その他の専門職の人々から連絡があった。彼らが話してくれたのは、現状へのいらだちだけではなく、自分の専門分野についての間違いを正そうとしたところ、患者、クライアント、学生との関係が悪くなっただけでなく、個人的な友情にひびが入ったことへの怒りと悲しみだった。

とくに医師たちは、もういい加減にしてほしいと思っているようだ。最近の笑える例をあげると、二〇一五年に――またしても――キンメルは風刺の効いた公共広告を発表した。この広告に登場した医師たちは、冒瀆的な言葉を乱発して、ワクチンを頑固に恐れる患者に毒づいた。「あなたはポリオに罹ったときのことを憶えていますか?」ある内科医は尋ねた。「いや、憶えてないですね。あなたの親はあなたに［罵り言葉］ワクチンを接種したんですから」。別の医師はこう言った。「なぜわたしはたった一日しかない休日を使って、あんたたちみたいな馬鹿者にワクチンの説明をしなくちゃやならないんだ?」また別の医師が相槌を打つ。「どっかの間抜けが転送メールを読んだからか?」

キンメルのコマーシャルはバズり、主要メディアで報じられて、ユーチューブだけで（これを書いている時点で）八〇〇万回も再生されている。言うまでもなく反応は早かった。インフォウォーズ・ドットコムのようなサイトや反ワクチン派のブロガーたちは（もちろん）、医師たちは無知で、腐敗した制度の手先であるなどといった侮辱で反論した。しかし反ワクチンの勢いは今のところおさまっているようだ。医療専門職とその支持者たちが、陰謀論者と同じように、メディアおよびインターネットを活用すると決めたのがその一因だろう。

メディアを使ったこうした努力は、何人かの子供たちの命は救えても、確立された知識に対する攻撃を打ち破ったり、そのアメリカの民主主義への影響をなかったことにしたりはできない。結局、専門家は市民に対して、周りの世界にもっと関心をもつように要求することはできないからだ。専門家は人々に健康的な食事をするように、または運動するようにと強く求めることはできない。人々の首根っこをつかんで、テレビのリアリティー番組から引きはがし、地図を見るように強制することもできない。命令でナルシシズムを治すことは不可能だ。

悲劇的なことだが、この問題の解決は、今のところ予想不可能な惨事にあるのではないかとわたしは思っている。戦争か経済的大惨事か（ここで言う戦争とは、勇敢な志願兵によって戦われる遠くの紛争よりアメリカに深く関わる戦争であり、経済的大惨事とは二一世紀初めにあったような景気後退ではなく、本物の不況のことだ）。解決策は、現在アメリカやヨーロッパが向かいつつある、無知なデマゴーグによる政治下で現れるかもしれないし、ついに愛想をつかした官僚たちが投票を形式だけのものにしてみずから権力を握るテクノクラシー下で現れるかもしれない。

西側世界およびアメリカ合衆国で活気のある知的かつ科学的な文化を創出するためには、民主主義と世俗的な寛容が前提となる。そうした美徳がなければ、知識と進歩はイデオロギー・宗教・ポピュリストによる攻撃の餌食となるおそれがある。そうした誘惑に屈した国々は、大量弾圧、文化的および物質的貧困、敗戦など、いくつものひどい不幸に見舞われている。

わたしはまだアメリカの制度を信頼しているし、合衆国市民は自己陶酔と孤立から抜け出し、市民としての責任を担えるはずだと信じている。一九四一年にも、ヴェトナム戦争とウォーターゲートという試練の後でも、そして同時多発テロ事件の後にも、彼らは立ちあがった。だがそのたびに自己満足に陥り、そのたびに人々が掘る無知と不満の穴はより深くなった。いずれ日の光が見えなくなってしまうかもしれない。

そうなる前に、市民、専門家、政策立案者が、アメリカの民主主義における専門家と教育を受けたエリートの役割についての困難な（そしてひどく嫌がられる）議論に取り組むことを祈るばかりだ。作家のアンドリュー・サリヴァンは、ドナルド・トランプが共和党の大統領候補に指名されたことに辟易して、二〇一六年に「民主主義社会ではまだエリートに価値がある」と警告した。

エリートに注目するのは、彼らが民主主義の敵だからではなく、民主主義が自滅するのを防ぐのに欠かせない材料を彼らが提供するからだ。政治エスタブリッシュメントは打ちのめされ、意気消沈しているかもしれない。ウェブのアルゴリズムや、デマゴーグの天才のぶっきらぼうなもの言いのせいで。だが今は、アメリカに独特の安定装置とも言える、民主主義とエリートの責任の混合をあきらめていい時ではない。

この民主主義の時代に——まして富の大きな偏りとエリートの失敗が目につくにもかかわらず——エリートが必要だという主張は、衝撃的に聞こえるだろう。だが、この貴重な民主主義を、弱体化させようとする行きすぎから守るためにこそ、彼らが必要なのだ。(27)

民主主義は、C・S・ルイスのスクルーテイプがよくわかっていたように、実際の平等ではなく、政府の制度を意味する。民主主義において一票には他の一票と同じ価値があるが、意見の価値はどれも等しいわけではない。アメリカ社会は一刻も早く、教育を受けたエリートと、彼らが仕える社会とのあいだの建設的な関わりの土台となる基本原則をふたたび定めるべきだ。

専門家は常に、おのれは民主主義社会と共和政府の主人ではなく僕であるということを肝に銘じておかなければならない。一方、主人となるべき市民は、みずから学ぶのはもちろんのこと、自分の国の運営に関わりつづける公徳心のようなものを身につける必要がある。一般の人々は専門家なしでやっていくことはできない。この現実をわだかまりなく受け入れるべきだ。同時に専門家たちも、自分たちにとっては自明の理に思えるような助言でも、彼らと同じものに価値を認めない民主主義においては、かならずしも受け入れられるわけではないことを納得しておく必要がある。さもなければ、民主主義とは、根拠のない意見に対して労せずして得る敬意を際限なく要求する制度として理解されるようになり、民主主義および共和政府それ自体の終焉を含めて、何が起きてもおかしくない。

以上が、少なくとも、この件についての専門家としてのわたしの意見だ。もちろん、間違っている可能性もある。

索引

ア行

アイレス，ロジャー　Ailes, Roger　184, 185
アグニュー，スピロ　Agnew, Spiro　178
アサド，バシャール　Assad, Bashar　154
アシモフ，アイザック　Asimov, Isaac　9, 235
アダムズ，スコット　Adams, Scott　23
アーデリー，サブリナ　Erdeley, Sabrina　197, 202
『アニマル・ハウス』（映画）　*Animal House*　225
アバグネイル，フランク　Abagnale, Frank　215
アフガニスタン　196
アフレック，ベン　Affleck, Ben　51, 52
アームストロング，ニール　Armstrong, Neil　5
アリゾナ州立大学　101
イェール大学　43, 101, 116, 122-25, 144, 145, 280
イギリス　73, 74, 76, 119, 124, 137, 142, 143, 148, 150, 171, 217, 232, 236, 240, 242, 276；ブレグジット 249-51
イギリス独立党　250
医師　1, 4, 6, 9, 10, 12, 13, 32-35, 41, 46, 64, 66, 128, 141-43, 147, 161, 199, 209, 213, 215, 217, 233, 245, 280, 281
イスラエル　162
一般論　78-80
遺伝子組み換え作物（GMO）　195, 274
イラク　238
イラン　82, 179, 180, 272；核合意 254-56；1979年の革命 179
医療保険制度改革法（ACA）　Affordable Care Act　37
インターネット　4, 15, 18, 25, 54, 55, 127-37, 139, 141-48, 150, 154-60, 164, 165, 167, 170, 172, 173, 176, 178, 179, 186, 206, 274, 279, 281
陰謀論　70, 71, 73-77, 131, 135, 203, 245, 252, 281
ヴァージニア大学　197
ウィキペディア　11, 150-53
ウェイクフィールド，アンドリュー　Wakefield, Andrew　217
ウェスト，アレン　West, Allen　138
ヴェトナム戦争　5, 19, 174, 179, 261, 282
ウェルズリー大学　116, 117
ウォー，イーヴリン　Waugh, Evelyn　164
ヴォスデフ，ニック　Gvosdev, Nick　7, 208
『Vox』　162, 163, 205
ウクライナ　10, 11, 274
ウッド，エドワード・D　Wood, Edward D.　234
エイズ　9, 10, 64, 65, 230；エイズ否認主義 9, 10, 217
HIV　9, 10
エクステンション・スクール　7, 118
『X-ファイル』（テレビドラマ）　*X - Files*　73, 75
エボラ出血熱　65
MSNBC　185, 188
O・J・シンプソン裁判　OJ Simpson trial

183
オーストラリア　11, 137, 231, 232
オッカムの剃刀　71, 206
オバマ，バラク　Obama, Barack　73, 137, 138, 159, 177, 251, 252, 254, 265
オライリー，ビル　O'Reilly, Bill　133
オルテガ・イ・ガセット，ホセ　Ortega y Gasset, José　27, 278

カ行

海軍大学校　US Naval War College　6, 50, 117
改竄　214, 217, 218
確証バイアス　confirmation bias　17, 18, 61, 62, 65-67, 69-71, 76, 79, 81, 84-86, 142, 143, 148, 189
核兵器　10, 12, 208, 212, 231, 233, 253
カスゼータ，ダン　Kaszeta, Dan　7, 103, 104, 153
カーター，ジミー　Carter, Jimmy　46, 181
『カラマーゾフの兄弟』　74
カリフォルニア大学バークレー校　217
カルディコット，ヘレン　Caldicott, Helen　231-33
北朝鮮　12
キャリー，ジム　Carrey, Jim　12
共和党　37, 39, 227, 242, 251, 253, 272, 273, 282
キーラー，ギャリソン　Keillor, Garrison 58
キンメル，ジミー　Kimmel, Jimmy　59, 271-73, 281
グーグル　11, 127, 139, 142, 144, 146, 205, 228
『グッド・ウィル・ハンティング／旅立ち』（映画）　*Good Will Hunting*　51
クライトン，マイケル　Crichton, Michael　64
クラウトハマー，チャールズ　Krauthammer, Charles　184
クリズウェル　Criswell（Jeron Criswell Konig）　234
クリストファー，ウォレン　Christopher, Warren　29
クリティカルシンキング（批判的思考）　critical thinking　18, 90, 119-21, 166
クリントン，ヒラリー　Clinton, Hillary 177, 271
クリントン，ビル　Clinton, Bill　175
クルーガー，ジャスティン　Kruger, Justin　57, 58, 60, 253
クロンカイト，ウォルター　Cronkite, Walter　169, 188
ケイシー・アンソニー裁判　Casey Anthony trial　183, 184
ケナン，ジョージ　Kennan, George　233
ケネディー，ジョン・F　Kennedy, John F.　75, 212, 252
ケネディー，ロバート・F・Jr.　Kennedy, Robert F., Jr.　141, 142
ケリー，ジョン　Kerry, John　149
倹約の法則　71
ゴーヴ，マイケル　Gove, Michael　294
高等教育　55, 88-126
コエーリョ，トニー　Coelho, Tony 226, 227
国際連盟　262
コッペル，テッド　Koppel, Ted　180
コート TV　Court TV　182, 183
コニコヴァ，マリア　Konnikova, Maria 67, 84
コーネル大学　57, 59
ゴルバチョフ，ミハイル　Gorbachev, Mikhail　208
コルバート，スティーヴン　Colbert, Stephen　177
コロラド大学　216
コロンビア大学　46, 67, 194, 197, 217,

222；ハリマン研究所 46

サ行

『サタデー・ナイト・ライヴ』(テレビ番組) Saturday Night Live 179
サッチャー，マーガレット Thatcher, Margaret 12, 232
査読（ピア・レビュー） 6, 48, 67, 68, 152, 162, 219
サファイア，ウィリアム Safire, William 176
『寒い国から帰ったスパイ』(映画) *The Spy Who Came In From from the Cold* 249
サリドマイド 19, 34
サレタン，ウィリアム Saletan, William 7, 195
サンダース，バーニー Sanders, Bernie 94
CNN 173, 181-83, 185, 187, 188
ジェファーソン，トマス Jefferson, Thomas 222, 223
シカゴ大学 112, 115, 166, 216
疾病管理予防センター（CDC） Centers for Disease Control 32, 33, 142
ジャストロー，ロバート Jastrow, Robert 102, 103
ジャーナリスト 7, 18, 19, 21, 67, 148, 160, 162-64, 169, 172, 180, 186, 191-93, 195, 196, 201-203, 210, 245, 255, 256, 258, 261
シャル，ジェイムズ Schall, James 107
シャルマン，マーシャル Shulman, Marshall 46
情報不足な有権者 36
食品医薬品局 Food and Drug Administration 33
ジョージタウン大学 105, 107
シリア 153, 154, 274
シルヴァー，ネイト Silver, Nate 242
ジン，ハワード Zinn, Howard 52
スクルーテイプ（小説の登場人物） Screwtape 277, 278, 283
スタージョン，セオドア Sturgeon, Theodore 128, 130, 131, 144, 168
スタージョンの法則 Sturgeon's Law 128-35, 144, 168
スターン，ハワード Stern, Howard 176
スチュワート，ジョン Stewart, Jon 187-89
ステレオタイプ 78-81, 85, 89
スペイセク，シシー Spacek, Sissy 226
スロウィッキー，ジェームズ Surowiecki, James 148, 240
ソヴィエト社会主義共和国連邦（USSR） 207, 208, 241, 243
ソーシャル・メディア 4, 25, 54, 84, 101, 103-105, 135, 137, 138, 155-57, 160, 170, 175, 193
『卒業』(映画) *The Graduate* 88

タ行

退役軍人の自殺 198-200
対外援助 38, 39, 262, 276
大統領選挙（2016年アメリカ） 242, 251-53, 256
ダートマス大学 102, 104
ターナー，テッド Turner, Ted 181
ダニング，デイヴィッド Dunning, David 57-60, 84, 108, 159, 253, 254
ダニング=クルーガー効果 Dunning-Kruger Effect 57, 81, 144, 159, 253, 254
卵（をめぐる論争） 19, 33, 206, 207, 211, 266
タレブ，ナシーム・ニコラス Taleb, Nassim Nicholas 238, 239

『チアーズ』（テレビドラマ） *Cheers* 23, 128
チャーチル，ウォード Churchill, Ward 216, 217
チャレンジャー号 19
チャンセラー，ジョン Chancellor, John 182
中間選挙 235
中国 48, 78, 79, 82
チョムスキー，ノーム Chomsky, Noam 52, 232, 233
ツイッター 12, 83, 103, 104, 124, 156, 158, 160, 170, 194, 226, 251
デイモン，マット Damon, Matt 51, 52
テトロック，フィリップ Tetlock, Philip 239, 240, 246, 263, 264
デューイ，ケイトリン Dewey, Caitlin 136
デュースバーグ，ピーター Duesberg, Peter 9, 10, 217
テロ攻撃 75, 137, 182, 260, 275, 282
デンマーク 82
ドイツ 129, 162, 211, 257
トゥキュディデス Thucydides 26
同時多発テロ事件（9.11事件） 75, 137, 282
ドーキンス，リチャード Dawkins, Richard 124
トクヴィル，アレクシ・ド Tocqueville, Alexis. de 26, 27
トークラジオ 175-78, 184-86, 278
都市伝説 26, 135, 137, 204
トランプ，ドナルド Trump, Donald 242, 251-54, 256, 271, 272, 275, 282
ドレズナー，ダン Drezner, Dan 91

ナ行

ナイ，ビル Nye, Bill 246
『ナイトライン』（報道番組） Nightline 180, 181
『渚にて』 *On the Beach* 231
生乳（運動） 31-33,
ニクソン，リチャード Nixon, Richard 261, 265
捏造 67, 84, 214, 216, 218, 224,
ノルウェー 80

ハ行

ハインライン，ロバート Heinlein, Robert 24
ハーヴァード大学 10, 35, 43, 116, 220, 237
ハウス医師（ドラマの登場人物） House, MD 66
パウロス，ジョン・アレン Paulos, John Allen 63
バートン，デイヴィッド Barton, David 222-24
『ハネムーンは命がけ』（映画） *So I Married an Axe Murderer* 161
バーリン，アイザイア Berlin, Isaiah 240
パルトロウ，グウィネス Paltrow, Gwyneth 139, 140, 141, 227, 228
ビアラー，セヴェリン Bialer, Seweryn 207, 208
『ビッグ・リボウスキ』（映画） *The Big Lebowski* 53
ヒューズ，ロバート Hughes, Robert 14, 97
ヒル，アニタ Hill, Anita 182
フェイスブック 139, 156, 158-60, 170, 193, 194, 274
ブエノ・デ・メスキータ，ブルース Bueno de Mesquita, Bruce 236-38
フォックス・ニュース Fox News 177, 181, 184-87, 252, 273
フォンダ，ジェーン Fonda, Jane 226

プーチン，ウラジーミル　Putin, Vladimir　243, 244
ブッシュ，ジョージ・W　Bush, George W.　73, 137, 149, 237, 261
ブラウン，ヘンリー・ビリングズ　Brown, Henry Billings　43
ブラウン大学　91, 92
フランクリン，ベンジャミン　Franklin, Benjamin　228, 229, 269
フランス　26, 64, 223, 277
プリンストン大学　67, 116
ブルーニ，フランク　Bruni, Frank　127, 141, 142
フレミング，イアン　Fleming, Ian　74
ブログ　6, 11, 138, 192, 193
文化リテラシー　83
ペイリン，サラ　Palin, Sarah　37
ベースヴィッチ，アンドリュー　Bacevich, Andrew　262, 263
ベック，グレン　Beck, Glenn　177
ベルサイルズ，マイケル　Bellesiles, Michael　222, 223
ペロシ，ナンシー　Pelosi, Nancy　37
弁護士　1, 4, 8, 12, 13, 35, 42, 43, 45, 280
保守党　250
ボハノン，ジョン　Bohannon, John　162
ホーフスタッター，リチャード　Hofstadter, Richard　28
ポーリング，ライナス　Pauling, Linus　229
ホールドレン，ジョン　Holdren, John　177

マ行

マクナマラ，ロバート　McNamara, Robert　261
マッカーシー，ジェニー　McCarthy, Jenny　12, 228
マディソン，ジェームズ　Madison, James　249
ミズーリ大学　123, 124
南アフリカ共和国　10, 212
南カリフォルニア大学　113
民主主義　2, 9, 14, 20, 21, 26, 29, 31, 39, 42, 87, 137, 147, 156, 191, 210, 248, 249, 255, 257, 260, 265, 268, 271, 275-79, 281-84；民主主義の政体としての共和国　269
民主党　39, 94, 226, 272, 273
ムベキ，タボ　Mbeki, Thabo　10
迷信　14, 70, 71

ヤ行

ユニヴァーシティー・カレッジ・ロンドン　145
世論調査　10, 154, 155, 166, 190, 235, 236, 238, 242, 271-74

ラ行

ラザー，ダン　Rather, Dan　149
ラッセル，バートランド　Russell, Bertrand　204, 247
ラング，ジェシカ　Lange, Jessica　226
ランドン，アルフレッド　Landon, Alfred　235
リーゾナー，ハリー　Reasoner, Harry　169
リンカーン，エイブラハム　Lincoln, Abraham　43, 56, 127
リンボー，ラッシュ　Limbaugh, Rush　175-78, 184
ルイス，C・S　Lewis, Clive Staples　53, 276, 283
ルイス，ジェフリー　Lewis, Jeffrey　103
ルワンダ　29
冷戦　3, 10, 39, 231, 232, 262

レイノルズ，フランク　Reynolds, Frank　125, 182
『レインマン』（映画）　*Rain Man*　62
レーガン，ロナルド　Reagan, Ronald　102, 182, 227, 231
レディット　Reddit　158
連邦議会　37, 57, 172, 183, 191, 192, 248, 254, 255, 261-63, 271
ロシア　10, 80, 208, 242-44；ロシア革命　75, 113
ローズ，ベン　Rhodes, Ben　254-56, 265
ローズヴェルト，フランクリン・D　Roosevelt, Franklin D.　73, 235, 275
『ローリング・ストーン』誌　*Rolling Stone*　196, 197

ワ行

ワクチン　12, 31, 39, 141, 142, 195, 217, 228, 233, 252, 276, 278, 281

注

序論

(1) Pride Chigwedere et al., "Estimating the Lost Benefits of Antiretroviral Drug Use in South Africa," *Journal of Acquired Immune Deficiency Syndromes* 49 (4), December 1, 2008.

(2) Kyle Dropp, Joshua D. Kertzer, and Thomas Zeitzoff, "The Less Americans Know about Ukraine's Location, the More They Want U.S. to Intervene," *Monkey Cage* Blog, *Washington Post* online, April 7, 2014.

第1章

(1) José Ortega y Gasset, *The Revolt of the Masses* (New York: W. W. Norton, 1993), 16-18.〔オルテガ・イ・ガセット『大衆の反逆』神吉敬三訳，ちくま学芸文庫，1995年，18，19，21頁〕

(2) Richard Hofstadter, *Anti-Intellectualism in American Life* (New York: Vintage, 1963), 34.〔リチャード・ホーフスタッター『アメリカの反知性主義』田村哲夫訳，みすず書房, 2003年，30-31頁〕

(3) Ilya Somin, "Political Ignorance in America," in Mark Bauerlein and Adam Bellow, eds., *The State of the American Mind* (West Conshohocken, PA: Templeton, 2015), 163-164.

(4) Dana Goodyear, "Raw Deal: California Cracks Down on an Underground Gourmet Club," *New Yorker*, April 30, 2012.

(5) Olga Khazan, "27% of Surgeons Still Think Obamacare Has Death Panels," *Atlantic* online, December 19, 2013.

(6) Kaiser Family Foundation, 2013 Survey of Americans on the US Role in Global Health.

(7) Henry Blodget, "Here's What Day Traders Don't Understand," *Business Insider*, March 29, 2010.

第2章

(1) 以下を参照のこと．David Dunning, "We Are All Confident Idiots," *Pacific Standard* online, October 27, 2014.

(2) Justin Kruger and David Dunning, "Unskilled and Unaware of It: How Difficulties in Recognizing One's Own Incompetence Lead to Inflated Self-Assessments," *Journal of Personality and Social Psychology* 77 (6), December 1999, 1121-1122.

(3) Dunning, "We Are All Confident Idiots."

(4) John Allen Paulos, *Innumeracy: Mathematical Illiteracy and Its Consequences* (New York: Hill and Wang, 2001), 9.〔ジョン・アレン・パウロス『数学オンチの諸君！』野本陽代訳，草思社，1990年，11頁〕

(5) Michael Crichton, "Panic in the Sheets," *Playboy*, December 1991; 以下のサイトで読める．MichaelCrichton.com.

(6) 統計学にはこの問いを扱う"ベイズ推定"と呼ばれる手法がある．18世紀のイギリス人数学者ベイズの名前をとって名づけられた．

(7) 社会科学者も，他の科学者と同様にこの問題を意識している．以下を参照のこと．Charles O. Jones, "Doing before Knowing: Concept Development in Political Research," *American Journal of Political Science* 18(1), February 1974.

(8) Maria Konnikova, "How a Gay-Marriage Study Went Wrong," *New Yorker* online, May 22, 2015.

(9) Jonathan Kay, "Has Internet-Fueled Conspiracy Mongering Crested?," in Mark Bauerline and Adam Bellow, eds., *The State of the American Mind* (West Conshohocken, PA: Templeton, 2015), 138-139.

(10) 実際，ロス・E・チェイトは，1980年代と1900年代に適切に対応されなかったケースがひどい逆効果となり，世論の振り子は「常に子供の言うことを信じる」から「あらゆる虐待の訴えに非常に懐疑的になる」へと振れたと論じている．それでも，悪魔教のカルト疑惑はヒステリー現象の一部だった．後に行われた学術研究および警察の捜査では，保育所でもその他の場所でもそのようなカルトのネットワークが存在したという証拠は見つからなかった．以下を参照のこと．Ross E. Cheit, *The Witch-Hunt Narrative* (New York: Oxford University Press, 2014).

(11) Jef Rouner, "Guide to Arguing with a Snopes-Denier," *Houston Press*, April 2, 2014.

(12) Ali Mahmoodi et al., "Equality Bias Impairs Collective Decision-Making across Cultures," *Proceedings of the National Academy of Sciences*, March 24, 2015.

(13) Chris Mooney, "The Science of Protecting People's Feelings: Why We Pretend All Opinions Are Equal," *Washington Post* online, March 10, 2015.

(14) Karl Taro Greenfield, "Faking Cultural Literacy," *New York Times* online, May 24, 2014.

(15) 以下で引用されている．Chris Mooney, "Liberals Deny Science, Too," *Washington Post* online, October 28, 2014.

(16) 違いのひとつは保守派のほうが自分の考えと矛盾するデータに対して激しく反応するという点だが，研究者はこれを「保守派を脅かす問題は，現在，社会を分極化している問題だから」だと示唆している．それらの見解と続くコメントはオハイオ大学が出した以下のプレスリリースに載っている．"Both Liberals, Conservatives Can Have Science Bias," February 9, 2015.

第3章

(1) Daniel W. Drezner, "A Clash between Administrators and Students at Yale Went Viral," *Washington Post* online, November 9, 2015.

(2) 大学進学を希望する高校生向けの適性能力テスト（SAT）を実施する非営利団体，ETS が行った研究によれば，大学進学率の急激な高まりに伴って人々の能力が向上することはなかった．以下を参照のこと．Educational Testing Service, *America's Skills Challenge: Millennials and the Future*（Princeton, NJ: Educational Testing Service, 2015）．

(3) Ben Casselman, "Shut Up about Harvard," FiveftirtyEight.com, March 30, 2016.

(4) James Piereson and Naomi Schaefer Riley, "Remedial Finance: the Outsized Cost of Playing Academic Catch-Up," *Weekly Standard* online, May 9, 2016.

(5) Robert Hughes, *Culture of Complaint*（New York: Time Warner, 1993）, 68.

(6) Valerie Strauss, "I Would Love to Teach, But..." *Washington Post* online, December 31, 2013.

(7) Emma Brown, "Former Stanford Dean Explains Why Helicopter Parenting Is Ruining a Generation of Children," *Washington Post* online, October 16, 2015.

(8) Megan McArdle, "Sheltered Students Go to College, Avoid Education," BloombergView.com¸ August 13, 2015.

(9) Jeffrey J. Selingo, "Helicopter Parents Are Not the Only Problem. Colleges Coddle Students, Too," *Washington Post*, October 21, 2015.

(10) Robby Soave, "Yale Students Tell English Profs to Stop Teaching English: Too Many White Male Poets," Reason.com, June 1, 2016.

(11) Jonathan D. Glater, "To: Professor@University.edu Subject: Why It's All about Me," *New York Times* online, February 22, 2006.

(12) James V. Schall, *Another Sort of Learning*（San Francisco: Ignatius, 1988）, 30-37.

(13) David Dunning, "We Are All Confident Idiots," *Pacific Standard* online, October 27, 2014.

(14) 小規模校のキャッスルトン州立カレッジが「大学」になったことは，ニューイングランドだけでも数多くある例のひとつだ．Lisa Rathke, "Switching from a College to a University Could Mean More Money, More Students," *Huffington Post*, July 12, 2015.

(15) Catherine Rampell, "The Rise of the 'Gentleman's A' and the GPA Arms Race," *Washington Post* online, March 28, 2016.

(16) Richard Arum, "College Graduates: Satisfied, but Adrift," in Mark Bauerlein and Adam Bellow, eds., *The State of the American Mind*（West Conshohocken, PA: Templeton, 2015）, 68.

(17) 2016年のデータはスチュワート・ロイスタジャーとクリス・ヒーリー両教授が以前に行った研究の延長だ．ふたりは2010年と2012年にこのテーマについて論文を執筆したあともデータを集めつづけている．同研究のデータベースは以下のサイトに残されている．www.gradeinflation.com.

(18) 保守派およびリベラルによる報道や反応の例を，以下にふたつあげる．Katy Waldman, "Yale Students Erupt in Anger over Administrators Caring More about Free Speech Than Safe Spaces," *Slate*, November 7, 2015； Shoshanna Weismann, "How Babies Are Made," *Weekly Standard*, November 10, 2015.

(19) Mará Rose Williams, "Race Protests at Mizzou Could Stunt Freshmen Enrollment," *Kansas City Star* online, January 13, 2016.

(20) Conor Friedersdorf, "The New Intolerance of Student Activism," *Atlantic* online, November 9, 2015.

(21) Glenn Reynolds, "After Yale, Mizzou, raise the voting age—to 25," *USA Today* online, November 16, 2015.

第4章

(1) Adrienne LaFrance, "Raiders of the Lost Internet," *Atlantic* online, October 14, 2015.

(2) Nicholas Carr, "Is Google Making Us Stupid?," *Atlantic* online, July/August 2008.

(3) Caitlin Dewey, "What Was Fake on the Internet This Week: Why Do We Even Bother, Honestly?" *Washington Post* online, October 30, 2015.

(4) Caitlin Dewey, "What Was Fake on the Internet This Week: Why This Is the Final Column," *Washington Post* online, December 18, 2015.

(5) Damian Thompson, *Counterknowledge* (New York: W. W. Norton, 2008), 11.〔ダミアン・トンプソン『すすんでダマされる人たち』矢沢聖子訳，日経 BP 社，21頁〕

(6) Allen West, "Obama's America: Look What Our Troops Are Being FORCED to Do for Islam's Holy Month," allenbwest.com, June 29, 2015.

(7) Michael Miller, "Gwyneth Paltrow's No Vagina Expert, Doctors Say," *People* online, January 29, 2015. ガンター医師のブログはこちら．drjengunter.wordpress.com.

(8) Laura Hooper Beck, "I Went to a Spa for My Uterus and This Is My Story," FastCompany.com, January 27, 2015.

(9) Frank Bruni, "California, Camelot and Vaccines," *New York Times* online, July 4, 2015.

(10) " 'Stop Googling Your Symptoms,' Teenage Cancer Victim Told before Death," *Daily Telegraph*, June 16, 2015.

(11) Matthew Fisher et al., "Searching for Explanations: How the Internet Inflates Estimates of Internal Knowledge," *Journal of Experimental Psychology* 144 (3), June 2015, 674-687.

(12) Tom Jacobs, "Searching the Internet Creates an Illusion of Knowledge," *Pacific Standard* online, April 1, 2015.

(13) University College of London CIBER Briefing Paper "The Google Generation: The Information Behaviour of the Researcher of the Future," January 11, 2008.

（14） Robert Epstein, "How Google Could Rig the 2016 Election," *Politico*, August 19, 2015.
（15） James Surowiecki, *The Wisdom of Crowds*（New York: Anchor, 2005）, xii-xiii.〔ジェームズ・スロウィッキー『「みんなの意見」は案外正しい』小高尚子訳，角川書店，2006年，7-9頁〕
（16） 以下で引用されている．Tom Simonite, "The Decline of Wikipedia," *MIT Technology Review*, October 22, 2013.
（17） Ibid.
（18） Andrea Peterson, "Liberals Are More Likely to Unfriend You over Politics—Online and Off," *Washington Post* online, October 21, 2014.
（19） A. O. Scott, "Everybody's a Critic. And That's How It Should Be," *New York Times Sunday Review* online, January 30, 2016.
（20） Andrew Sullivan, "Democracies End When They Are Too Democratic," *New York* online, May 1, 2016.
（21） ダートマス・カレッジの研究者，ブレンダン・ナイハムらは数年にわたり，自分の間違いに直面した人々がなぜ，その考えを保つことへの努力を倍加させるのかについての研究を率いている．Joe Keohane, "How Facts Backfire: Researchers Discover a Surprising Threat to Democracy: Our Brains," *Boston Globe* online, July 11, 2010.
（22） David Dunning, "We Are All Confident Idiots," *Pacific Standard* online, October 27, 2014.
（23） Megan McArdle, "Your Assessment of the Election Is Way Off," *Forbes* online, April 14, 2016.

第5章

（1） Sarah Kaplan, "How, and Why, a Journalist Tricked News Outlets into Thinking Chocolate Makes You Thin," *Washington Post* online, May 28, 2015.
（2） Mollie Hemingway, "*Vox*'s Motto Should Be 'Explaining the News Incorrectly, Repeatedly,'" TheFederalist.com, July 17, 2014.
（3） Elisabetta Povoledo, "Pope Calls for 'Peace in All the World' in First Easter Message," *New York Times* online, March 31, 2013.
（4） Pew Research Center, "The Age of Indifference: A Study of Young Americans and How They View the News," June 28, 1990, 1.
（5） Richard Arum, "College Graduates: Satisfied, but Adrift," in Mark Bauerlein and Adam Bellow, eds., *The State of the American Mind*（West Conshohocken, PA: Templeton, 2015）, 73.
（6） James E. Short, "How Much Media? Report on American Consumers." 2013. Institute for Communication Technology Management, Marshall School of Business, University of Southern California, http: //classic. marshall. usc. edu/assets/161/25995.pdf.

(7) Jan Zverina, "U. S. Media Consumption to Rise to 15. 5 Hours a Day—Per Person—by 2015," UC San Diego News Center, November 6, 2013.

(8) 以下で引用されている. Benjamin Mullen, "Buyouts Hit the *Dallas Morning News*," Poynter. org, July 7, 2015.

(9) 以下で引用されている. Jeremy Peters, "Some Newspapers, Tracking Readers Online, Shift Coverage," *New York Times* online, September 5, 2010.

(10) Peters, "Some Newspapers, Tracking Readers Online, Shift Coverage."

(11) National Journal Group, *Washington in the Information Age*, 2015, Washington, DC.

(12) Steven Metz, "As Celebrity Pundits Rise, U.S. National Security Policy Suffers," *World Politics Review*, August 14, 2015.

(13) Mindich in Bauerlein and Bellow, *State of the American Mind*, 101.

(14) R. R. Reno, "Trumpageddon!" *First Things* online, February 20, 2016.

(15) Eliot Cohen, "The Age of Trump," *American Interest* online, February 26, 2016.

(16) Anne Pluta, "Trump Supporters Appear to Be Misinformed, Not Uninformed," FiveThirtyEight.com, January 7, 2016.

(17) Justin McCarthy, "Trust in Mass Media Returns to All-Time Low," Gallup.com, September 17, 2014.

(18) Paul Farhi, "How Biased Are the Media, Really?" *Washington Post* online, April 27, 2012.

(19) Dale Maharidge, "People's Stories: What Happens When No One Wants to Print Their Words Anymore?," *Nation* online, March 2, 2016.

(20) Michael Nunez, "Want to Know What Facebook Really Thinks of Journalists? Here's What Happened When It Hired Some," Gizmodo.com, May 3, 2016.

(21) Will Saletan, "Unhealthy Fixation," Slate.com, July 15, 2015.

(22) John Bohannon, "I Fooled Millions into Thinkinsg Chocolate Helps Weight Loss. Here's How," io9.Gizmodo.com, May 27, 2015.

(23) Joshua Foust, "The Birth (and Death) of a Meme: Embedded Reporters Don't Always Get the Story," *Columbia Journalism Review* online, September 10, 2008.

(24) Sheila Coronel, Steve Coll, and Derek Kravitz, "*Rolling Stone*'s Investigation: 'A Failure That Was Avoidable,'" *Columbia Journalism Review* online, April 5, 2015.

(25) Emily Yoffe, "The College Rape Overcorrection," Slate.com, December 7, 2014.

(26) 以下で引用されている. Greg Jaffe, "VA Study Finds More Veterans Committing Suicide," *Washington Post* online, February 1, 2013.

(27) Brandon Friedman, "Military Suicides Top Combat Deaths—But Only Because the Wars Are Ending," *TIME* online, January 16, 2013.

第6章

(1) Helen Thompson, "Teen Schools Professor on 'No Irish Need Apply' Signs," Smithsonian.com, August 5, 2015.

(2) Geoffrey Norman, "Do I Dare to Eat an Egg," *The Weekly Standard* online, March 16, 2015.

(3) Peter Whoriskey, "The Science of Skipping Breakfast: How Government Nutritionists May Have Gotten It Wrong," *Washington Post* online, August 10, 2015.

(4) Seweryn Bialer and Joan Afferica, "Reagan and Russia," *Foreign Affairs*, Winter 1982-1983, 263.

(5) Stephen M. Meyer, "Testimony before the Senate Foreign Relations Committee," in Theodore Karasik, ed., *Russia and Eurasia Armed Forces Review Annual* 15, 1991 (Gulf Breeze, FL: Academic International Press, 1999), 348.

(6) Richard Ned Lebow and Thomas Risse Kappen, "Introduction," in Richard Ned Lebow and Thiomas Risse Kappen, eds., *International Relations Theory and the End of the Cold War* (New York: Columbia University Press, 1995), 2.

(7) その10カ国とは，アメリカ合衆国，ロシア，イギリス，フランス，中国，インド，パキスタン，北朝鮮，イスラエル（非公式に），そして南アフリカ共和国（破棄済み）である．南アフリカ共和国の核兵器は，それを製造したアパルトヘイト政治体制が崩壊したときに解体された．

(8) W. Ian Lipkin, "Anti-Vaccination Lunacy Won't Stop," *Wall Street Journal* online, April 3, 2016.

(9) 以下を参照のこと．Richard Van Noorden, "Political Science's Problem with Research Ethics," *Nature* online, June 29, 2015； Brian C. Martinson, Melissa S. Anderson, and Raymond de Vries, "Scientists Behaving Badly," *Nature* 435 (June 9, 2005): 737-738.

(10) Carl Zimmer, "A Sharp Rise in Retractions Prompts Calls for Reform," *New York Times* online, April 16, 2012.

(11) Benedict Carey, "Many Psychology Findings Not as Strong as Claimed, Study Says," *New York Times* online, August 27, 2015.

(12) 以下で引用されている．Rachel Gross, "Psychologists Call Out the Study That Called Out the Field of Psychology," Slate.com, March 3, 2016.

(13) Daniel Engber, "Cancer Research Is Broken," Slate.com, April 19, 2016.

(14) Garret Epps, "Genuine Christian Scholars Smack Down an Unruly Colleague," *Atlantic* online, August 10, 2012.

(15) "Actresses' Role in Farm Issue Stirs Criticism," *Los Angeles Times* online archive, May 3, 1985.

(16) Jessica Goldstein, "Is Gwyneth Paltrow Wrong about Everything? This Scientist Thinks So," ThinkProgress.com, April 21, 2016.

(17) Alexandra Petri, "Dr. Carson, This Is Not Brain Surgery," *Washington Post* online, November 5, 2015.

(18) このくだりは以下にもとづく．Paul Offit, "The Vitamin Myth: Why We Think We Need Supplements," *Atlantic* online, July 19, 2013.

(19) Helen Caldicott, *Missile Envy* (New York: Bantam, 1985), 235； Helen Caldicott, *If You Love This Planet* (New York: W. W. Norton, 1992), 156.

(20) 長年にわたり，クリズウェルが直近のあるできごとについて不気味なほど正確な予言をしたとするさまざまな記事が流通している．1963年3月，彼がテレビ番組のホストであるジャック・パーに対して，ケネディ大統領は1963年11月に起きるできごとのために1964年の大統領選挙に立候補することはないだろうと言ったというのだ．しかしこれも，誰かがその場面を録画した古いビデオテープかキネスコープ（もしそんなものが存在するのなら）を出してこない限り，都市伝説のひとつだ．

(21) Carl Bialik, "Most Pollsters Say Their Reputations Have Worsened," FiveThirtyEight.com, December 28, 2015.

(22) Clive Thompson, "Can Game Theory Predict When Iran Will Get the Bomb?" *New York Times Magazine* online, August 12, 2009.

(23) Nassim Nicholas Taleb, *The Black Swan* (New York: Random House, 2010), xxiv–xxv.〔ナシーム・ニコラス・タレブ『ブラック・スワン』（上）望月衛訳，ダイヤモンド社，2009年，8頁〕

(24) Philip E. Tetlock, *Expert Political Judgment* (Princeton, NJ: Princeton University Press, 2005), 20.

(25) Tetlock, *Expert Political Judgment*, 20.

(26) James Surowiecki, *The Wisdom of Crowds* (New York: Anchor, 2005), 31.〔ジェームズ・スロウィッキー『「みんなの意見」は案外正しい』小高尚子訳，角川書店〕

(27) Tetlock, *Expert Political Judgment*, 21.

(28) 以下を参照のこと．Tetlock, *Expert Political Judgment*, 101–103.

(29) たとえば以下を参照のこと．Tina Nguyen, "How Nate Silver Failed to Predict Trump," *Vanity Fair*, February 1, 2016.

(30) Noah Rothman, "Why They think Trump Can Win in Nov?," *Commentary* online, April 27, 2016.

(31) Tetlock, *Expert Political Judgment*, 23.

結論

(1) 以下を参照のこと．James Traub, "First, They Came for the Experts," *Foreign Policy*, July 7, 2016.

(2) 以下で引用されている．Michael Deacon, "Michael Gove's Guide to Britain's Greatest Enemy…the Experts," *Telegraph* online, June 10, 2016.

(3) 以下で引用されている．Stephen Castle, "Having Won, Some 'Brexit' Campaigners Begin Backpedaling," *New York Times* online, June 26, 2016.

(4) 以下で引用されている．Nick Gass, "Trump: 'The Experts Are Terrible,'" Politico.com, April 4, 2016.

(5) David Dunning, "The Psychological Quirk That Explains Why You Love Donald Trump," Politico.com, May 25, 2016.

(6) たとえば以下を参照のこと．Jennifer Kerr, "Educational Divide in GOP White

House Race: What's behind It," Associated Press, April 3, 2016; Max Ehrenfreund, "The Outlandish Conspiracy Theories Many of Donald Trump's Supporters Believe," *Washington Post* online, May 5, 2016; Scott Clement, "Donald Trump Is Splitting the White Vote in Ways We've Never Seen Before," *Washington Post* online, May 31, 2016.

(7) 記事に登場した人物のひとり，ジャーナリストのジェフリー・ゴールドバーグは，サミュエルズが記事で彼への個人的な恨みを晴らそうとしていると主張している．以下を参照のこと．Jeffrey Goldberg, "Ben Rhodes and the 'Retailing' of the Iran Deal," *Atlantic* online, May 9, 2016.

(8) David Samuels, "The Aspiring Novelist Who Became Obama's Foreign-Policy Guru," *New York Times Sunday Magazine* online, May 5, 2016.

(9) 1968年に放映されたオリジナルの『スタートレック』シリーズのある有名なエピソードでは，（もちろん）善意に駆られた大学教授が，ある惑星で，ナチのやったことを手本にするという見当違いな試みを行っている．悲惨な結果に終わるが，瀕死の教授はそれでも「ナチ・ドイツは地球で最も効率的な国家だった」と言い，そこで番組の"理性の声"であるミスター・スポックが相槌を打つ．「まったくそのとおり」．実際には，ナチ・ドイツは極めて腐敗しており，非効率的で，同国の一流の科学者および知識人たちは1933年以降，その多くが国外に逃げだした．しかし多くのアメリカ人が今なおナチの効率の伝説を信じている（第2シーズン52話『エコ・ナチスの恐怖 Patterns of Force』）．

(10) Daniel Libit, "How the Expert Class Got Trumped and Berned," CNBC.com, May 12, 2016.

(11) Susan Jacoby, "The Dumbing of America," *Washington Post* online, February 17, 2008.

(12) Friedrich Hayek, *The Constitution of Liberty: The Definitive Edition* (Chicago: University of Chicago Press, 2011), 378.〔ハイエク『自由の条件Ｉ　ハイエク全集【新装版】1-5』矢島鈞次他訳，春秋社，2007年，14頁〕

(13) Evan Thomas, "Why We Need a Foreign Policy Elite," *New York Times* online, May 8, 2016.

(14) Andrew Bacevich, "Rationalizing Lunacy: The Intellectual as Servant of the State," *Huffington Post*, May 8, 2015.

(15) Philip E. Tetlock, *Expert Political Judgment* (Princeton, NJ: Princeton University Press, 2005), 231-232.

(16) Malcolm Gladwell, "Small Change: Why the Revolution Will Not Be Tweeted," *New Yorker*, October 4, 2010.

(17) Ilya Somin, "Political Ignorance in America," in Mark Bauerlein and Adam Bellow, eds., *The State of the American Mind* (West Conshohocken, PA: Templeton, 2015), 166.

(18) Neetzan Zimmerman, "Kimmel Fools Hillary Supporters into Backing Trump's Tax Plan," *The Hill*, September 30, 2015.

(19) Ariel Edwards-Levy, "Republicans Like Obama's Ideas Better When They Think They're Donald Trump's," *Huffpost Politics*, September 1, 2015.

(20) Nick Saffran, "Wipe That Grin Off Your Smug Faces, Progressive Pollsters," TheFederalist.com, December 29, 2015.

(21) Derek Kohler, "Why People Are Confused about What Experts Really Think," *New York Times* online, February 14, 2016.

(22) Jacoby, "Dumbing Of America."

(23) C. S. Lewis, *The Screwtape Letters with Screwtape Proposes a Toast* (New York: Image, 1981), 136-139 (強調は原文).〔C・S・ルイス「悪魔の手紙」『C・S・ルイス著作集　第1巻』中村妙子訳，すぐ書房，1996年，466，468，476頁〕

(24) José Ortega y Gasset, *The Revolt of the Masses* (New York: W. W. Norton, 1993), 18.〔オルテガ・イ・ガセット『大衆の反逆』神吉敬三訳，ちくま学芸文庫，1995年，22頁〕

(25) 以下を参照のこと．Libit, "How the Expert Class Got Trumped and Berned"; Julie Beck, "Americans Believe in Science, Just Not Its Findings," *Atlantic* online, January 29, 2015.

(26) James Traub, "It's Time for the Elites to Rise Up against the Ignorant Masses," *Foreign Policy*, June 28, 2016.

(27) Andrew Sullivan, "Democracies End When They Are Too Democratic," NYMag.com, May 1, 2016

著者略歴

（Tom Nichols）

アメリカ海軍大学校教授（国家安全保障問題）．ダートマス大学，ジョージタウン大学での教職を経て現職．コロンビア大学で修士，ジョージタウン大学で博士号を取得．専門はロシア，核戦略，NATO 問題．著書に *No Use: Nuclear Weapons and U.S. National Security*（University of Pennsylvania Press, 2014），*Eve of Destruction: The Coming Age of Preventive War*（University of Pennsylvania Press, 2008），*Winning the World: Lessons for America's Future from the Cold War*（Praeger, 2003），*The Russian Presidency: Society and Politics in the Second Russian Republic*, revised and expanded edition（Palgrave/St. Martin's Press, 2001），*The Sacred Cause: Civil-Military Conflict over Soviet National Security, 1917-1992*（Cornell University Press, 1993）など．本書のもとになった論考をウェブマガジン『フェデラリスト』に発表して注目を集めた．

訳者略歴

高里ひろ〈たかさと・ひろ〉 翻訳家．上智大学卒業．訳書にトム・リース『ナポレオンに背いた「黒い将軍」』（白水社，2015年），ロイ・バレル『絵と物語でたどる古代史』（晶文社，2008年），『世界を変えた100人の女の子の物語』（共訳，河出書房新社，2018年）など．

トム・ニコルズ
専門知は、もういらないのか
無知礼賛と民主主義
高里ひろ訳

2019年 7月10日　第1刷発行
2020年 2月 4日　第4刷発行

発行所 株式会社 みすず書房
〒113-0033 東京都文京区本郷2丁目20-7
電話 03-3814-0131(営業) 03-3815-9181(編集)
www.msz.co.jp

本文印刷所 精文堂印刷
扉・表紙・カバー印刷所 リヒトプランニング
製本所 松岳社
装丁 大倉真一郎

© 2019 in Japan by Misuzu Shobo
Printed in Japan
ISBN 978-4-622-08816-5
[せんもんちはもういらないのか]
落丁・乱丁本はお取替えいたします

アメリカの反知性主義	R. ホーフスタッター 田村哲夫訳	5200
心の習慣 アメリカ個人主義のゆくえ	R. N. ベラー他 島薗進・中村圭志訳	5600
美徳なき時代	A. マッキンタイア 篠﨑榮訳	5500
アメリカン・マインドの終焉 文化と教育の危機	A. ブルーム 菅野盾樹訳	5800
いかにして民主主義は失われていくのか 新自由主義の見えざる攻撃	W. ブラウン 中井亜佐子訳	4200
ヘイト・スピーチという危害	J. ウォルドロン 谷澤正嗣・川岸令和訳	4000
憎しみに抗って 不純なものへの賛歌	C. エムケ 浅井晶子訳	3600
なぜならそれは言葉にできるから 証言することと正義について	C. エムケ 浅井晶子訳	3600

（価格は税別です）

みすず書房

哲学への権利 1・2	J.デリダ 西山雄二・立花史・馬場智一他訳	I 5600 II 7200
他の岬 ヨーロッパと民主主義	J.デリダ 高橋・鵜飼訳 國分解説	2800
民主主義の内なる敵	T.トドロフ 大谷尚文訳	4500
自己責任の時代 その先に構想する、支えあう福祉国家	Y.モンク 那須耕介・栗村亜寿香訳	3600
子どもたちの階級闘争 ブロークン・ブリテンの無料託児所から	ブレイディみかこ	2400
パブリッシュ・オア・ペリッシュ 科学者の発表倫理	山崎茂明	2800
数値と客観性 科学と社会における信頼の獲得	T.M.ポーター 藤垣裕子訳	6000
社会理論と社会構造	R.K.マートン 森東吾他訳	8800

（価格は税別です）

みすず書房

全体主義の起原 新版 1－3	H. アーレント 大久保和郎他訳	I 4500 II III 4800
暴力について みすずライブラリー 第2期	H. アーレント 山田正行訳	3200
ヒトラーを支持したドイツ国民	R. ジェラテリー 根岸隆夫訳	5200
われわれ自身のなかのヒトラー	M. ピカート 佐野利勝訳	3400
ヒトラーのモデルはアメリカだった 法システムによる「純血の追求」	J. Q. ウィットマン 西川美樹訳	3800
現代議会主義の精神史的地位	C. シュミット 稲葉素之訳	2800
政治的ロマン主義 始まりの本	C. シュミット 大久保和郎訳 野口雅弘解説	3200
自由論	I. バーリン 小川・小池・福田・生松訳	6400

(価格は税別です)

みすず書房

孤独な群衆 上・下 始まりの本	D. リースマン 加藤秀俊訳	I 3600 II 3200
波止場日記 始まりの本	E. ホッファー 田中淳訳	3600
知識人と権力 みすずライブラリー 第2期	A. グラムシ 上村忠男編訳	2800
イスラム報道 増補版 ニュースはいかにつくられるか	E. W. サイード 浅井信雄・佐藤成文・岡真理訳	4000
イラク戦争は民主主義をもたらしたのか	T. ドッジ 山岡由美訳 山尾大解説	3600
ベトナムの泥沼から	D. ハルバースタム 泉鴻之・林雄一郎訳 藤本博解説	4200
大学なんか行っても意味はない? 教育反対の経済学	B. カプラン 月谷真紀訳	4600
測りすぎ なぜパフォーマンス評価は失敗するのか?	J. Z. ミュラー 松本裕訳	3000

(価格は税別です)

みすず書房